해외시장조사론

장 성 열 저

도서출판 두남

머리말

세계는 국제화 시대를 넘어 세계화 시대로 전환되면서 개별 국가란 개념보다는 하나의 국가로 인식하는 시대로 접어들었다. 세계화는 국경이 없는 국가라는 개념으로 무역거래가 형성되고, 각국의 소비자들도 다국적 기업들에 대해 Made in에 의한 시각이 아닌 Made by에 의한 시각으로 바뀌어 수요의 글로벌화를 가져왔다. 그러나 최근의 국제정세는 WTO 체제하에서 지역적으로 결속된 EU나 NAFTA 등의 경제통합에 대해 정치적 이해관계가 겹치면서 국가간 이기주의가 확산되어가고 있으며, 국가와 지역끼리의 상호 이해관계가 맞지 않을 시 자국의 이익을 추구하기 위하여 지역적 경제통합에 대해 결속하지 못하고 재협상 내지 탈퇴를 하는 추세이다. 대표적인 예로 국민투표를 거쳐 EU를 탈퇴한 영국(Brexit)과 정권이 바뀐 미국이 자국이익 우선주의에 입각한 TPP 탈퇴, NAFTA 재협상 추진 등의 정책을 가져감으로써 국제경제 질서는 많은 변화가 예상되고 있다.

본서는 이러한 세계정세 속 선진 강대국과의 무한경쟁시대를 맞아 해외시장에서 우리경제를 이끌고 가는 기업들이 어떻게 시장을 개척하고 유지해 나가야 하는가에 대한 기업 활동의 지침을 찾아보고자 한다.

해외시장 조사의 개념부터 시장조사 방법, 절차와 분석, 해외시장조사를 어떤 방식으로 실행할 것인가, 1차와 2차 자료의 수집과 분석, 진출 전략에서 해당 시장의 선정까지 또한 자사제품과 현지상품과의 경쟁에 따른 마케팅 방식, 해외직접투자에 대한 개념과 동기, 이론, 유형 등에 대해 알아보고, 해외시장조사가 필요한 다국적 기업의 역사와 해외진출 방식, 글로벌 마케팅과 경영전략 등에 대한 내용을 열거해 보고자 한다. 또한 환율의 변동과 이에 따른 국제수지 구성요소의 변화를 살펴보고, 고부가가치 산업으로 평가받고 있는 MICE 산업에 대하여도 관련 산업의 개요와 현황을 열거하여 해외시장조사에 참고하도록 하였다.

본서에 대한 참고자료는 기존의 해외투자에 관한 교재와 부산상공회의소, 중소기업진흥공단, BEXCO, KOTRA 부산지역 지원단, 언론사, 한국무역협회 부산지역본부 등에서의 자료와 지침서로 글로벌 비즈니스와 세계화의 흐름에 대해 많은 도움을 받을 수 있었다.

특히, GTEP(Glocal Trade Expert Incubating Program : 지역특화 청년무역전문가 양성사업) 활동을 하면서 학생들과 함께 파견된 해외에서의 전시회나 박람회에 직접 참가하여, 소비자의 제품 구매 선호도 파악, 현장 세일즈와 바이어와의 상담에 따른 수출실적 기여와 사후관리에 이르기까지의 활동결과를 해외시장 조사보고서로 작성하였다. 또한 GTEP 지도교수로서 이러한 사례들을 학생들과 기업체 경영자들에게도 지도 지침이 될 만큼 현장경험을 토대로 현실감 있게 작성하여 본서에 사례연구로 인용하였으며, 도움을 준 GTEP 요원들에게 고마운 마음을 가진다. 이 책을 출판하기까지 성원을 보내주신 도서출판 두남의 전두표 사장님과 이승구 상무님을 비롯한 편집부 직원 여러분에게도 감사드린다. 또한 책을 만들기까지 물심양면으로 지원해준 아내와 가족들에게도 감사의 마음을 전한다.

저자 나름대로는 새로운 시각으로 준비하여 시작하였지만 미흡한 부분이 많으리라고 생각한다. 생각은 하였지만 연구가 부족하여 싣지 못한 부분이 있어 아쉬움이 남지만 차츰 보완하여 다듬어 나갈 수 있으리라고 생각하며 해외시장조사에 대한 보다 발전된 방향을 기대해 본다.

모두에게 항상 행복이 가득한 하루가 함께 하기를 기원드린다.

2017년 7월

학고재에서 저자 씀

차 례

Chapter

01

해외시장조사의 개요 및 조사방법

제1절 해외시장조사의 개요

전 세계시장이 하나로 통합, 인식되는 세계화 시대에 기업을 운영하고 있는 경영자들은 국내시장에의 매출액이 한계에 직면함에 따라, 새로운 매출액 확대를 위한 방안으로 해외진출이 필수 불가결한 하나의 과정으로 인식하고 있다.

해외로 진출한 기업들이 현지시장에 안정적으로 정착하고, 성공하기 위해서는 진출하고자 하는 국가에 대한 사전 정보 수집과 현지시장에 대한 충분한 자료수집, 분석과 해석을 통해 전략적이고 전술적인 접근 등이 중요한 문제이며, 이를 해결하기 위하여 필요한 것이 해외시장조사이다.

1. 해외시장조사의 개념과 정의

1) 해외시장조사의 개념

해외시장조사란 기업이 해외로 진출하기 위해 필요한 의사결정을 하는데 있어, 국제적인 경영 정보와 해외시장에 관련된 광범위한 범위의 각종 해외시장 관련 정보나 자료를 체계적이고 효율적인 방법으로 수집, 정리, 분석하여 해석하고 보고서를 제출하는 일련의 과정을 말한다.

기업이 해외시장에 진출하고자 할 때는 대체적으로 그에 합당한 사유가 있다. 국내시장에서 자사제품의 매출액이 답보상태로 한계에 직면하여 더 이상의 확대에 어려움이 있는 경우, 대기업의 해외시장 진출에 하청업체로서 어쩔 수 없이 해외로 동반 진출하는 경우, 혹은 기술력은 평가받고 있으나 국내시장에 중소기업제품이라는 이유로 시장에서 인정을 받지 못하는 경우 등 해외시장 진출에는 많은 사유가 있다. 그러나 국내시장과는 판이하게 다른 해외시장을 개척한다는 건 상당히 어려운 일이다.

따라서 해외시장조사는 기업이 해외시장 진출에 따른 확실한 목표 의식을 가지고 대상 국가와 현지시장에의 진출을 결정하는데 있어 반드시 필요한 단계로, 정확하고 신속하게 해당 내용을 조사한 다음 진출하여야 한다.

해외진출기업은 먼저 해외시장 진출에 대한 목표를 세우고, 대상시장에 대한 선택을 위해 자료수집과 시장분석을 통하여 최종적인 목표시장을 선정한다.

또한 진출 대상시장 선정을 위한 기준을 설정하면서 기업의 장·단기적인 목표, 기업의 보유자산 등 기업의 내부요인에 대해 면밀히 분석하고, 기업의 강점과 약점도 SWOT 분석 등을 이용하여 구체적으로 파악한 다음, 주요 부문별 성과와 인적자원, 마케팅 전략, 재무상태, 생산설비, 제품개발, 과거와 현재, 미래의 경영전략까지도 분석한다.

경쟁업체에 대하여는 상대의 관점에서 시장점유율의 확대와 장기적인 유지가 가능한지도 조사 분석한다.

기업의 목표와 자원, 경쟁업체 등에 대한 조사와 분석 평가 후, 진출대상국의 대상시장을 선정하기 위한 선택기준을 설정하고, 그 기준에 따라 진출대상 시장이 선정되면, 진출시장에 대한 세부적인 조사가 이루어지게 된다.

해외시장에 대한 조사는 사회, 문화, 정치, 경제, 법률에 의한 규제 등의 거시적 문제와 개별시장의 특성에 대한 미시적 분석도 함께 한다. 이와 같은 여러 가지 상황에 대한 해외시장조사를 하나의 개념으로 정리하기는 쉽지 않다.

2) 해외시장조사의 정의

해외시장조사는 기업의 조사목적과 범위에 따라 다양한 형태로 이행되어진다.

광의의 해외시장조사는 세계를 하나의 큰 시장으로 보고, 이들 중 특정 목적 시장을 선정하여 정치, 경제, 사회, 상거래 조건 등의 제반 개황 및 여건 등을 조사하여 특정문제를 해결하고 대응방안을 마련하는 등 넓은 의미의 해외시장조사가 있다. 협의의 해외시장조사는 기업이 해외진출을 위한 목표를 가지고 자사제품(상품)에 대해 현지시장의 구매자, 소비자, 생산자, 판매자, 경쟁업체까지 조사하며, 판매를 위한 유통조사, 가격조사, 거래조건 및 거래처 등을 통한 수출 제품의 판매 가능성을 알아보기 위해 이를 조사 분석하는 것이라고 할 수 있다.

결론적으로 해외시장조사는 기관이나 기업체의 조사목적에 따라 다양한 형태로 이행되어지며, 이와 관련된 모든 정보와 자료들을 수집하고, 기록, 정리하여 이를 분석하는 활동과정이라고 정리할 수 있다. 이러한 해외시장조사의 과정을 통해 해외 진출대상 시장을 선정하고, 선정된 시장의 잠재력 등을 파악하여 해외시장 진출 목적인 매출액 확대와 이윤을 추구할 수 있다.

2. 해외시장조사의 목적

해외시장조사의 전반적인 방향을 설정하기 위해서는 해외진출 기업이 하고자 하는 의사결정 내용이 무엇인지, 또한 이를 해결하기 위해서 필요한 정보는 무엇인지 등을 명확하게 규명하는 것이 필요하며, 해결해야 할 문제를 정확히 파악하고 난 뒤, 이를 이행하기 위한 조사를 실시하는 것이 올바른 순서이며, 이러한 문제 인식은 모든 조사의 출발이라고 본다.

해외시장조사는 조사를 하고자 하는 내용과 대상의 목적에 따라 완전히 다를 수 있다. 예를 들어, 특정 목적 시장에 대한 진출방법과 대응 전략 등을 구상하기 위해서라면 상대국의 각종 경제현황과 사회, 문화적인 이슈가 조사대상이 되며, 제품의 판매 및 조달을 위한 조사라면 목적시장에서의 가격경쟁력과 경쟁업체와의 비교 등에 대한 조사가 필요할 것이다.

해외시장조사를 통해서 기업경영상의 구체적 목적에 대한 의사결정 자료가 조사절차와 조사내용 및 조사방법 등에 의해 명확하게 인식될 수 있다. 이러한 해외시장조사는 마케팅에 대한 조사와 달리 사전조사에 많은 역량이 집중되어 있다는 점으로, 준비를 철저히 해야 한다는 것이다. 이는 시장조사 계획과 목적에 맞는 정보의 수집과 방법 및 수집원 등에 관한 구체적인 대안을 마련해야 함을 의미한다.

해외시장에서의 조사내용을 정리하면, 현지국의 정치적 상황 및 정부 정책, 물가, 환율, 금리 등 각종 경제지표, 유통서비스 체계, 해당 제품에 대한 수요동향 및 고객의 성향, 국내외 경쟁업체 파악, 제품 주기와 기술조사 등이다.

해외시장조사에서는 이와 같은 내용을 가지고 해외진출 의사결정에 필요한 정보로 활용하기 위한 방안으로 기업 전체적인 전략적 의사결정 부분과 현지 경영을 위한 전술적 의사결정 부분으로 나눌 수 있다.

1) 전략적 의사결정

전략적 의사결정이란 기업이 어떤 목적과 방법으로 해외시장에 진출할 것인가를 조사하는 것으로, 기업의 전체적인 관점에서 목적이나 목표를 설정하기 위한 기능적 수행과정이다. 국제경영에서는 해외시장의 진출 및 확대에 관한 기업의 목적달성을 위해서 활용 가능한 자본, 기술 등의 자원을 적절히 배분하는 방법으로 전략적인 의사결정을 하는 것이다.

또한 전략적 의사결정은 신사업 진출, 시설투자 등과 같은 일회성으로 끝나는 사업 영역을 결정하는 기업의 성장전략에도 활용된다. 전략적 구성요소 및 접근방법으로는 자사제품의 시장개척, 제품개발 및 시장 확보, 경쟁우위와 시너지 효과를 위한 결정 등이 있다. 이러한 전략적 의사결정을 내리고자 할 때에는 정치적 위험, 재정적 위험, 거시시장의 잠재력, 제품시장 규모 등과 같은 정보가 필요하다.

2) 전술적 의사결정

전술적 의사결정이란 기업에서 설정한 해외시장에서의 목표 설정과 목표를 달성하기 위한 방안을 마련하기 위한 활동을 말한다. 이러한 전술활동은 마케팅 믹스와 관련된 문제로 이를 해결하기 위해서는 4P[1]를 결정하기 위한 제품의 편의성과 소비자선호도, 가격 민감도, 유통업자의 태도 등과 같은 정보가 요구된다. 예를 들면, 기업이 목표로 하는 대상시장에 대한 전략이 정해지고, 이를 달성하기 위해 마케팅 전략 중 광고전술을 확정하고자 할 경우 어떤 광고 문안과 형식을 사용할 것인가 등에 대한 문제를 해결하기 위해 필요한 정보를 결정하는 것을 말한다.

3. 해외시장조사의 필요성과 시장의 선택

1) 해외시장조사의 필요성

해외시장조사는 기업의 해외진출에 필요한 의사결정을 위하여 해외시장 정보를 수집, 정리, 분석, 해석, 보고하는 일련의 과정을 말한다. 해외시장조사는 시장 진입 시 필요한 절차를 수행하기 위한 기본적 조사항목인 현지시장의 상황, 고객(바이어), 현지국 수입정책 등과 개별 조사항목으로 유통수단, 경쟁제품의 현황, 진출 애로요인 등을 조사하는 것이다.

---

1) 4P란 Marketing 전략의 하나로 제품(Product), 가격(Price), 유통(Place), 촉진(Promotion)을 말한다.

이를 해외시장조사가 필요한 사항별로 정리해 보면,

첫째, 새로운 시장의 발굴 및 확보를 위해 필요하며, 해외시장 조사를 통하여 예상 하지 못한 새로운 시장을 발굴하는 기회를 가질 수도 있고, 이를 통해 그 시장에 진출하려는 자사제품의 판매가능성 및 유통망 등의 조사를 통해 기업의 해외진출 목적인 매출액 확대를 달성할 수 있다.

둘째, 해외시장의 진출 방안 및 마케팅믹스 전략(4P) 등을 결정할 수 있다. 특정목적 시장에 대해 시장의 규모, 인프라, 가격, 경쟁정도, 유통구조, 수입규제 등에 대한 조사와 분석으로 해당지역에 대한 진출 및 대응 방안을 마련할 수 있다. 아울러 해당 목적시장에서의 소비자 기호, 선호 및 관습 등에 대한 조사를 통하여 진출시장에 대한 마케팅믹스 전략도 수립 가능하다.

셋째, 특정제품의 무역에 관한 가능성을 제시할 수 있다. 특정 제품의 수출에 맞는 시장을 물색하고, 거래 파트너의 신용조사, 경쟁력 조사 등을 통하여 무역 가능성을 판단할 수 있다. 수출입에 대한 초기 단계로 목적시장과 해당 제품에 대한 관련 정보를 조사함으로써 수출입 가능성을 모색할 수 있다.

넷째, 새로운 환경에 대한 대응전략을 마련할 수 있다. 해외시장조사를 통하여 진출하고자 하는 지역시장의 변화를 파악할 수 있고, 세계시장의 흐름에 관련된 정보를 분석하여 환경 변화에 대한 전체적인 대응전략을 마련할 수 있다.

2) 해외시장조사의 대상시장 선택

해외시장선택이란 인적자원인 기술과 물적 자원인 자본 등, 기업들이 보유하고 있는 기존 사업형태와 자사제품 등을 가지고, 해외시장에 개입하는 것을 말하며, 어떤 시장에 진출할 것인지를 결정하는 것이라고 할 수 있다. 해외 대상시장을 선택하기 위한 정보수집과 분석은 기업이 해외시장에 진출하여 성공을 하기 위한 중요한 초석이 되는 만큼 분명하고 확실한 목적의식을 기반으로 시장을 선택해야 한다.

(1) 해외시장선택과 진출형태

① 판매시장에 대한 생산기지 선택

기업들은 자신들이 가진 역량을 가지고 제품과 생산지역을 어디로 선정할 것인지를 선택한다. 따라서 기업들은 다양한 방법을 총동원하여 가장 적합한 생산기지에 대한 거점을 확보하고자 할 것이다. 이를 위해 기업들은 생산기지와 판매시장과의 연계성 있는 장소 및 시장에 대해 탐색하여 정보를 취득하는 전략이 필요하며, 초기시장 진입 시에는 비용은 최소한도로 줄이고 투자한 자본의 회수가 가능한 범위 내에서 시장에 진출하고자 할 것이다.

② 해외시장에서 경쟁자와의 경쟁범위 결정

초기시장 진출을 하는 기업들은 기존 시장을 확보한 현지 경쟁자에게 시장진입을 위한 경쟁상대라는 것을 알리는 것이니 만큼 경쟁자와의 관계를 고려하여 확실한 경쟁우위를 확보하는 제품차별화 등 경쟁범위 결정을 위한 시장조사가 필요할 것이다.

③ 시장 확대 전략을 활용한 진출방식

기업이 시장을 선택하여 시장에 진입한다는 것은 새로운 시장 개척과 거점확보를 위한 진출로 무역장벽의 해소와 선진기술 습득 등을 통한 기업의 활로를 모색하는 것으로 매우 중요하다. 따라서 시장 확대 전략에 따른 해외시장 진출은 현지 무역제도의 파악과 신기술을 습득하기 위한 방안을 세워 진출을 모색해야 할 것이다.

(2) 해외진출 대상시장 선택의 문제점

해외시장을 선택하는데 있어 현지국의 시장 잠재력과 기업이 보유한 자원의 활용, 현지국의 경쟁 환경, 사업 용이성 및 적합성 등의 요인들을 고려하여 조사를 해야 하기 때문에 관련 내용을 충분히 조사하는데 어려움이 있다.

대상 시장의 잠재력에 대한 조사는 시장진입에 영향을 주는 중요한 요인으로 해당국의 시장 규모와 성장률을 들 수 있다. 시장 진입 시 잠재력이 높은 시장을 선호하는 것은 당연한 것으로 이를 분석하기 위해 국민소득, 경제성장률, 산업화 지수 등의 자료를 수집하고 분석한다. 이들에 대한 자료는 단기적인 내용보다는 거시적이고 전략적 차원의 내용들을 포함하여 측정하는 것이 필요한 만큼 자료수집에도 어려움이 많다.

또한 사업의 용이성과 적합성에 대한 환경조사는 해외시장 진입 시 쉬운 접근을 위해 주변국이나 문화가 비슷한 나라를 선택하는 경우가 많다. 이는 지리적으로 가까울수록 시장과 언어 등에 대한 도움을 얻을 수 있기 때문이다. 그러나 시장진입은 전략적 차원에서 장기적이면서도 사업성이 높은 시장으로 나아가야 할 것이기 때문에 지리적인 부분 보다는 위험부담과 예측 불가능한 내용들을 충분히 충당할 수 있는 시장으로의 선택이어야 할 것이다.

해외시장조사를 충분히 하지 못한 경우의 사례를 보면,

해당국의 수입 규제 등에 대한 조사미비로 미용기구를 수출하는 기업이 다른 국가들과의 통관 시 문제없음을 이유로 관련국에 대한 조사를 하지 않아, 바이어와의 사전 면담 등을 통해 전시품과 수출입 계약 상담을 위해 통관을 의뢰하였으나 해당국에서는 자국 산업의 보호를 위해 수입규제 품목으로 지정되어 통관을 하지 못하는 상황이 되어 계약파기는 물론 신뢰상실 등 상당부분의 손실이 발생한 사례가 있다.

대상 시장의 구매자와 소비자들이 선호하는 제품에 대해서도 사전조사를 철저히 하지 않으면 안 된다. 특히, 소비자들의 기호를 조사하면서, 상표, 브랜드, 포장, 색상 등 현지 조사를 통한 대응책을 준비해야 한다.

그러나 자사의 진출제품이 해외 현지시장에서 구매자의 기호에 맞추어 기업의 목표인 매출액 증대에 기여할 수 있는 지를 파악하기 위한 자료수집, 분류, 분석과 해석에 대한 세밀한 조사에 한계가 있어, 경영자가 의사결정을 내리기에 충분하지 않는 경우도 있다.

4. 해외시장조사의 내용

해외시장조사의 내용은 특정제품을 무역상대국인 특정시장에 판매하기 위하여 사전에 조사할 항목을 파악하는 것으로 정치, 경제, 사회, 문화, 상관습, 언어 등 일반적 사항에 관련된 조사 항목과 기업의 특정 제품 판매와 관련된 시장에서의 고객 선호도, 경쟁업체, 가격구조, 유통구조 등 상품에 관련된 항목도 내용에 포함하여 조사하여야 한다. 이러한 해외시장 조사에는 현지조사와 위탁조사가 있으며, 거래처 선정을 위한 신용조사는 거래 성립 전 이행할 수 있도록 한다.

1) 일반적 항목 관련 조사

해외시장 조사에서 일반적 항목의 관련 내용은 정치, 경제, 사회적 환경 조사가 있으며, 여기에서 사회적 환경조사에는 문화, 상거래 관습, 언어, 종교 등의 항목이 있으며, 이들은 모두 해외진출 대상국가의 시장과 관련된 일반적 항목의 조사라고 할 수 있다. 이러한 일반적 환경의 조사 항목에는 정치와 관련한 리스크 여부, 국내총생산(GDP) 등 경제적 상황, 해당 국가의 물가와 임금구조, 조세 및 무역정책, 금융 및 국제수지 문제 등 항목들을 자료에 의해 객관적인 관점에서 조사하고, 문화, 인구, 종교, 통신, 언어 등의 사회적 요인도 관찰자적인 관점의 조사 항목에 포함된다.

특히 대금 결제를 위한 무역거래 관련 항목은 철저한 사전조사가 필요하다. 이에는 대외무역구조, 지역별 수출입의 규모, 무역정책, 외환관리와 환율제도, 운송관련 사항, 상거래 관습의 내용 등이 있다.

2) 상품(제품) 및 고객 관련 항목 조사

(1) 상품(제품) 관련 항목 조사

상품관련 조사 항목은 해외진출 상품의 품목, 수급상황, 가격, 소비자 수요 등을 조사하되 현지시장의 잠재적 수요를 포함하여 조사하고, 계절적 상품수요에 대한 요인도 감안하여 조사한다.

또한 경쟁상품, 대체상품, 유사상품 등의 시장수요에 대한 현황조사는 물론 자사 상품과 관련 있는 상품의 가격조사 및 수요량, 공급처 등을 조사하고 연관되는 상품의 특허권이나 상표권 등에 대해서도 조사항목에 포함한다.

(2) 고객조사

해외시장 조사 중 소비자에 관한 조사 항목은 관련 고객의 지역적인 분포와 주요 구매층의 소득상황 및 소비자의 기호, 주 소비층 고객의 취향, 브랜드에 대한 선호도 등에 관련된 항목을 조사한다. 덧붙여 자사제품에 대한 고객의 반응, 가격과 제품의 차별화 항목 등에 대해서도 조사할 필요가 있다.

3) 유통경로 및 판매 관련 항목 조사

(1) 유통경로 조사

해외로 진출하고자 하는 기업은 자사 상품이 어떤 방식으로 판매, 유통될 것인지에 대한 조사를 통해서 해외진출 전략을 수립해야 한다. 따라서 상품의 유통경로조사는 판매과정에서 소비자에게 전달되는 유통의 전반적인 과정을 조사하는 것으로 수입상, 중개상, 전문 도매상, 소매상, 판매 특약점, 백화점, 대형마트 등의 Off-Line 거래와 인터넷을 통한 On-Line거래관계에 대한 내용을 조사하고, 애프터서비스(A/S)와 관련된 내용도 조사하여야 한다.

(2) 판매관련 항목 조사

판매관련 항목 조사는 상품판매 계획에 관련된 정책의 수립을 위한 조사를 말하며, 조사 항목으로는 판매하고자 하는 상품의 종류, 품질, 디자인, 상표, 포장, 운송 등 판매정책 수립을 위하여 판매와 관련된 모든 내용을 조사하게 된다. 판매조사를 실행하고자 할 때에는 광고(PR) 등 판매촉진(promotion)을 위한 부문까지도 염두에 두고 조사를 실시한다.

4) 해외시장조사의 방법

해외시장조사를 하는 방법으로는 현지(파견)조사, 위탁조사가 있으며, 진출대상 시장에서 거래처를 발굴하게 되어 신용조사를 하는 것도 해외시장조사에 포함된다.

(1) 현지(파견)조사

해외시장조사에 있어 가장 신뢰성이 높은 조사방법은 해외진출시장에의 자체 현지조사를 통한 직접 조사방법으로 비용과 시간이 많이 소요되는 점이 단점이나, 조사자가 원하는 방향의 조사를 할 수 있는 점은 장점이다.

(2) 위탁조사

위탁조사는 위탁기관이나 관련 조사기관에 위탁하여 조사를 의뢰하는 것이다. 무역거래는 상대방을 보지 않고 단지 신용과 서류만으로 계약을 체결하는 것이므로 상대방의 신용 상태에 대한 조사는 매우 중요한 사안이다. 위탁조사 방법은 의뢰하는 기업이 원하는 세밀한 자료수집이 아닌 객관적 자료를 제공함으로써 진정성 등을 평가하여 받아들이는 것이 좋다.

(3) 신용조사

신용조사는 거래처 발굴프로세스를 통하여 고객을 선택하게 되면 거래 성립 전 상대방의 능력이나 거래의 직접적인 관련 정도를 조사하는 것으로, 은행을 통하거나 현지의 동업자에게 의뢰하는 방법, 무역 관련기관을 이용하는 방법 등이 있다.

무역관련 기관으로는 KOTRA(대한무역투자진흥공사), 신용보증기금, 한국무역보험공사(K-SURE) 등이 있다.

제2절 해외시장조사의 순서와 종류

1. 해외시장조사의 순서와 고려요인

1) 해외시장조사의 순서

기업이 해외시장에 진출하기 위해 실시하는 해외시장조사는 진출하고자 하는 해외시장에 대하여 먼저 몇 개의 대상시장을 선정한 후 이들 각국의 시장을 분석하여 최종적인 목표시장을 선정한다.

해외시장조사의 순서는 이러한 목표시장에 대한 확실한 문제의식을 가지고 시장조사를 위한 설계를 수립하는데 필요한 정보를 수집하고, 관련자료 분석과 여러 가지 고려요인을 감안하여 기업에 맞는 결과를 도출해내는 과정을 말한다.

목표시장에 대한 인식과 시장조사의 설계를 위한 계획 수립을 하고, 1차와 2차 자료 수집을 통한 조사와 이들 수집된 자료의 분석절차를 거쳐 최종적인 결과를 보고서로 제시한다.

2) 해외시장조사의 고려요인

해외시장조사를 위한 대상시장을 선정하는 것에도 해당 기업마다 명확한 기준이 있어야 한다. 이에는 기업의 내부적 요인과 외부적 요인이 있다.

기업의 내부적 요인은 기업의 전체적인 성과를 가지고 분석한 기업의 강점과 약점을 평가하여 현재와 미래의 경영전략에 얼마나 적절한 대응을 할 수 있는지를 분석하는 것이다. 이와 함께 기업의 마케팅, 재무, 생산, R&D 능력 등을 분석하고 시장에서의 경쟁에 이길 수 있는지를 장기적으로 분석해야 한다.

기업의 외부적 요인은 내부적 요인 분석으로 해외시장 진출에 대한 준비가 되었다고 인식되면 현지 경쟁업체와 견주어 경쟁력을 제고 할 수 있는 충분한 자료와 조사 등을 이행하기 위해 필요한 조건이다. 이에는 해당기업 제품의 수요, 경쟁, 유통구조는 물론 지속적인 판매 실적, 안정적인 대금 회수 등 여러 가지 요인들이 포함될 수 있으며, 이러한 부분들을 판단하기 위해서 해외시장에 진출하고자 하는 국가의 일반적인 개황, 국가 경쟁력, 국가 리스크 등을 면밀히 조사하는 것이 필요하다.

2. 해외시장조사의 종류와 형태

1) 해외시장조사의 종류

해외시장조사를 수행하는 방법과 내용은 그 주체와 내용에 따라 해외진출기업에서의 직접조사와 각종 기관 등에 의한 간접조사, 국내외 전문조사업체에 의뢰하는 위탁조사로 구분할 수 있으며, 최근에는 인터넷의 검색엔진을 통한 자료조사가 일반화 되어있고 해외기업에 대한 정보가 상세하게 정리되어 있어 이에 대한 이용이 증가되고 있는 상황이다.

해외시장조사는 절차와 방법, 조사내용을 기업의 입장에서 살펴보면 해당시장에서의 제품 및 서비스가 적절한지, 경쟁업체 제품들과의 경쟁 상태는 어떤지, 진출 제품군의 시장진입 시 소비자들의 반응은 어떤지, 관련 시장의 잠재수요는 존재하는지 등에 대한 시장동향까지도 면밀히 조사하여야 하는 등 여러 가지 변수가 작용하기 때문에 철저한 사전준비가 필요하다.

(1) 직접조사

해외시장조사의 직접조사 방법에는 목표시장의 현지 방문, 해외지점이나 출장소, 무역사무소의 이용, 전시회나 박람회 참가를 통한 자료수집, 국내외 경제 · 무역 · 통상자료 및 시장관련 정보, 외국 공관자료, 인터넷을 이용한 자료수집 등의 방법이 활용되고 있다. 기본적인 시장조사의 방법으로는 국내외 대외정책기관을 통한 문헌조사이다.

① 문헌조사

한국무역협회, KOTRA, 대사관, OECD, IMF, 재외 한국대사관, 상무관 등 국내외 대외정책기관에 의한 조사방법으로 이들이 발행한 책자 또는 홍보물을 활용하여 조사한다.

문헌조사방법은 가장 기본적인 시장조사방법으로 직접조사방법 중 시간과 비용의 측면에서는 가장 경제적인 방법이라고 할 수 있다. 그러나 문헌에 의한 조사이므로 현지시장을 직접 조사하는 것과 달리 정확한 데이터를 수집하였다 하더라도 오류가 발생할 소지가 다분히 있을 수 있으며, 정보의 절대량과 기업이 필요로 하는 정보가 아닌 경우도 많으므로 자료에 대한 정확한 평가를 통해 활용해야 한다.

② 현지 직접 방문

해외 현지시장의 직접방문을 통하여 해당기업과 관련된 주요시장과 소비자 및 경쟁기업의 관계자, 잠재적 바이어 등을 통한 조사를 실시 할 수 있다. 이러한 조사방법은 기업에서 필요로 하는 자료와 정보를 비교적 정확하고 세밀하게 획득할 수 있는 장점이 있는 반면, 상대적으로 다른 조사방식에 비해 비용과 시간이 많이 소요되는 단점이 있다. 또한 현지 방문을 통한 시기 문제와 품질 등에 대한 평가를 할 수 있는 전문지식이 필요하다.

③ 해외 현지법인이나 대리인을 통한 직접조사

현지 법인이나 대리점, 기 진출한 기업 및 지인을 활용한 조사방법으로 현지 직접방문을 통한 방법보다 신속하고 저렴한 비용으로 조사가 가능하다. 그러나 현지에서 이러한 조사를 위한 인원이 부족하거나 자료수집 시 관련 정보제공자의 이해관계에 따라 조사의 정확도가 상당한 차이가 발생할 수도 있는 단점이 있다.

④ 해외전시회나 박람회 참가 또는 참관

기업의 입장에서는 해외시장 진출을 위해 좋은 방법 중 하나가 해외에서 개최되는 각종 전시회나 박람회에 참여하는 것이다. 전시회를 통해 다양한 정보와 시장 참여 관계자들을 한 자리에서 가장 빠른 시간 내 탐색할 수 있으며, 바이어와의 상담을 통한 거래처 발굴 과 새로운 제품에 대한 홍보, 경쟁기업에 대한 마케팅 정보 등을 획득할 수 있는 장점이 있다.

그러나 전시회 및 박람회에 참석하기 위해서는 사전준비와 마케팅 활동을 위한 역량을 키우고 평소 전시회 및 박람회에 관련된 정보를 항시 파악하여 충분한 대비를 해야 기업이 필요로 하는 성과를 거둘 수 있다.

관련 전시회와 박람회 정보는 KOTRA, 중소기업진흥공단, 지방자치단체 등 유관기관에서 전시회 및 박람회에 관련된 정보와 지원을 하고 있으며, 특히 KOTRA 글로벌 전시포털 사이트(GEP)를 통해 수시로 정보를 제공하고 있다.

(2) 간접조사

간접조사란 해외시장조사를 기업이 직접조사 하지 않고 시장조사 전문기업에 의뢰하거나, 정부기관이나 전문조사기관이 생산한 정보를 수집하는 형태로 조사하는 방법이다. 간접조사는 직접조사의 어려운 점을 상호 보완할 수 있으며, 이러한 간접조사방법은 국내 상주 외국인 대사관, 공사, 영사 등의 외국주재 공관을 통한 정보 수집 또는 국제적인 조사대행기관에 의뢰하는 방법으로 해외시장조사를 수행하게 된다.

(가) 국내의 조사대행 기관에 의한 시장조사

우리나라의 경우 대한무역투자진흥공사(KOTRA), KITA 등에 의뢰하여 해외시장조사 서비스를 할 수 있으며, 국가 DB(www.globalwindow.org)를 활용하여 세계 여러 나라의 각종 통계자료에 대한 정보를 얻을 수 있다. 한국무역협회(KITA)의 홈페이지에서도 무역통계(K-stat)사이트를 이용하여 해외시장에 관련된 맞춤 분석 자료를 얻을 수 있으며, 중소기업 진흥공단의 수출지원센터(http://www.expertcenter.go.kr/) 등을 통해서도 각종 무역통계, 무역동향 등에 대한 정보를 얻을 수 있다.

KOTRA의 해외시장조사 서비스

KOTRA의 해외시장조사사업이란?

KOTRA 전 세계 해외무역관(86개국 127개 무역관)을 통해 해외 잠재 파트너 발굴, 항목별 시장조사, 해외수입업체 연락처 확인, 원부자재 공급선 조사 등을 지원하는 서비스이다.(GEP : 글로벌 전시포털)

〈표 1-1〉 KOTRA의 해외시장 조사서비스의 종류 및 수수료

서비스 유형	서비스 내용	수수료(VAT 별도)
사업파트너 연결지원	① 신청 고객의 제품에 관심을 보인 해외 수입 업체 조사 ② 발굴 해외 수입업체와의 거래 교신 지원(2개월)	* 30만 원(2~3개사 발굴 및 교신 지원) * 해외수입업체 추가 발굴 시 · 건당 추가 5만원 부과
항목별 시장조사	수요동향, 수입동향/수입관세율, 경쟁동향, 수출동향, 소매가격 동향/ 유통구조, 품질인증 제도, 생산동향, 기타 등 조사	150,000원/항목 당 (예 : 수요동향+경쟁동향 = 300,000원)
해외수입업체 연락처 확인	기업 존재 여부, 대표 연락처 확인 (※구매담당자 연락처 제공 불가)	* 연간 6개사까지 무료 * 초과 신청 시, 건당 1만 원의 별도 수수료 부과
원부자재 공급선조사	조사 신청 기업의 수출을 위한 완제품 가공 및 제조에 필요한 원·부자재 공급업체 발굴	300,000원
수출대금 미결제조사	무역보험공사(K SURE) 전용 서비스	

* 공정거래위원회가 발표한 30대기업에 해당하는 경우 수수료 2배 적용함.
※ 자료출처 : KOTRA, 해외시장조사서비스, 2017, web페이지

〈표 1-2〉 KOTRA 해외시장조사 서비스의 종류 및 수수료와 조사기간

서비스 종류	수수료(VAT 포함)	조사기간	비 고
사업파트너 연결지원	300,000원	3주	3개사 발굴
원부자재 공급선조사	300,000원	3주	5개사 조사
맞춤형시장조사	150,000원/항목당	3주	
해외 수입업체 연락처 확인	무료 (연간 6회사 한정)	2주	추가 시 별도 수수료 부과

* 자료출처 : KOTRA의 사업안내 해외시장조사 서비스

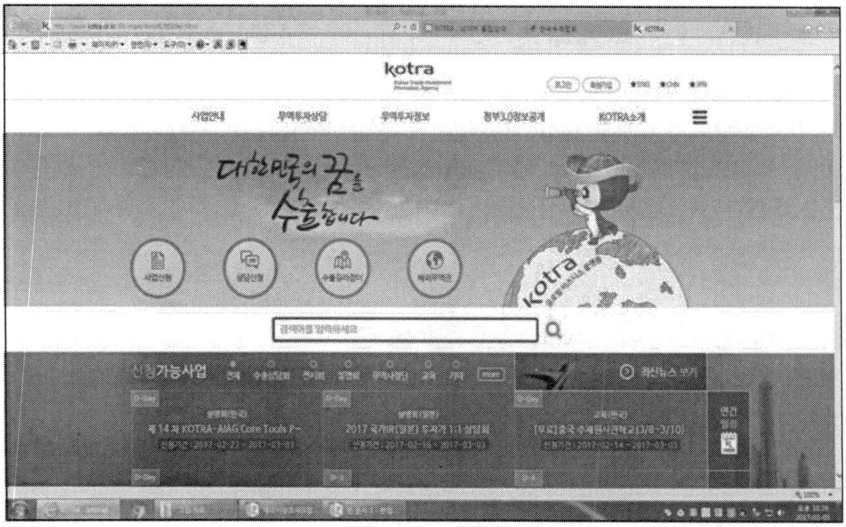

〈그림 1-1〉 대한무역투자진흥공사(KOTRA) 홈페이지

〈그림 1-2〉 KOTRA의 해외전시포털(GEP) 홈페이지

한국무역협회(KITA)의 해외시장 조사서비스

한국무역협회의 해외시장 마케팅 정보 사업은 해외전시회 정보, 무역지원 사업, 글로벌 무역정보 MAP, 서비스 산업정보 MAP, 무역거래사이트와 글로벌 비즈니스 지원 사업으로 외국어 통번역서비스 지원, 해외마케팅 전문 컨설팅, 해외바이어 매칭, 해외전시 상담회 참가 등을 통해 시장개척 바이어 발굴 사업을 지원하고 있다.

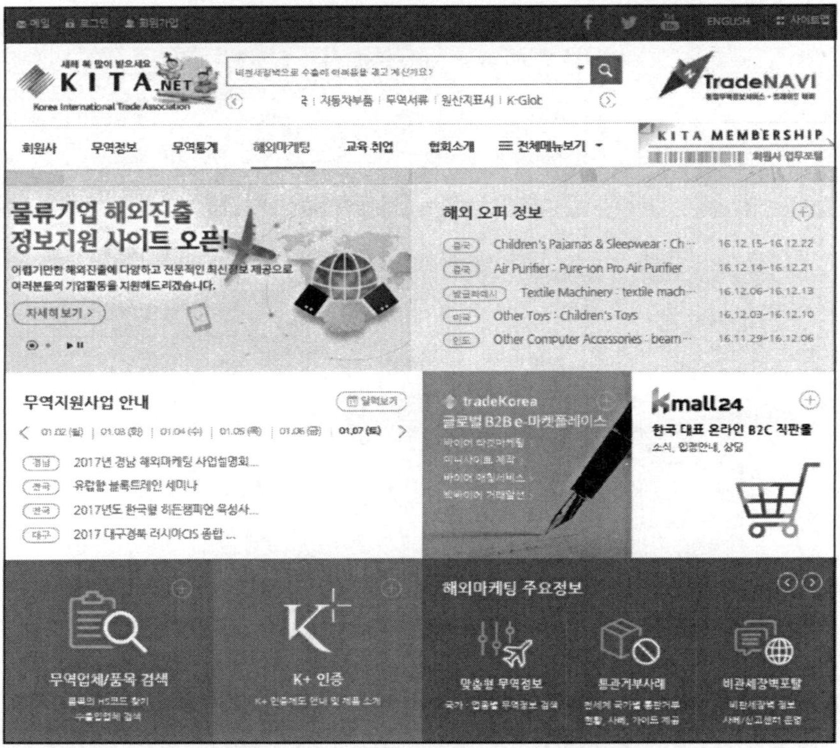

〈그림 1-3〉 KITA(한국무역협회) 홈페이지

① Trade SOS(종합무역 컨설팅 지원단) 지원시스템

무역정책 건의 및 애로 해소를 위해 종합무역 컨설팅 지원단이 제공하는 서비스이다. 여기에는 맞춤형 수출지원서비스로 내수기업 수출성공을 위한 START-UP 프로그램, Trade SOS 해외마케팅 자문위원단 운영, 무역 컨설팅 서비스, 수출입 금융지원 서비스, 수출사기진작서비스로 회원사 편의 시설 및 서비스 제공, 무역업계 상호간 네트워킹 및 정보 교류 지원, 우수 수출기업 포상 등이 있다.

② 글로벌 바이어(Buyer)–셀러(Seller) 매칭

중소기업의 해외 마케팅 지원을 위한 프로그램이다. 바이어 DB 100건을 활용 온라인에 의한 바이어-셀러 매칭, 전문 무역상사 활용과 해외바이어 신용조사 서비스를 통한 중소기업 해외마케팅 지원, 상품전시 상담회 및 전문전시회를 통한 현지 바이어 상담 및 마케팅 지원, KITA 글로벌 빅바이어 클럽 운영, 주한 외국대사 및 해외 유관기관 초청 수출상담회 개최 등을 통하여 중소기업의 해외마케팅을 지원하고 있다.

③ 해외시장 무역정보 제공

글로벌 무역정보를 원스톱 시스템으로 지원하는 프로그램으로 품목별 해외시장 정보, 환율과 국제원자재 정보 등의 무역, 경제 및 FTA 심층연구, 수출입 운영정보, 통상・수입규제 등 분야별 전문정보 서비스 제공의 종합 무역비즈니스 포털 서비스, 해외지부(9개) 및 해외마케팅 오피스 운영, 세계무역센터(WTC, 98개국, 330개)네트워크, KITA 해외파트너 기관(외국 상무성, 경제단체, 수출지원 기관) 등의 글로벌 네트워크를 활용한 마케팅 정보제공 서비스를 하고 있다.

〈그림 1-4〉 Trade SOS(종합무역 컨설팅 지원단) 홈페이지

SBC(중소기업진흥공단)의 해외민간네트워크 활용사업

중소기업이 해외진출을 위한 추진과정에서 독자적으로 수행하기 어려운 프로젝트에 대하여 중진공과 글로벌 컨설팅사, 중소기업이 협력하여 해외진출 성공을 지원하기 위한 사업이다.

① 지원내용 : 중소기업의 해외시장 진출을 위한 시장조사, 수출바이어 발굴, 현지 마케팅 세일즈 활동, 홍보대행, 수출계약 지원, 대금 회수 등의 수출 지원을 한다.

② 지원금액 : 소요 컨설팅 용역비 일부를 보조금으로 지원(지원비율 : 프로젝트 소요비용의 70~50%), 지원금액 한도는 북미, 유럽, Russia CIS(러시아 독립국가연합) 일본, 싱가포르, 중국, 대양주, 중남미(브라질, 아르헨티나) 지역은 연간 최대 1,400만원, 동서남아, 중남미(기타), 아프리카 등의 경우 연간 1,190만원 이내이다.

③ 사업신청 : 신청대상은 구체적 해외진출 추진 계획이 수립되어 있는『중소기업 기본법 상 중소기업』이며, 신청방법은 중소기업 수출지원 센터 홈페이지를 통하여 인터넷으로 신청하면 된다(http://www.exportcenter.go.kr).

④ 선정기준 : 해외진출 사업신청 시 프로젝트 요청서 심사를 통해 해외진출에 대한 계획이 구체적이고 확고하며, 컨설팅 지원이 필요한 기업이며, 주요 평가항목은 경영, 기술경쟁력, 해외시장 진출의지 및 진출가능성, 시장성 평가 등이다.

〈그림 1-5〉 중소기업수출지원센터 홈페이지

⑤ 사업추진단계

해외민간네트워크 및 참여기업 선정	→	해외민간네트워크 및 참여기업 간 매칭	→	컨설팅 계약체결 및 사업개시	→	컨설팅 추진 및 사후관리 (중진공)
전문컨설팅, 마케팅사와 해외진출계획이 수립되어 되어있는 참여기업 선정		참여기업이 해외민간네트워크의 제안서를 검토, 매칭 상담회를 통해 컨설팅사 선정		개별적인 계약, 체결, 사업개시 공문을 중진공에 제출		진행사업 용역 보고서 제출 및 사업금액 정산

(나) 국제적인 조사 대행기관에 의한 시장조사

전문조사기관을 통한 시장조사는 개별기업이 조사하기 어렵고, 비용이 많이 소요되는 조사를 중심으로 이루어지고 있다. 국내 대표적인 상업 자료로는 소비재 브랜드의 연간 판매규모와 시장 정보를 분석해온 글로벌 정보 분석 기관인 닐슨코리아(Nielsen Korea)에서 소매점 지수(Retail Index) 자료를 제공하고 있으며, 국제적 시청률 조사기관인 Neilsen Holdings PLC가 있다. 또한 IT 등 특정산업분야에 대한 세계적인 자료를 정기적으로 수집하여 제공하는 IDC Trackers 등이 있다.

그러나 이러한 자료들은 조사과정에서 자료수집의 비용을 줄이기 위해 표본조사를 실시하거나 하는 경우 신뢰성에 문제가 있어 자료수집 과정 등을 신중하게 평가한 후 구입 여부를 결정하는 것이 필요하다.

〈표 1-3〉 해외시장조사의 종류와 내용

조사종류	조사 의뢰처 명	조사 내용
직접조사	• 해외지점, 출장소 의뢰 • 무역사무소 의뢰 • 현지방문 출장조사	• 조사자가 해외지점 및 출장소, 현지법인 등을 통하여 해당 국가 및 시장의 정보를 입수하거나 현지방문을 통한 조사
	• 전시회나 박람회 참여	• 해외전시회, 박람회 등에 직접 참여하여 조사
	• 거래처 활용조사 (수입업자 등)	• 무역 거래처를 활용한 조사 및 정보교환
	• 국내외 대외정책기관	• 문헌조사

간접조사	• 기관조사(대사관, 공관)	• 한국 주재 대사관, 영사관, 공관을 통한 정보 수집 • 국내 외국공관, 해외 한국공관 등의 자료 수집
	• 무역기관조사 (상공회의소, 무역협회 등)	• 외국 상업회의소, 대한 상공회의소, 한국 무역협회 등의 자료 수집
	• KOTRA 조사의뢰	• KOTRA 활용 시장조사 위탁 대행 의뢰 (바이어 발굴, 항목별 시장, 원부자재 공급선 조사 등) • 해외통계자료(국가별 DB 자료 활용)
위탁조사	• 전문조사기관 의뢰	• 국내외 조사기관에 의뢰하여 조사 • KOTRA 해외무역관의 유료 조사사업 활용
인터넷조사	• 검색엔진 • 국가무역정보	(인터넷을 통한 해외기업 정보수집) Kompass(66개국, 433만개 전 세계 기업정보 DB) Thomas Register(미국/캐나다 15만개 업체) Company Link(미국기업 6만5천개 업체 정보) Company Online(D&B 제공 기업정보) Comfind(인터넷 홈페이지 보유업체 정보) Asia Business Connection (아시아지역 홈페이지 보유업체) Hoover's Directory (전 세계 상장기업 2,700사 DB) Jetro(일본기업 정보)

* 자료출처 : 금융감독원 전자공시 시스템

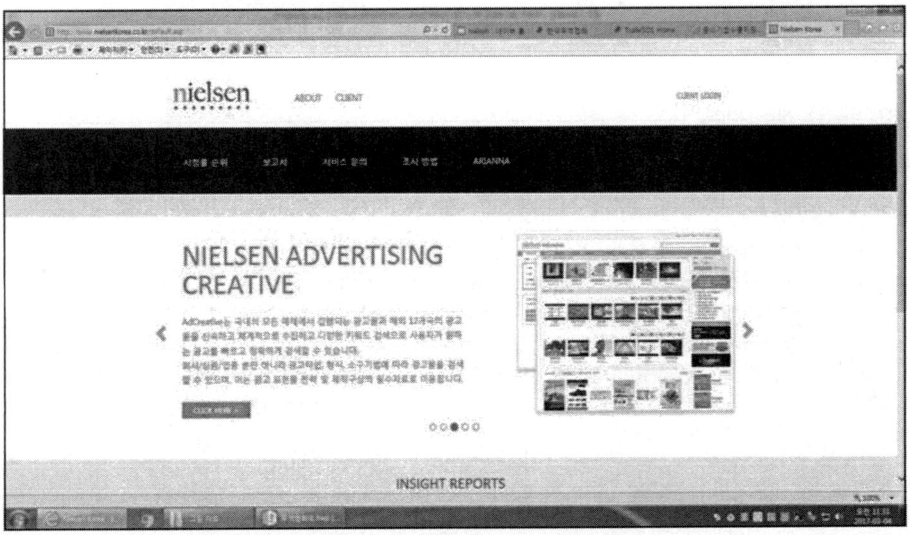

〈그림 1-6〉 닐슨(Niellson) 코리아 홈페이지

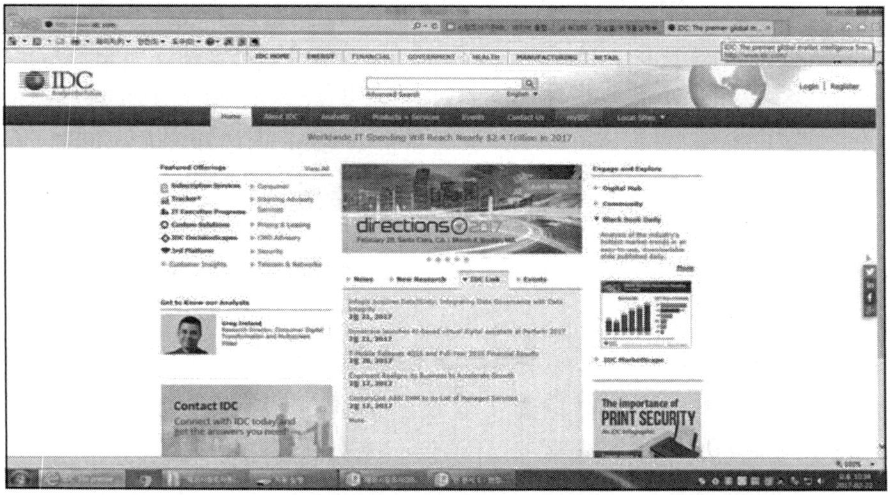

〈그림 1-7〉 IDC 홈페이지(IT 분야 전문조사기관)

2) 해외시장조사의 형태

해외시장조사는 여러 가지의 형태가 있지만, 일반적으로 글로벌 시장의 동향조사와 기업 정보보고 형식의 특정제품에 대한 시장조사로 구분할 수 있다.

글로벌 시장의 동향조사에는 현지국의 경제정책 및 수요동향 조사, 수출입 동향조사, 경쟁업체 동향 조사, 가격동향 조사, 생산 및 유통구조 조사, 무역정책 조사 등이 있다. 오늘날의 다국적 기업들은 전 세계를 대상으로 하는 글로벌 시장에서의 경쟁체제를 갖추고 있으며, 단순 수출입에 의한 국제적 기업에서 다국적 기업으로의 환경에 맞추어 국가적인 범위를 벗어나 기존의 해외시장 개척과 진입방식과는 다른 다양한 형태의 글로벌 기업으로 나아가기 위하여 합작투자와 직접투자 또는 간접투자 형태의 진입방식으로 해외시장 진입을 시도하고 있다.

(1) 글로벌시장의 동향조사[2)]

① 경제정책 및 수요동향조사

현지국의 경제정책 및 통계자료에 의한 수요의 규모에 대해 조사한다. 상

---

2) 박승락·성옥석, 『해외시장 개척론』, p.109-111(일부 인용)

품에 대해서는 브랜드와 디자인, 가격 및 수요에 대한 시장의 동향 등에 대한 조사를 한다.

주요 국가들에 대한 정부의 경제현안과 전망, 경제정책 변화와 관련된 내용들을 조사 분석하여 해외시장에 진출하고자 하는 기업체들에게 제공함으로써 특정상품의 해외시장에 대한 수요예측을 통해 새로운 시장에 대한 진출 가능성 및 정착 가능성에 대한 정보로 활용하게 된다.

② 수출입동향조사

시장에 진출하고자하는 당사국을 포함한 국가별, 상품별, 수출입 수량과 금액을 조사하고, 브랜드별 수출입 현황 등도 조사한다. 또한 추가하여 최근의 수출입 동향과 전망까지도 조사내용에 포함한다.

③ 경쟁업체의 동향조사

경쟁업체의 동향조사는 조사항목인 가격, 브랜드 인지도, 디자인, 기타 경쟁동향 등을 조사하고 경쟁력 강화 방안까지도 조사한다. 경쟁업체의 동향조사는 상품의 가격비교 등에 그치지 않고 대체 상품과의 관계도 고려하여야 한다.

④ 가격동향 조사

관련 상품에 대한 수입가격, 도소매가격, 공장도가격 등에 대한 조사와 아울러 브랜드, 디자인, 모델 등에 대한 가격까지도 비교를 할 수 있도록 조사한다. 특히 소비자의 입장에서 조사하고 경쟁업체의 상품 가격동향이나 가격에 미치는 각종 영향들이 무엇인지까지도 조사한다.

⑤ 생산 및 유통구조 조사

생산관련 조사항목은 총생산량 및 생산가능 수량을 조사하며, 주요 생산품의 브랜드, 가격대, 디자인 등을 조사하며, 생산품의 내수 수출비중을 조사한다.

유통구조에 대한 조사항목은 유통경로와 관련된 모든 내용으로, 유통단계별 마진조사와 상거래 관행을 포함하여 조사한다.

⑥ 무역정책조사

무역정책에 대한 조사는 관세 및 기타 세금에 관련된 내용을 조사하며, 수입제한 내역 및 수입품 검사제도, 무역정책중 비관세 장벽 등도 조사한다.

(2) 기업체 정보보고형식의 시장조사

기업들이 해외시장조사를 하는 목적은 해외시장에 대한 단순한 보고서를 작성하고자 하는 것이 아니라 특정시장에서 자사제품의 판매를 통한 구매가능성과 직·간접투자 등의 해외시장 진출가능성을 해외시장 조사 보고서를 통하여 최종 의사결정(해외시장 진출)을 하고자 하는 것이다.

해외진출을 위한 시장조사 보고서를 작성한 기업들은 자사 상품 관련 수요동향 및 전망, 경쟁동향, 생산동향, 가격동향, 유통구조, 수출입 동향, 수출입 관리제도 등의 보고서 필요 항목에 대하여 분석한 뒤, 최고 경영자의 의사결정으로 해외시장 진출을 결정한다.

3. 해외시장조사를 위한 정보수집 관련 자료(인터넷 홈페이지)

1) KOTRA(대한무역투자진흥공사): www.kotra.or.kr

(1) KOTRA 국가 DB 자료

(2) KOTRA 해외시장조사 서비스

2) 한국무역협회(KITA) 정보자료 : www.kita.net

(1) 무역협회 무역통계자료

(2) 무역통계자료(K-stat)

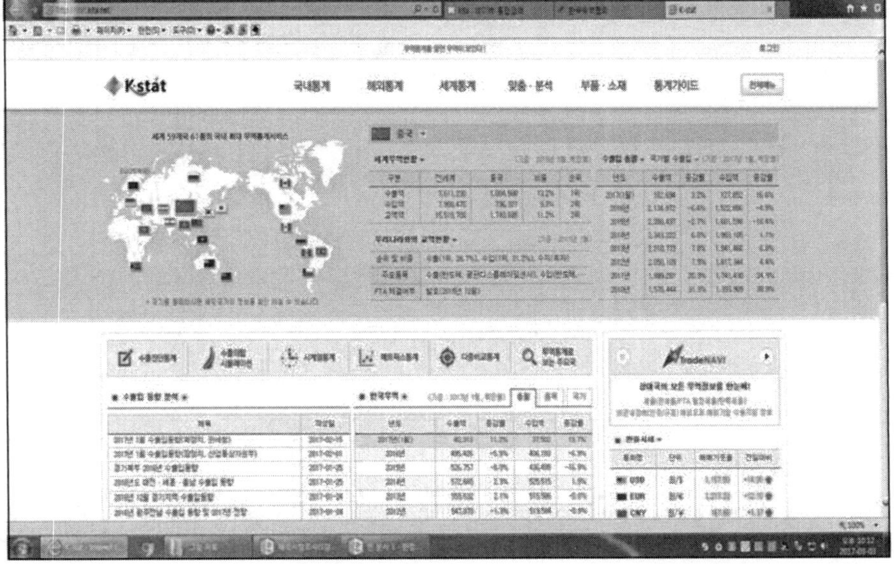

3) 중소기업진흥공단(SBC) 정보자료 : hp.sbc.or.kr/

(1) 중소기업진흥공단 홈페이지

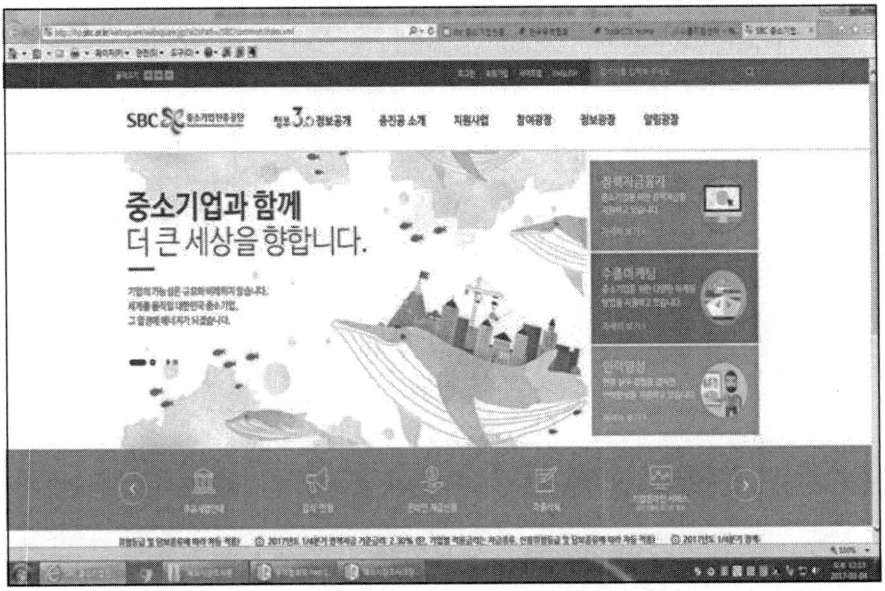

(2) SBC의 수출지원센터 해외시장 진출 정보

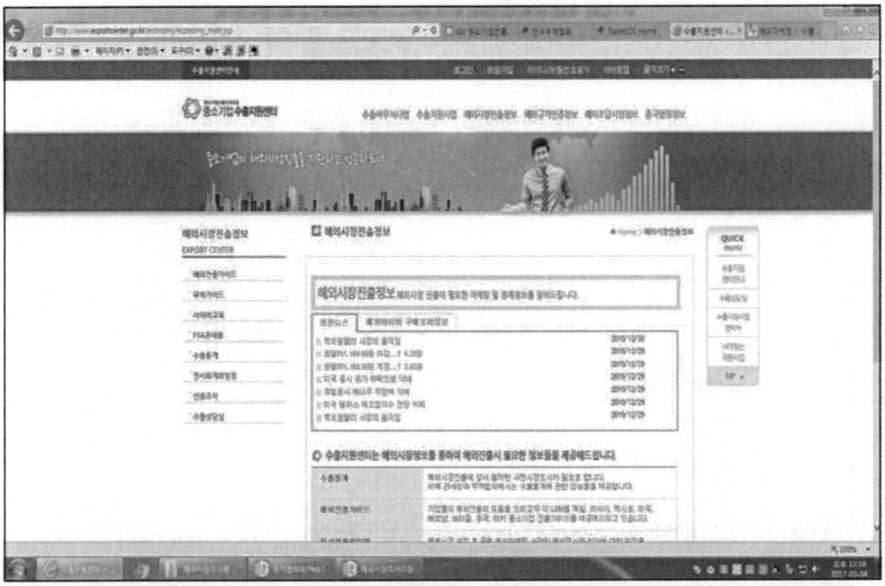

4) 관세청(KCS) 정보자료 : www.customs.go.kr

(1) 관세청 홈페이지(수출입요건 확인 및 승인)

(2) HS 코드 분류

Chapter

02

해외시장조사의 절차 및 분석

제1절 해외시장조사의 절차

해외시장의 조사는 대체적으로 다음의 절차(5단계)를 거치면서 계획을 수립하고, 조사활동 실행에 의한 자료수집과 분석을 통한 해석과 보고를 하고, 이를 활용하는 단계로 진행된다. 또한 해외시장조사 과정은 기업의 인력과 제한된 시간, 비용을 투입하면서 신속하고 정확한 정보 수집에 의해 해외진출을 위한 의사결정을 해야 하는 과정이라고 할 수 있다.

기업의 해외시장조사의 절차는 과제의 인식에 따른 준비단계, 조사를 실행하기 위한 계획수립 단계, 자료수집과 조사 실행단계, 수집 자료의 분석과 해석단계, 보고서 작성단계와 활용단계로 이루어지며, 이는 조사의 목적이나 상황에 따라 다소 달라지기도 하겠지만, 해당 과정에 따라 조사활동이 실행된다고 볼 수 있다.

각 단계별 내용을 살펴보면 다음과 같다.

1. 준비단계

1) 과제의 인식

해외시장조사의 처음 단계는 시장조사라는 과제에 대한 인식, 즉, 무엇을 조사해야 하고 왜 하는가 등에 대해 명확히 규정하여 조사 실행을 위한 준비를 하는 것이다. 과제의 인식이란 기업이 처해있는 환경과 조사자가 무엇을 어떻게 조사해야 하며, 무엇이 필요한가에 대한 의문 등을 가지고 시작하는 첫 단계이다.

이러한 과제에 대한 정확한 인식을 가지고 있어야만 조사목적에 맞는 계획을 수립하고, 이를 실행하여 조사목적을 달성할 수가 있다.

2) 조사목적과 계획

기업의 조사목적에 따라 조사절차, 조사방법, 조사내용 등이 구체화되기 때문에 신중하게 협의하고, 사전에 간략하게 조사된 내용과 추가적 환경변화에 대한 내용도 첨부한다. 또한 조사계획을 수립하기 전에 조사의 범위와 조사항목에 대한 준비가 필요하다. 사전준비 자료는 대체적으로 2차 자료에 의존하는 경우가 많다.

사전에 준비된 자료와 다른 자료를 종합하여 해당 기업에 맞는 조사목적과 조사방법 등을 계획함으로써 향후 시장조사 자료에 대한 비용과 조사내용들에 대해서도 좋은 효과를 볼 수 있다.

준비단계	계획수립 단계	실행단계	자료의 분류와 분석단계	보고서 작성과 활용단계
과제인식 조사목적 조사계획	설계수립 목표상품 조사방법	자료수집 (2차, 1차)	수집자료 분류 · 분석	분석결과 제시 의사결정

〈그림 2-1〉 해외시장조사의 절차(5단계)

2. 계획수립 단계

해외시장조사에 대한 확실한 과제인식과 문제 해결을 위한 조사방법과 조사목적의 의사결정이 정리되었다면, 기업의 목표상품(제품) 선정과 대상시장을 선정하고 구체적인 조사항목과 조사방법 등에 대해 설계를 통한 계획을 수립한다.

1) 목표상품 선정

자사에서 수출 및 해외시장에 진출하고자 하는 상품의 품목이 무엇이며, 자사 상품과의 경쟁상품 및 차별화 요소는 무엇인지를 파악한다. 먼저 고려해야 할 해당 항목은 용도, 품질, 가격, 기능, 디자인, 주요 수요층 등을 조사하고, 2차적으로 고려할 항목은 차별화된 경쟁요인과 열세요인 등을 비교하여 파악한다.

2) 목표시장 선정

자사상품의 경쟁력을 극대화할 수 있는 시장을 선택하는 절차로, 시장 수요 발전단계(성숙기, 성장기, 잠재력)와 경제발전 단계(후진국, 개도국, 선진국), 시장개방 단계(미개방, 부분개방, 완전개방), 경쟁요소(경쟁품의 여부, 경쟁정도), 기타요소(문화, 환경, 교육, 종교, 소비패턴) 등을 파악하여 목표시장을 선정한다.

3) 조사범위 및 조사항목 결정

조사목적에 맞는 조사범위 및 항목을 결정한다. 시장별 조사목적에 대한 내용을 파악하고 구체적으로 조사품목, 조사범위, 조사목적에 따른 항목을 선정한다.

4) 조사방법의 결정

조사범위와 조사항목을 결정한 후 조사방법을 결정한다. 조사방법은 대인면접, 우편을 이용한 조사, 전화를 이용한 조사, 인터넷 조사 등 정보수집의 형태대로 조사하되 조사대상별 체크리스트를 작성하여 효과적으로 조사한다.

3. 실행(자료수집) 단계

해외시장조사를 위해서는 조사 목적과 시기, 대상지역 등을 고려하여 조사자가 획득할 수 있는 모든 정보를 수집하여야 하는데, 이들 정보를 관련 자료의 수집형태 및 성격별로 구분해보면 2차 자료(secondary data : 간접조사)와 1차 자료(primary data : 직접조사)로 나눌 수 있다. 2차 자료는 다른 조사자들이 본인들의 조사목적을 위하여 수집한 자료로서 각종 간행물, 통계자료집, 신문기사, 잡지, 연구 보고서, 학술논문, 정부 또는 기업의 내부자료 등이 있으며, 1차 자료는 조사자가 현재 조사하고자 하는 목적을 달성하기 위하여 직접 수집한 자료로서 설문조사나 개별면담, 전시회나 박람회 참가, 우편이나 전화이용, 현장 방문조사 등으로 확보하는 자료들이 이에 해당한다.

1) 2차 자료의 수집

2차 자료 수집은 이미 존재하는 자료와 관련정보를 검색하여 조사방향과 항목을 구체화한 후 이어지는 1차 자료의 수집에 따른 분석과 내용에 대한 지침을 제공해 준다. 2차 자료의 수집내용은 시장동향보고서, 무역통계, 전문

잡지, 인터넷을 통한 기관, 협회의 정보를 검색하고, 기업에서 필요로 하는 개별정보의 조사 항목에 따라 전화번호, 수출입 업체 디렉토리, 생산업체 디렉토리, 인콰이어리 정보 등을 수집하고, 통계자료를 통해 모니터링 및 비교 분석으로 자료를 정리한다.

그러나 이러한 2차 자료는 업체에서 조사하고자 하는 목적과는 다른 목적으로 수집된 경우가 많기 때문에 자료의 적합성, 신뢰성, 정확성, 시효성이 결여되어 적절한 평가를 거친 후에 사용하는 것이 좋다.

① 적합성 평가란 기업에서 필요로 하는 자료에 적합한 내용인가를 평가하여, 적합한 내용이라면 정보자료로 수집하여 활용하는 것으로 내용과 대상이 일치하는지를 평가해 보는 것이다.

② 신뢰성 평가란 측정내용과 측정대상이 적합한 자료라고 하더라도 자료수집방법이나 측정에서 부적절하게 이루어진 경우인지를 평가하는 것이다.

자료수집에 따른 절차나 측정도구를 밝히지 않는 경우, 표본 대상자의 수가 아주 적을 때, 동일한 자료나 다른 자료와의 비교분석에서 일관성이 없을 경우 신뢰성을 의심해야 한다.

③ 정확성 평가는 자료의 분류나 측정에서의 정밀도가 어느 정도의 수준인지를 평가하는 것이다.

정밀도가 낮을 경우 자료로서의 이용이 불가능하며, 기간 분류가 월단위로 된 자료가 필요한데 연단위로 측정된 자료이거나 소수점 2자리까지의 세밀한 자료가 필요한데 1,000단위로 측정된 자료인 경우 자료의 내용과 신뢰성이 높더라도 필요한 조사문제를 해결할 수 없기 때문에 도움이 되지 않는다.

④ 시효성 평가는 조사 자료가 내용상 적합하고, 신뢰성과 정밀성에 있어서도 모두 적정하여도 너무 오래된 자료인 경우 자료를 의사결정에 이용하기에는 무리가 있다. 최근의 미국, 영국, 브라질 등 각국의 정치적 환경 변화로 인하여 세계 경제의 상황이 너무나 급격하게 변화하기 때문에 일정기간이 지난 자료는 쓸모없는 경우가 많아 이러한 자료를 바탕으로 의사결정을 할 수 없다는 것이다.

2) 1차 자료의 수집

1차 자료의 수집은 2차 자료만으로 결정하기 힘든 부문에 대하여 좀 더 깊이 있게 조사하는 것으로 개별면담, 우편이용, 전화이용, 현장조사, 무역전시관에서의 개별상담, 전시장, 도매상, 쇼핑센터 등 현장방문, 국내 수출입업체와의 면담 등을 통하여 수집한다. 또한 유통구조, 소비동향, 가격동향, 브랜드, 디자인, 시장성, 수출 가능성, 상품의 라이프 사이클, 수입절차, 무역정책(관세)에 관련된 사항 등의 자료를 수집한다.

그리고 상거래상의 리스크를 체크하고 주 소비층, 홍보매체 등의 자료를 포함하여 수집한다.

3) 방문조사

방문조사는 사전에 연락을 취하여 약속을 하는 것이 원칙이며, 효과적인 방문을 위하여 방문목적과 질문내용도 미리 통보한다. 면담자의 인적사항, 전문분야, 지위와 역할, 지인관계 등도 조사하여 활용하고, 현지문화에 대한 사전 지식을 습득하여 상대의 호감을 살만한 선물 등을 준비하여 방문하는 것도 좋을 것이다.

〈표 2-1〉 1, 2차 자료의 장·단점 및 특징

구분	1차 자료(Primary Data)	2차 자료(Secondary Data)
장점	① 조사자의 필요내용 조사 ② 기업의 특정문제를 해결	① 시간과 비용의 경제성 ② 자료의 다양성 ③ 자료 수집의 용이성
단점	① 시간과 비용의 과다 ② 조사방법의 오류 가능성	① 자료의 불완전성, ② 조사목적과의 불일치 ③ 자료의 시의 적절성 결여
특징	자료의 구체성으로 복잡, 정보의 오류 가능(측정 타당성) 수집 자료의 비교가능 어려움	자료의 한계성(객관적 비교 분석) 국가 간 비교 어려움(언어와 환율 등) 자료의 신뢰성 문제(별도 평가 필요)

4) 조사 진행상황 점검

자료의 수집과 조사에 대한 진행정도를 파악하여 미진하거나 자료수집이 늦은 부분에 대한 원인분석 및 대책을 수립하여 지연된 자료에 대한 신속한 대안을 마련한다.

4. 자료의 분류와 분석 단계

해외시장조사는 조사대상이 국내시장이 아니라 이질적이고 복잡한 환경속의 해외시장이라는 특수성이 있고, 또한 지역별로 여러 가지 다른 자연적, 문화적, 사회적 환경이 존재하고 있어 해외시장조사 시 복잡하고 특수한 양상으로 전개된다.

1) 수집자료 분류

해외시장조사는 상대적으로 많은 시간과 비용, 국내시장과는 다른 어렵고 다루기 힘든 여러 가지 문제들이 추가적으로 발생하기 때문에, 수집된 자료에 대한 분류와 확인, 검증 등에 대하여도 신경을 써야 한다.

수집된 자료에 대한 분석과 활용을 위하여 경기 동향 자료와 수출입 동향 자료, 수요처에 대한 동향 자료 등으로 정확하게 분류하여 항목별 수집 자료 간에 상관관계를 비교 분석하기 위한 자료로 활용한다.

수집된 자료에 대한 분류는 자료 정보에 대한 시사점 및 일관성 또는 신뢰성과 타당성을 파악하고, 상이점과 일치점에 관한 비교는 자료를 통하여 점검한다.

자료 조사자는 현지 상관습, 문화적 차이, 기업관행 등에 대하여 사전에 숙지하고 조사내용에 포함하여 조사한다. 그리고 현지에서의 조사결과가 해외시장조사기업체의 의사결정에 적용할 수 있는 가의 여부를 판가름할 수 있도록 해야 할 것이다. 자료에 대한 검토 시 자료에 대하여 충분한 보고와 결론을 제시하여야 하며, 이때 예비조치로서 대안을 제시하는 것도 좋다.

2) 자료의 분석

수집된 자료의 분석에는 두 가지 방법이 있다. 먼저 해당 시장에 대한 자료의 분석 시에는 해외시장조사와 동일하게 진행한다. 국가 간 자료를 비교 분석할 경우 비교 대상국가의 기초자료 활용에 대한 타당성을 검토한 후 분석한다. 국가 간 자료의 해석에는 과거의 경험을 되살려 잘못된 판단을 내릴 수 있기 때문에 조사경험만을 토대로 객관적으로 판단한 사실을 근거로 분석하여야 한다.

분석방법에 따라 관련 조사내용이 확연히 달라질 수 있기 때문에 다양한 접근방법을 활용해야 한다. 자료 분석 시 측정수준과 독립변수 및 종속변수 등의 수에 따라 다르게 나타나므로 충분히 검토한 후에 결론을 내리도록 한다.

5. 보고서 작성과 활용단계

1) 보고서 작성

수집 분석한 자료는 보고서 형식으로 작성하여 경영진의 의사결정을 위한 자료로 사용되며, 추가적인 정보 활용이나 기타 자료 필요 시 유용하게 이용할 수 있다. 특히 자료의 정리와 보관전이라도 핵심적인 분석 자료나 보고자료가 있을 시에는 즉시 보고할 수 있도록 하고, 수집된 자료의 정리와 보관은 항목별로 체계적으로 정리하여 보관한다.

보고서의 작성방법은 누구라도 보기 쉽고 이해가 될 수 있도록 작성해야 하며, 정확하고 긍정적이어야 하며, 설득력 있게 명확히 작성되어야 한다.

또한 보고서 작성 시 가장 중요한 것은 보고서 작성자는 조사보고서가 누구에게 제출되는 지를 염두에 두고 작성하도록 해야 한다는 것이다. 왜냐하면 조사보고서는 작성자의 입장이 아닌 이용자의 입장에서 의사결정에 도움을 주도록 작성되어야 하기 때문이다.

2) 활용단계

시장조사의 활용단계는 해외시장조사의 마지막 단계로서 조사 및 분석이 완료된 내용이 정보로서의 활용가치가 있는지를 평가하여 해외시장 진출의 전략으로서 직접투자, 합자투자, 해외수출 마케팅에 활용할 수 있도록 세분화하거나 표적이나 시장별, 품목별로 활용 가능하도록 한다. 이를 통해 마케팅 활동에 어떻게 포함할 것인지 등에 대해서도 구체적 대안으로 활용될 수 있다.

지금까지 해외시장의 조사절차와 분석에 관련된 내용을 살펴보았다. 5가지 단계로 설명된 조사절차는 기업내부의 상황이나 현지 시장 상황에 따라 단순화되거나 세분화될 수도 있으며, 특정 단계가 생략될 수도 있다. 따라서 해외시장조사는 기업이 특정 의사결정에 대한 문제를 해결하는데 얼마나 도움을 주었는가에 초점을 맞추는 것이 가장 중요하다.

제2절 해외시장 진출을 위한 체크리스트 및 분석

해외시장 진출을 위한 단계별 체크리스트는 기업의 해외시장 진출과 관련된 사전 준비 사항의 예시, 해외 진출을 위한 목표설정, 해외시장 진출 시 점검 및 운영요령, 그리고 최종적인 단계로 사후관리를 하는 단계를 거친다.

단계별 체크리스트의 내용은 농수산식품수출지원정보(www.kati.net) 사이트에서 제시한 해외시장 진출의 각 단계별 내용을 인용한 것으로써 해외시장 진출에 관련된 단계별 절차와 내용을 파악할 수 있다.

1. 해외시장 진출의 단계별 체크리스트

1) 제1단계 : 해외시장 진출전 사전 준비사항

제1단계는 해외시장 진출을 위한 해외 현지시장의 사전 분석 단계로, 시장

〈표 2-2〉 제1단계 해외시장 진출전 사전 준비 사항 예시

제1단계 해외시장 진출전 상품 선별과 선적 준비사항	체크 및 확인사항
1단계 해외진출 전 준비 사항 해당상품은 시장분석에 따라 현지시장에 유망한 품목인가? 해당상품은 규격별 소포장되고 유통기한은 충분한가? 포장 디자인은 현지어로 되었고 표기사항은 잘 되었는가? 상품, 홍보물은 용도별로 구분하여 포장하였는가? 상품은 박스와우든, 플라스틱박스 등으로 단단히 포장되었는가? 냉장・냉동제품은 충분한 드라이아이스로 잘 포장되었는가? 성분분석표, Invoice 등 선적에 필요한 서류는 준비하였는가? 운송업체, 선적일정, 집하장소를 확인하였는가? 상품은 집하 장소에 잘 배송되었는가?	

※자료출처 : 농수산식품 수출지원 정보(http://www.kati.net./homepage), “해외시장개척 체크리스트”

분석에 있어서는 관련 상품의 규격, 포장, 디자인 등의 홍보를 위하여 다음 사항을 체크하게 된다. 여기에서 가장 중요한 사항은 글로벌 시장에서의 경쟁력 제고와 현지 시장 우위확보를 위한 상품 선별과 선적 준비사항 등을 체크하는 것이다.

2) 제2단계 : 해외시장 진출을 위한 목표 설정과 마케팅

해외시장 진출을 위한 제2단계는 해외에 진출하고자 하는 기업의 목표설정과 마케팅을 위한 준비사항을 체크하는 것이다. 목표설정과 마케팅에 관련된 내용을 보면 현지 시장정보와 바이어 관리를 위한 리스트 체크, 초청장 발송, 광고 계획과 보도 자료에 대한 체크, 홍보자료 등에 대한 준비는 잘 되었는가를 점검한다.

또한 사전홍보를 위해 홍보자료를 충분하게 배포하도록 하며, 현지 신문 및 전문잡지 등 각종 매체를 활용하여 마케팅 관련 내용을 홍보한다. 덧붙여 차후에 현지정착을 위한 추가내용이 있다면 이를 위한 별도조사도 필요하다.

〈표 2-3〉 해외시장 진출을 위한 목표 설정과 마케팅 예시

제2단계 해외시장 진출을 위한 목표설정과 마케팅	체크 및 확인사항
2단계 해외시장 진출을 위한 목표설정과 마케팅 현지 시장정보와 바이어 리스트는 확보되었는가? 기존거래선, 신규바이어 등 바이어 관리를 잘하고 있는가? 초청대상자를 확정하고 초청장은 제작하였는가? 행사장 부스번호 표기 등 초청장 내용은 문제가 없는가? 주최 측으로부터 초청장, 무료입장권은 확보하였는가? 초청장은 바이어에게 여유 있게 발송되었는가? 인터넷 'News Letter', 이메일 등은 잘 전송되었는가? 전문잡지, 디렉토리 등을 검토 후 광고계획을 세웠는가? 보도자료를 작성하고 배포계획은 세웠는가? 현지 Press Center 보도자료, 홍보물은 준비하였는가?	

※자료출처 : 농수산식품 수출지원 정보(http://www.kati.net./homepage), "해외시장개척 체크리스트"

3) 제3단계 : 해외시장 진출 시 점검 및 운영요령

해외시장진출을 위한 3단계는 해외시장의 현장 운영에 따른 출장과 예산 등의 확보와 운영을 위한 준비물의 점검, 초청자와 현지 바이어 상담 등을

통한 기업의 이미지 제고와 이윤창출을 위한 활동이다. 효과적인 현장 운영과 상담 등을 위해 다음과 같은 사항들을 점검한다.

〈표 2-4〉 제3단계 해외시장 진출 시 점검 및 운영요령 예시

제3단계 해외시장 진출 시 점검 및 운영요령	체크 및 확인사항
3단계 해외시장 진출 시 점검 사항	
현장 운영요원의 업무분장 등 운영계획을 철저히 점검하였는가?	
출장일정, 항공권, 복장, 현지운영 예산은 확인하였는가?	
명함, 상담자료, 초청자 명단, 선적서류 등은 준비하였는가?	
통역, 시음・시식도구, 상담일지 등은 잘 준비되었는가?	
현장에서 사용할 냉장비품 작동 등은 철저히 점검하였는가?	
사전에 현장에서 시음・시식행사를 시연해 보았는가?	
부스는 항상 청결하고 내방객에 아늑한 분위기를 주는가?	
ISO, HACCP 등 국제인증서류로 바이어에 신뢰를 주었는가?	
초청자 이름을 정확히 불러주고 밝은 표정으로 맞이하였는가?	
자사 상품 특징을 설명해 바이어가 호감을 갖도록 하였는가?	
바이어 성향, 내방 조건을 상담일지에 잘 기록하였는가?	

※자료출처 : 농수산식품 수출지원 정보(http://www.kati.net./homepage), "해외시장개척 체크리스트"

4) 제4단계 : 사후관리

해외시장조사를 위한 제4단계의 사후관리는 점검 및 체크리스트의 각 단계

〈표 2-5〉 제4단계 사후관리 예시

제4단계 사후관리	체크 및 확인사항
4단계 사후관리	
성과를 분석하고 규모 확대, 차 년도 참가여부를 결정하였는가?	
상담결과, 바이어 성향 등 을 잘 정리 분석하였는가?	
바이어 리스트를 정리하고 등급별로 구분하였는가?	
바이어 관심사 및 요구사항을 파악하였는가?	
귀국 후 3일 이내 바이어에 감사 편지를 보냈는가?	
유망 바이어를 가려내 샘플송부 등 신속히 대응하였는가?	
지속적인 바이어 관리를 위해 Mailing List를 구축하였는가?	
바이어와 지속적으로 접촉하고 있는가?	
바이어 요구에 신속하게 대응하고 유대관계를 강화하고 있는가?	
사진, 정보수집, 상담일지 등 모든 자료를 기록으로 남겼는가?	

※자료출처 : 농수산식품 수출지원 정보(http://www.kati.net./homepage), "해외시장개척 체크리스트"

별 내용 중 최종적인 단계이다. 해외시장조사를 위한 체계적인 방법론 보다는 기업의 필요에 의한 내용으로 현지시장에서의 빠른 적응과 신속한 제품조달, 확실한 자금회수 등을 통한 기업의 이윤을 창출하는 것이 주목적이기 때문에 연결된 시장에서의 성과는 기업의 입장에서는 매우 중요한 것이 될 것이다.

〈그림 2-2〉 농수산식품 수출지원정보(aTkati) 홈페이지

〈그림 2-3〉 농수산식품수출지원정보(www.kati.net) 수출실무매뉴얼

2. 해외시장조사 자료의 분석

해외시장조사에서의 수집된 자료를 분석하는 방법으로는 수집된 자료의 문제점을 파악하고 난 뒤 추가적인 정보와 이후의 시장정보에 대하여 대응할 수 있도록 준비하면서 관련된 모든 자료를 분석할 수 있도록 한다.

기업의 해외시장진출을 위한 시장조사는 현지에서의 시장상황과 경제 환경, 기업의 관행 및 소비자 주 수요층이 자사제품을 대하는 태도 등을 사전에 충분히 검토하여야 한다.

먼저 분석할 사항은 해외시장 진출계획을 수립한 기업의 내부역량이 해외진출에 관련된 국가와 시장에서의 판매경쟁과 리스크를 극복할 수 있는가에 대한 역량 조사와 해외시장에서의 경쟁 관련 국가 환경과 경쟁구조에 대한 자료, 해외진출 관련 기업들이 뛰어 넘어야 할 거시경제 환경에 대한 각종 자료를 분석한다.

1) 자료의 분석방법

해외시장조사에서 기업을 둘러싸고 있는 환경 자료의 분석이란 기업의 미래 비전과 내부 역량 및 외부의 환경에 대하여 SWOT 분석 등을 통한 경영전략의 방향을 결정하는 것이다.

① 기업의 내부역량 분석

해외로 진출하고자 하는 기업들은 해외시장의 현지기업에 비해서 상당한 어려움을 안고 시작한다. 이를 통상 외국인비용으로 부른다. 해외진출기업들은 높은 외국인 비용을 지불하면서, 현지시장에서의 경쟁에서 살아남기 위해 현지기업이나 경쟁기업이 보유하지 못한 핵심역량을 보유하고 있어야 한다. 따라서 기업이 보유하고 있는 핵심역량을 조사하여 이를 통한 전략적 접근방식과의 접목으로 해외시장에 진출할 수 있는 방안(간접투자 혹은 직접투자냐의 의사결정)에 대한 기초 자료의 틀을 마련한다.

이를 통해 현지국에서 발생할 수 있는 위험 리스크를 극복하고 시장진입에 성공하도록 계획을 수립하는 기반이 될 수 있다.

② 기업의 외부환경 분석

해외진출국가의 외부환경에 대한 것으로 현지소비자 환경 분석 및 경쟁자

환경에 대한 자료를 보면, 해외진출기업들의 시장 경쟁구조에 대한 환경요인들이 기업에 얼마나 유리하게 조성되어 있는 지를 파악하게 된다. 이를 통하여 소비자들의 구매나 사용에 대한 다양한 행동 및 특징에 관한 내용을 분석하게 된다. 또한 구매자들의 의사결정에 따른 고객의 다양화와 수요의 다변화에 대응하는 전략을 수립하고, 소비자들의 선호도, 충성도, 구매동기 등을 파악하는 것은 매우 중요하다.

기존 시장에서의 경쟁기업간의 경쟁강도, 신규경쟁자의 진입 위협 정도, 대체상품의 출현 가능성, 구매자와 소비자의 위협정도에 대한 각종 조사 자료를 분석해보면, 수출방식을 택할 것인지 혹은 직접투자나 간접투자 방식을 선택할 것인지를 결정하는데 결정적인 역할을 할 것이다.

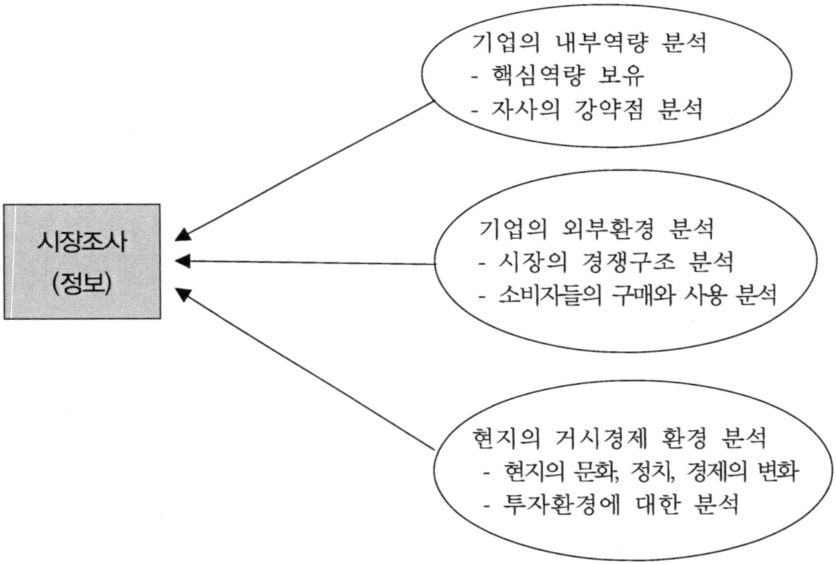

〈그림 2-4〉 시장조사의 정보와 분석요소

③ 현지의 거시경제 환경 분석

해외진출기업들이 직면하는 기회나 위험요소는 현지의 문화, 정치, 경제 등 거시경제 환경의 변화에 많은 영향을 받는다. 즉, 해당 국가들의 문화, 정치, 경제 등에 대한 변동성이 클수록 해외투자에 대한 리스크 부담은 커지게 된다. 또한 국가별 가치관, 언어, 사회 시스템, 생활양식 등과 같은 사회적 환경도 본국과 많은 차이가 날 경우 현지에서의 경영활동이 어려워질 수 있으므로 직접투자보다는 수출이나 라이선싱과 같은 투자방식을 선택하도록 하는 등 해외진출에 대한 의사결정에 거시경제 환경 분석은 매우 중요하다.

2) 분석 자료의 해석과 보고

수집된 자료를 가지고 마지막으로 자료 분석 절차를 끝내면 보고서를 작성하게 된다. 해외시장조사에 대한 분석 내용과 보고서 작성에는 먼저 관련국가의 기본적인 사항으로 대상국가와 시장에 관한 조사 자료를 통해 정보를 취득하고, 국가 간 자료를 비교 분석할 때에는 비교 대상국간의 기초자료에 대한 충분한 검토가 필요하다.

최근의 국제 정치 환경과 지역통합에 대한 내용들이 너무나 급변하고 있어 국가 간 현황 자료에의 정확성이 결여되고 있는 실정이다. 이에 따라 해외시장자료를 조사한 후 추가 보완내용들에 대한 조사를 현지국가와 전문기관 및 협력업체, 거래기업 등 다양한 루트를 통하여 자료에 대한 분석과 이들 자료를 융합하여 서로 비교 평가한 후 대안 마련에 활용해야 할 것이다.

기존의 분석 자료들에 대하여 선입견을 가지고 그대로 활용하는 경우, 새로이 참여하고자 하는 시장과는 전혀 다른 정보가 될 수 있기 때문에 해당 자료에 대한 충분한 조사와 분석을 하여야 할 것이다.

모든 자료가 분석이 완료되면 분석된 자료를 바탕으로 의사결정권자와 관련 참여자들이 참가하여 분석 자료에 대한 해석을 하고, 보고서를 작성한다. 자료해석은 의사결정권자가 자료를 보고 충분히 의사결정을 할 수 있도록 일목요연하고 정확하게 해석되어야 한다.

이같이 해외시장조사 자료와 분석이 이루어진 자료라면 해석하는 단계에서는 의사결정권자가 토의한 후에 결정을 내릴 수 있도록 충분하게 검토되어 보고되어야 한다.

많은 비용과 시간을 들여 해외시장자료를 조사하고 분석하였다면 보고자와 의사결정권자가 서로 의견이 다르거나 의견통일이 되지 않는다면 조사결과의 활용도가 낮거나 조사자체가 무의미해지기 때문이다.

Chapter

03

해외시장조사의 실행

제1절 자료수집과 대상국가 분석

1. 해외시장조사를 위한 자료수집

해외시장조사에 대한 진출계획이 수립되면 자료수집에 들어간다. 자료는 1차 자료와 2차 자료로 구분되며, 수집하고자 하는 자료에 대한 조사목적 및 성격에 따라 구분한다.

2차 자료는 1차 자료에 앞서 다른 조사자가 자기들의 필요에 의하여 수집한 자료로 각종 정부 간행물, 통계자료집, 신문기사, 잡지, 연구조사 보고서, 학술논문, 기업의 내부정보 등이 포함되며, 자료수집이 용이하다.

반면, 1차 자료는 조사자가 현재의 조사목적을 달성하기 위하여 직접 수집한 자료로 각종 설문조사나 관찰, 실험 등으로 확보한 자료를 말한다. 이는 2차 자료의 부족한 정보를 모으기 위해서도 필요하다.

1) 2차 자료 수집

2차 자료는 자료의 수집이 용이하고, 이미 나와 있는 자료를 획득하는 것이기 때문에 시간과 비용 등이 1차 자료에 비해 상대적으로 경제성이 높다. 2차 자료의 수집 처는 아주 많고 다양하기 때문에 각자의 시장조사에 맞는 자료를 확보하고 효율성을 높일 수 있도록 선별적으로 수집하는 것이 필요하다.

2차 자료를 얻을 수 있는 곳을 분류해 보면 다음과 같다.

① 국제기구

UN이 발간하는 UN무역통계연보를 비롯하여, IBRD, IMF, OECD 등과 같은 국제기관 들이 발표하는 국가별 경제동향 및 수출입 통계자료 등이 있다. 국제기구는 연간통계, 일반경제 환경 분석 까지도 포함하는 다양한 자료를 전문적으로 발행하고 있다.

② 정부 관련 공공 기관

한국은행을 비롯하여 한국개발연구원(KDI), 산업연구원(KIET), 대외경제정책연구원(KIEP)등의 정부출연기관에서 제공하는 자료뿐만 아니라, 대한무역투자진흥공사(KOTRA), 중소기업진흥공단(SBC), 한국무역협회(KITA) 등에서 각종 연감, 백서, 정책보고서 등을 통한 무역통계, 지역별 시장동향 자료, 국별 수출입업자 총람, 유료 해외시장조사 등을 지원하고 있다.

③ 각종 협회

협회, 조합 등과 같은 동종 기업연합회와 같은 단체에서는 해당산업에 대한 이익을 대변하면서 연감, 편람, 기업체 명부, 통계자료, 산업동향, 세미나 등과 같은 특정산업에 대한 협회차원에서의 자료를 만들어 제공하기 때문에 이들 자료는 매우 중요하다. 예를 들면 대한화장품협회(KCA)의 국내외 시장 통계자료 등이 있다.

④ 국제조사기관

TNS Korea, 캐나딘(Canadean), 비즈니스 위크, Bloomberg, 이코노미스트, 맥킨지와 같은 세계적인 조사기관도 시사적인 자료와 정보를 제공하고 있다.

(1) 2차 자료조사의 장점

2차 자료는 이미 나와 있는 자료를 수집하여 정리만 하면 되기 때문에 1차 자료에 비해 시간과 비용이 상대적으로 적게 들어간다는 것이 장점이며, 개인이 사적으로 얻기 힘든 자료를 쉽게 얻을 수 있고, 공공자료의 경우에는 신뢰성이 높다는 것도 장점이다.

따라서 2차 자료만으로서도 충분히 시장조사가 가능한 경우에는 이를 적절히 이용하는 것이 바람직하다.

(2) 2차 자료조사의 단점

2차 자료는 대부분의 경우 해당 기업체의 조사목적과는 다른 조사목적으로 수집된 경우가 많기 때문에 자료가 일치한다고 하더라도 자료의 적합성, 신뢰성, 정확성, 시효성이 결여된 경우에는 이에 대한 정확한 평가를 한 뒤에 이들 자료를 사용해야 할 것이다.

〈표 3-1〉 국내 주요 2차 자료원

자료원	제 공 자 료
한국은행	조사통계월보, 연차보고서, 해외경제포커스, 국제경제리뷰, GNP 등 각종 경제지표, 국제수지, 금융통계, BOK 경제연구, 국외사무소 자료
공공연구소	KIET(산업연구원)와 KDI(한국개발연구원) 기술, 산업, 경제 관련 연구보고서, ETRI(한국전자통신연구원)의 전자통신관련 연구보고서
사설연구소	삼성경제연구소, LG경제연구소, 현대경제연구소 등 산업, 경영, 경제 관련 연구자료
학 회	한국경영학회, 한국마케팅학회, 한국소비자학회, 한국 상품학회 등의 학회지(경영관련, 학회는 공동 인터넷사이트 dure.net 이용)
협 회	백화점협회, 한국수퍼 체인협회, 한국 물가협회, 한국 광고주협회, 한국무역협회, 한국자동차 산업협회 등 협회의 협회보 및 간행물
광고대행사	제일기획, 오리콤, 동방기획, 엘지애드, 금강기획, 삼희기획 등의 간행물
잡지사	매경이코노미, 한경비즈니스, 한국경제매거진, The Economist, 월간 마케팅, 광고정보 및 업계관련 잡지
조사회사	A.C.Nielsen의 Retail Index, 미디어리서치의 TV 시청률 등 유료자료
도서관	국회도서관, 국립중앙도서관의 학위논문 및 각종 연구논문자료

2) 1차 자료 수집

2차 자료만으로는 경영상 의사결정을 하는데 있어 적절한 정보를 제공하지 못할 경우에는 1차 자료 수집을 통하여 이를 해결하여야 한다. 1차 자료 수집은 해외시장 진출에 대한 좀 더 깊이 있는 문제해결을 위하여 직접 수집한 자료로서, 1차 자료 수집방법으로는 대인 면접으로 생각이나 반응 등을 조사하는 방법과 설문을 통하여 수집하는 방법 등으로 나눌 수 있으며, 관련 자료 수집을 위하여 관찰자의 역할로서 자료 수집을 하는 방법이 있다.

(1) 대인면접 및 설문에 의한 자료수집

시장조사에서 가장 많이 사용되는 방법으로 조사대상자에게 조사 문제를 직접 질문을 통해 자료를 수집하는 방법이다. 여기에는 조사대상자를 직접만나 대화를 통한 대인면접(personal interview)과 우편을 이용하는 방법(mail survey), 또한 전화를 이용하는 방법(telephone survey), 최근 인터넷 기술의 발달로 온라인 조사도 많이 활용되고 있으며, 모두 조사 대상자의 승낙과 협조가 필요하고 적절한 설문 내용의 작성이 필요한 방법이다.

이러한 방법의 장점은 여러 가지의 다양한 자료를 신속하고 깊이 있게 수집할 수 있다는 것이며, 단점으로는 객관성과 정확성이 미흡할 수 있다는 것이다. 예를 들면 어려운 질문사항에 대해 답변자료 제공이 부족한 응답자인 경우가 있고, 응답을 기피하는 경우, 다분히 의도적인 왜곡된 답변을 제공하는 경우 등도 있을 수 있다.

① 대인면접에 의한 자료수집

조사자가 필요한 자료를 수집하기 위해 조사대상자를 직접 만나서 깊이 있는 대화를 통해 관련 주제에 대한 정보를 수집하는 심층면접조사와 설문지 작성 및 응답을 통한 설문조사방법 등이 있다.

대인면접 등을 통한 자료수집의 장점은 응답자의 오답을 줄일 수 있다는 것으로 조사대상자의 답변이 정확하지 않을 때 조사자가 재차 추가적인 질문을 통해 정확한 답변을 유도할 수 있다는 것이다. 이에 반해 단점은 고비용에도 불구하고 개별적인 정보나 노출을 꺼려하는 정보 수집은 힘들다는 점이다. 대인면접에서의 응답자는 조사자가 누구인지에 따라 응답을 기피하는 경우가 많으며, 대면 설문조사를 위한 답변 시에도 정확한 응답을 하지 않는 경우가 많아 조사 자료로 이용하기에는 부적절한 경우가 많다는 것이다.

② 우편을 이용한 자료수집 방법

우편에 의한 설문조사 방법은 익명성을 보장하는 등 과거부터 현재까지 가장 많이 사용된 시장 조사방법 중 하나이다. 그러나 우편에 의한 방법의 가장 큰 단점은 다른 조사방법에 비해 응답률이 낮다는 것으로 응답률을 어떻게 높일 수 있는가에 효율성이 달려있다. 또한 추가적인 응답을 위한 요청서를 별도로 발송하는데 드는 비용과 응답지를 회수하는 데에도 많은 시간이 소요되는 점 등도 단점이다.

③ 전화를 이용한 자료수집 방법

전화를 이용한 조사방법은 조사기관에서 선호하는 방법으로, 방문조사에 비해 저렴한 비용으로 조사활동을 할 수 있으며, 조사 가능지역도 넓고 빠른 시간 내에 많은 응답자들로부터 조사가 가능하다는 장점이 있다. 그러나 응답자의 조사와 관련된 전화 답변에 대한 신뢰성이 약해 오답률이 많을 수 있다.

④ 인터넷에 의한 자료수집 방법

기존의 해외시장조사는 대인면접이나, 우편이나 전화 등에 의한 조사를 하였으나, 최근 인터넷의 발달로 관련자료 수집에 빠른 시간(실시간) 내 가장 저렴한 비용으로 전 세계의 많은 정보를 수집할 수 있는 방법으로 인터넷에 의한 자료수집 방법을 많이 사용하고 있다. 장점은 빠른 정보 수집과 낮은 비용을 들 수 있으나, 정보자체의 정확성면에서는 보장할 수 없는 경우가 많고, 설문에 대한 응답률도 낮아 오히려 정보 획득에 시간이 많이 소요된다는 단점이 있다.

(2) 관찰조사에 의한 자료수집 방법

시장 조사자가 직접 참여하지 않고 관찰을 통한 자료 수집을 하는 방법이다.

관찰조사의 과정은 주로 사람에 의해 수행되며, 컴퓨터나 사진기 등에 의해서도 측정될 수 있다. 해외시장 조사에서의 관찰조사 방법은 매우 중요한 의미를 가진다. 이는 설문조사 등의 조사방법과는 달리 해외시장에서 목표 소비자들이 자사상품의 시장진입 및 상품의 수요, 브랜드, 가격, 디자인 등에 대해 어떻게 행동하는가에 대한 객관적이며 사실적인 자료를 수집할 수 있는 효과적인 측정 기법이기 때문이다. 특히 관찰에 의한 조사방법은 문맹율이 높은 저개발 국가 일수록 상대적으로 적합한 조사방법이 될 수 있다.

〈표 3-2〉 자료수집 항목별 주요 내용

구분	항목별 자료 수집 내용
일반적 항목	정치, 사회, 문화, 지리, 기후, 인구, 언어 등
경제 동향	경제성장률, 국민소득, 물가, 임금, 고용, 국제수지 등
산업 동향	산업구조, 시장 점유 산업(점유 비율조사)
무역 동향	대외무역 구조(국가 또는 지역별, 품목별)
무역관리 제도	수출입 관리제도 및 절차, 외환 관리제도, 관세 및 수입규제 내용
시장의 특성	구매자와 소비 계층, 상거래 관습, 구매 시기 등
유통 구조	시장 진입을 위한 유통구조
경쟁 구조	경쟁업체의 수, 강점과 약점
기 타	항만, 교통, 통신 시설 등 인프라

장점은 객관적이고 정확한 자료수집이 가능하다는 점과 응답자가 자신과는 다른 의견을 가진 경우에도 조사를 할 수 있다는 점이다. 단점으로는 사적인 행동에 대한 조사와 다른 사람에게 숨기고 싶은 행동에 대한 관찰은 조사에 어려움이 있을 수 있어, 관찰조사에 의한 방법은 다른 조사방법과 함께 사용하는 것이 좋다.

1차 자료조사에 대한 내용을 보면, 어떤 방법이 좋은 방법인지는 관련기업의 상황이나 해외의 현지시장과 경제상황, 조사에 소요되는 시간과 비용 등 제반 여건에 따라 가장 적절하고 효과적인 방법을 선택하는 것이 중요하다.

〈표 3-3〉 대인면접 및 설문자료조사 방법 비교

구 분	대인면접	전화조사	우편조사	인터넷
조사속도	보통~빠름	보통~빠름	느림	실시간
지리적 제약	제한~보통	도시지역	높음~전 세계	높음~전 세계
응답협조	예약 시 높음	낮음	낮음	보통
질문변경	높음	보통~높음	불가능	높음
조사량	보통~많음	적음~보통	보통~많음	적음~보통
결측치	낮음	낮음	높음	낮음~보통
오해 가능성	매우 낮음	낮음	높음	보통~높음
조사자 영향	매우 높음	높음	없음	없음
응답 익명성	낮음	보통	높음	낮음~높음
조사감독	보통	높음	없음	없음
추가 조사	낮음	매우 낮음	매우 낮음	보통
비 용	매우 높음	높음	낮음	매우 낮음

*자료출처: 이순철 외, 『해외시장조사론』(2011년)

2. 해외시장조사 대상국가 분석

해외시장조사의 대상국가 분석은 일반적인 사항과 특수한 환경에 대하여 조사하는 만큼 시장을 선택하고 결정하는데 매우 중요한 사안이다.

해외시장에 진출하고자 하면 먼저 대상국가의 일반적인 개항과 아울러 국가 리스크 등도 가늠해야 하며, 경제동향과 산업정책에 대한 기조와 변화를 분석하기 위한 산업동향, 대외무역구조를 살피기 위한 무역동향과 무역관리 제도에 대한 내용, 진출하려는 국가의 시장특성, 유통구조, 경쟁상품과의 차별화를 도모하는 경쟁구조, 기타 내용 등을 분석 조사하여야 한다.

1) 해외시장조사 대상국가분석의 개요

(1) 대상국가의 일반사항

해외시장에 진출하고자 하는 기업들은 대상국가 시장의 성장성과 잠재성이 있는가에 많은 관심을 가지고 시장조사를 한다. 여기에 덧붙여 그 나라가 정치적으로 안정되어 있는 가 경제적 기반이 건전한가도 시장조사의 중요한 요소이다.

이는 해외시장 진출이 제품의 수요, 경쟁력, 유통구조 만을 조사 분석하여 판매를 위한 과정만이 아니고, 안정적인 판매는 물론 정확한 대금회수가 이루어져야만하기 때문이다.

따라서 시장 진출 대상국가의 일반적인 사항인 정치, 경제 사회, 문화, 지리, 기후, 인구, 언어, 종교 등에 대한 것들을 조사하고 경쟁력 및 국가 리스크 등도 먼저 조사하여 판단해야 할 것이다.

또한 대상국가와 한국과의 관계에 대해서도 조사한다. 주요내용은 국교, 경제협정, 외교관계, 해당국가와 우리나라와의 협력관계 등도 주요한 사안이다.

〈표 3-4〉 베트남 일반 개황 예시

구분	내용
국 명	베트남사회주의공화국(The Socialist Republic of Vietnam)
위 치	인도차이나반도 동부
면 적	약 330,958㎢(한반도의 약 1.5배), 남북 1,700Km, 해안선 3,200Km, 경지면적 23%
민 족	베트남족인 비엣(Viet)족이 89%, 그 외 타이 · 크메르 등 54개 산악 소수 민족이 있으며 화교도 약 100만 명 거주
언 어	공용어는 베트남어이며 4종의 소수민족 언어를 법률상 허용하고 있음
기 후	북부는 아열대성 기후이고 남부는 열대 몬순 기후
인 구	9,270만 명(2016년 베트남 통계청), 약 68.3% 농촌 거주

수 도	하노이(Ha Nôi)
국가(정부)형태	사회주의공화국(공산당 1당제)
의 회	단원제(임기 5년)
국경일	9월 2일 독립기념일
종 교	신앙인 1,565만 명(2009년 기준), 불교(43.5%), 가톨릭(36.6%), 까오다이교(유교, 불교, 도교의 혼합종교) 등
교 육	초등학교 6세~10세(1학년~5학년)까지 의무교육
시 차	한국보다 2시간 늦고, 그리니치 표준시보다 7시간 빠름(GMT+7)
국내 총생산(GDP)	2,159억 달러(2017년 IMF 추정치)
경제성장율	6.3%(2017년 IMF 추정치)
1인당 국내총생산	2,306달러(2017년 IMF 추정치)
화폐단위	베트남 동(Vietnamese Đông, VND로 표기), 2016월 12월 기준: 1미국달러(USD)=22,778.83동(VND)
한·베트남과의 관계	2009년 11월『전략적 협력 동반자 관계』격상

* 자료 출처 : KOTRA(http://www.kotra.or.kr), 2017년 접속

(2) 경제동향

해외시장조사 대상국가의 주요 경제지표에 대한 조사는 경제성장 가능성, 생산 가능 잠재력, 물가상황, 환율 변화 등 진출시장에 대한 경제현황을 파악하는 것으로 모든 해외시장 조사 중 가장 중요시하게 조사되어야 하는 사안이다.

여기에서의 경제지표는 실질 GDP 증가율, 1인당 GDP, 산업생산성, 인플레이션, 환율, 외환보유액, 경상수지, 수출입규모 등의 국가 경제성장 현황, 국민소득, 물가, 임금 고용, 국제수지 등과 관련 있는 지표들이다.

이를 통해 현재 시장의 경제가 안정적으로 성장하고 있는지, 경제규모는 어느 정도인지, 물가와 환율은 안정되어 있는지 등을 살펴보아야 한다. 또한 향후 경제성장은 어떻게 될 것인지를 살펴봄으로써 해당시장에 진출할 것인지 혹은 철수해야 할 것인지의 여부를 결정하는 중요한 의사 결정을 내리게 된다. 이러한 조사에 대한 참고자료로 국내에서는 한국은행, KDI, 삼성경제연구소 등에서 경제전망 지표를 발표하고 있고, 해외경제전망지표는 세계주요기관들이 발표하는 내용을 참고하면 된다.

(3) 산업동향

산업동향에 대한 조사는 해당 정부 및 관련 기관들에게 특정산업에 대한 동향과 산업구조와 전망을 분석하여 정부 간에도 경제협력을 강화할 수 있는 진출 유망 산업을 발굴하고 시장주력산업을 육성하기 위해 필요한 전략수립 작성 등에 제공하기 위한 조사가 이루어진다.

① 조사대상 산업의 선정

해외시장에 진출하고자 하는 기업은 어떤 산업이 성장할 것인지에 대한 전망과 수요확대의 잠재성이 어떤 산업에서 발생하고 있는지를 조사하여 현지 투자 가능성이 있는 산업에 대하여 투자진출을 하거나 현지 생산을 통한 제3국 수출 등에 해당 산업을 선정할 수 있다. 이와 더불어 시장의 소비 가능성이 높고 성장성이 클수록 현지시장에서 제조 및 판매가능성에 대한 부분을 좀 더 세밀하게 조사하여야 한다. 정부차원의 특정산업에 대한 조사는 수출 및 투자확대를 위한 양국 간 협력방안 마련과 동 산업의 성장에 따른 경쟁가능성을 조사하여 이에 대한 대비책을 마련하기 위해서도 중요한 조사대상이 된다. 이를 위한 산업조사는 시장성, 국제적 기술 협력 방안, 경쟁성 등을 고려하여 선정한다.

② 해당 산업조사의 범위

산업조사의 범위는 조사하고자 하는 목적과 비용 등을 고려하여 이루어지며, 주요범위로는 경제현황, 산업구조 및 정책, 산업의 개요 및 특징, 주요산업의 육성 정책, 주요산업 부문별 동향, 외국기업의 진출현황 및 산업의 성장 잠재력 및 향후 전망 등이다.

③ 산업의 위상

산업의 위상으로는 해당산업의 성장 가능성 및 현재 차지하고 있는 세계적 순위 등을 나타낸다. 해당산업을 경쟁국의 산업과 비교할 수 있다면 가장 좋은 조사라고 할 수 있다.

(4) 무역동향

수출입동향 조사는 해외진출 시장의 진출가능성을 판단하기 위한 가장 좋은 자료이다. 해당국의 수입구조에 대한 동향조사는 매우 중요하며, 우리 상품이 진출하고자 하는 대상 시장의 수입규모가 품목별, 국가별로 어느 정도인지를 파악하는 것은 시장진출을 하고자 하는 기업에 중요한 자료가 된다.

(5) 무역관리제도

① 해당 국가의 수입정책

해외시장에 진출하고자 하는 시장의 정부에서 관련 상품의 수입에 대하여 호의를 보이느냐 부정적이냐의 문제는 해외진출을 결정하는데 중요한 요인이 된다. 만약의 경우 진출하고자 하는 국가에서 관련 제품에 대해 수입을 억제하거나 금지하는 경우, 아무리 좋은 제품이라 하더라도 진출을 할 수가 없다. 이런 경우는 현지에 직접 투자하는 방법도 고려해 보아야 한다. 우선 조사할 항목은 수입에 대한 관세, 각종 세제 및 세율 등을 조사하고, 동 제품에 대해 관세 감면 조치가 있는지 등도 조사한다. 또한 수입허가가 필요한지, 필요하다면 절차와 비용은 얼마나 되는지도 조사하여야 한다.

② 수입관련제도

수입관련제도는 허가제, 관세 및 비관세 장벽 등이 있으며, 그 외에 주변국을 통한 우회진출 가능성이 있는지도 조사한다.

③ 해당국가의 수출정책

수출정책과 관련하여 진출대상 국가의 수출에 대한 보조금등의 지원정책이 있는지 여부를 조사하는 것도 필요하다.

(6) 시장 및 수요 동향

진출하려는 목적시장의 수요 및 동향에 대한 조사를 하는 것으로, 조사내용은 상품의 수요동향, 경쟁동향, 생산동향, 가격동향, 유통구조와 관련 소비자 계층, 상관습, 구매 시기 등을 조사한다.

수요 및 시장 동향으로는 시장의 규모, 해당품목의 수입규모, 시장의 특성 및 향후 전망 등이 조사대상이 된다. 시장규모의 내용은 목적시장에 해당하는 규모로 생산규모(업체와 종업원 수)와 같은 내용들이 주 대상이다. 또한 대량구매에 대한 주요 수요처에 대해서도 조사를 병행하여야 한다.

〈표 3-5〉 비관세 장벽의 유형에 대한 예시

유 형	주요 비관세 장벽 예시
수입규제	수입자격제한 수입허가제 수입사전신고제 수입감시와 감독 수입쿼터제도, 관세할당 등
선적전 검사 및 영사 확인제도	복잡한 선적전 검사로 선적 지연 선적전 검사 수수료 과다 이중 검사와 수출지연 수출비자의 과도한 수수료와 수출지연
통관절차	과다한 서류 요건 자국어 통관서류 작성 요구 관세부과 기준가격 비공개 관세분류의 자의적 적용 수입신고 기한 제한 및 과도한 지체금 부과 과다한 통관수수료 통관절차의 복잡 및 불투명
환경규제	폐기물 수입규제 유해물질 사용 제한 환경 영향평가
원산지 제도	차별적 원산지증명서 요구 불명확한 원산지 제도 무리한 원산지 표시 요구
라벨링 (Labelling)	라벨링에 대한 과다한 표시 요구 자국어 표기만을 요구 특정 위치에 대한 표시 요구 완제품 국가별 조달비율 표시 요구
정부조달	외국인 참여 제한 및 자국산 우선 구매
지식재산권	모방 및 해적판 특허 및 라이선스 규제
수입대금 결제	신용장 개설 제한 외환 할당 수입대금 지불기간 제한 상습적 대금 결제 지연 등

수입시장 동향은 해외시장에 진출하려는 제품이 목적시장에 얼마나 수입되는지를 파악하기 위한 것으로 수입제품의 추이를 조사한다. 진출시장의 특성은 시장의 형태 및 외부충격에 대한 반응과 환율의 변동 등이 내수시장에 미치는 영향 등을 조사한다. 시장형태는 독점기업인지, 경쟁기업이 있는 지 등을 조사한다.

또한 외부의 충격에 시장이 받는 영향이 얼마나 있는 지 등을 고려하여 단기적으로 시장을 전망하고, 환율의 변동에 의한 가격 탄력성 등을 조사한다. 이러한 조사는 향후 중단기적인 시장 전망으로 이어져야 한다.

(7) 유통구조

유통구조는 해외진출에 따른 현지 생산업체의 유통구조, 수입제품의 유통구조에 대한 특성을 조사하여야 한다.

생산업체들은 직접 최종 소비자에게 공급되는지 혹은 총 대리상을 이용하는지, 또는 지역별 대리상의 네트워크를 이용하는지를 조사한다.

시장 접근을 위한 유통구조에는 수입상, 중간상, 도매상, 소매상 등이 있다.

또한 주요 유통업체에 대하여도 조사하여야 하며, 조사항목으로는 주요 유통업체의 규모, 자본금, 취급품목, 주요 수입국가에 대한 사용언어 등도 조사한다.

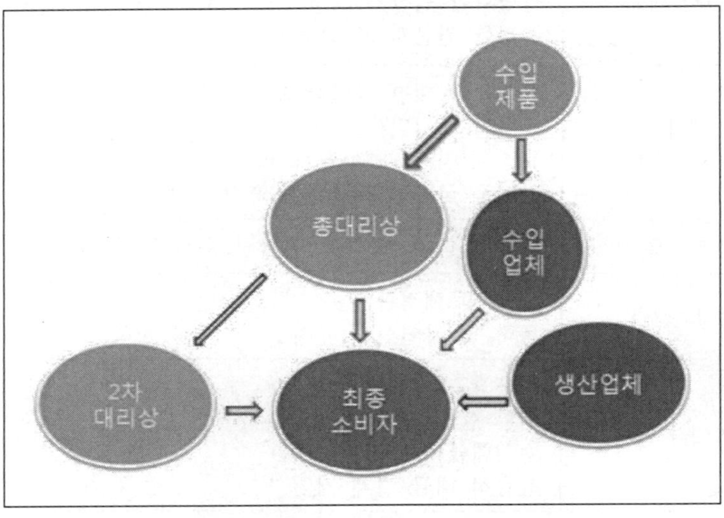

〈그림 3-1〉 유통구조의 예시

(8) 경쟁구조

해외시장에 진출했을 때 현지의 어떤 기업이 우리의 경쟁자인지를 우선 파악하는 것이 필요하며, 시장의 경쟁구조는 어떤 형태로 구성되어있는지 조사해야 한다. 경쟁구조속의 경쟁업체의 수와, 이들의 강 · 약점은 무엇인지 등도 함께 조사한다.

또한 어떤 브랜드가 시장을 점유하고 있는 지를 조사하고 상위(5개) 브랜드 정도의 시장 점유율을 조사하는 것이 필요하며, 상위 브랜드의 점유율에 대해 조사하면서, 소비자들이 선호하는 변화 흐름을 조사하고 점유율의 변화 요인도 조사하여야 한다.

경쟁업체의 특이사항을 파악하기 위해 상위 브랜드의 소비자 가격, 원산지, 주요 판매처, 소비자 선호도, 차별화 전략에 관한 내용을 조사하는 것도 필요하다.

시장진출을 위해 자사제품이 고급제품, 중저가품, 저가품 시장 중에서 어느 시장에서 경쟁력이 있는지, 품질대비 가격이 좋은 제품인지, 판매망은 되어 있는지 등에 대한 조사를 한다.

〈표 3-6〉 주요브랜드 현황 조사 예시

순위	브랜드 명	시장 점유율	점유율 변화	점유율 변화 요인
1	00000	59%	전년비 5% 증가	브랜드 인지도 제고
2	00000	16%	전년비 2% 증가	가격경쟁력 향상
3	00000	15%	전년과 동일	-
4	00000	8%	전년비 1% 증가	-
5	00000	2%	전년비 0.5% 증가	-

(9) 기타

현지시장에 대한 조사항목 중 마지막 조사로는 항만, 교통, 통신시설 등의 물리적 인프라에 대한 조사뿐만 아니라 기술, 과학, 보건 및 환경, 교육 등 사회적 인프라도 조사한다.

직접투자를 결정하여 생산시설에 투자하더라도 인프라 형성이 잘된 국가

일수록 완공시기가 정확하고 빨라서 현지 시장에 계획한 일자에 안정적으로 정착할 수 있는 반면에 인프라가 미흡한 국가는 모든 공정이 더딜 수밖에 없다는 것이다.

3. 국가 경쟁력 및 리스크 분석

국가 경쟁력 및 리스크에 대한 분석은 해외시장에 진출하고자 하는 기업들에게는 매우 중요한 요소이다. 국가 경쟁력이 높고, 리스크가 낮을수록 해외시장은 상대적으로 안정되고, 교역과 직접투자에 대한 신뢰성이 높다고 할 수 있다. 기업들은 미래를 보고 불안전한 개도국 시장에 진출하기도 하지만 가능하면 안정적인 시장에 진출하기를 원한다. 따라서 해외시장 조사 시 국가경쟁력 및 리스크 분석이 대단히 중요한 요소가 된다.

1) 국가 경쟁력

국가경쟁력은 국가의 면적, 경제규모, 인구 등의 규모에 의해 좌우 될 수도 있지만, 국가 경쟁력의 비교는 양적 경쟁력 보다는 개발도상국이면서 향후 경제발전이 가능한 국가들에 의해 국가 경쟁력에 많은 변화를 가져오고 있는 추세이다.

국가경쟁력의 대표적인 지수는 스위스 국제경영개발대학원(IMD)에서 발간되는 세계경쟁력연보(World Competitiveness Yearbook, WCY)와 세계경제포럼(WEF)의 글로벌 경쟁력 지수(Global Competitiveness Index)가 있다.

WCY는 세계 주요 61개국의 국가 경쟁력을 1989년부터 342개의 주요항목을 중심으로 통계 54%, 설문 46%의 혼합 평가방식으로 조사하여 매년 발표하고 있다.

WCY의 주요 경쟁력 요소는 정부의 효율성, 경제성과, 기업의 효율성, 인프라 등에 적절한 가중치를 두어 최종적으로 순위를 발표하기 때문에 공신력을 인정받아 각국 정부에서 정책수립에 필요한 자료로도 활용되고 있다.

IMD의 세계경쟁력연보 주요지표는 정부의 효율성에서 공공재정, 재정정책, 제도적 체계, 비즈니스 규정, 사회체계 등으로 구성되며, 경제성과는 국내경제, 국제무역, 국제투자, 고용, 물가 등이 주요경제지표로 구성되어 있다.

기업의 효율성은 생산성, 노동시장, 금융시장, 경영관례, 태도 및 가치 등으로 구성된다. 인프라는 물리적 인프라와 기술, 과학, 보건 및 환경, 교육 등 사회적 인프라를 포함하고 있다.

(1) IMD 세계경쟁력 지수 및 순위

2017년 스위스 국제경영개발대학원(IMD)의 국가경쟁력 평가(2017.05.31 발표)에 의하면, 매년 평가하는 국가경쟁력 순위에서 우리나라는 2016년도와 같은 29위를 기록했다. 31일 IMD가 발표한 국가경쟁력 평가 결과에 따르면 한국은 평가대상 63개국 중 작년에 떨어진 순위(4계단 하락)를 회복하지 못하고 동일한 순위인 29위를 기록했다.

우리나라는 가습기살균제 사건(2016년)에 따른 순위하락을 극복하지 못하고, 노동시장과 경영관행 부문의 고질적 취약성, 높은 생계비 부담과 교육 및 보건·환경 등에 대한 인프라 투자 부진 등이 국가경쟁력 순위 상승에 걸림돌로 작용한 것으로 분석된다.

홍콩과 스위스가 전년도와 동일하게 각각 1위, 2위를 차지했으며, 싱가폴이 전년 보다 1단계 순위가 상승해 3위를 차지, 2016년 3위였던 미국은 4위로 밀려났다.

아일랜드(7→6위), 네덜란드(8→5위), 룩셈부르크(11→8위) 등 유로 존 국가의 순위가 전년보다 상승했으며, BRICS 국가 중 브라질(57→61위), 러시아(44→46위), 인도(41→45)등은 하락하고 중국은 25위에서 18위로 상승했다.

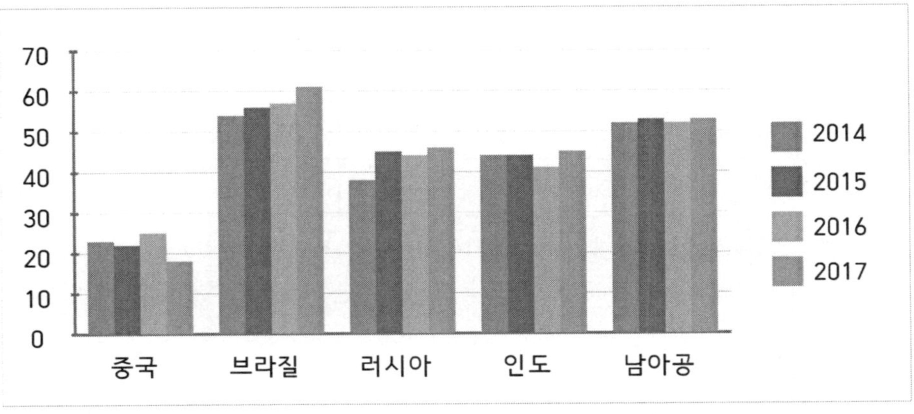

☞ 2017년 세계경쟁력 순위에서 BRICS 국가중 중국이 전년대비 큰 폭(7계단)으로 상승함.

〈그림 3-2〉 IMD의 세계경쟁력과 BRICS 순위

한국은 아시아태평양 14개국 중 10위, 인구 2천만 명 이상 29개국 중 11위를 기록했다.

IMD의 세계경쟁력관련 BRICS(브라질, 러시아, 인도, 중국, 남아프리카) 국가들의 2016년과 2017년도 순위를 보면 중국(25⇒18위)은 큰 폭으로 상승했으며, 브라질(57⇒61위)과 인도(41⇒45위)는 크게 하락, 러시아(44⇒46위)와 남아프리카공화국(52⇒53위)은 약간 주춤하는 추세이다.

〈표 3-7〉 IMD의 세계경쟁력 지수의 결정요소

경쟁력 요소	주요 지표
경제성과	국내경제, 국제무역, 국제투자, 고용, 물가
정부의 효율성	공공재정, 재정정책, 제도적 체계, 비즈니스규정, 사회체계
기업의 효율성	생산성, 노동시장, 금융시장, 경영관례, 태도 및 가치
인프라	기초 인프라, 기술 인프라, 과학 인프라, 보건 및 환경, 교육

※자료출처 : 스위스 국제경영개발원(IMD)

〈표 3-8〉 4대 평가분야별 우리나라 순위

구분	2011년	2012년	2013년	2014년	2015년	2016년	2017년 전년대비
종합순위	22	22	22	25	25	29	29(-)
정부효율성	22	25	20	26	28	26	28(↓2)
경제성과	25	27	20	20	15	21	22(↓1)
기업효율성	26	25	34	39	37	48	44(↑4)
인프라	20	20	19	19	21	22	24(↓2)

※ 자료출처 : 스위스 국제경영개발원(IMD), 기획재정부 보도자료(2017.05.31.)

〈표 3-9〉 IMD 국가경쟁력 평가 순위(2017년)

순위	국가	16년 순위	변동	순위	국가	16년 순위	변동
1	홍콩	1	(-)	31	프랑스	32	(↑1)
2	스위스	2	(-)	32	카자흐스탄	47	(↑15)
3	싱가포르	4	(↑1)	33	리투아니아	30	(↓3)
4	미국	3	(↓1)	34	스페인	34	(-)
5	네덜란드	8	(↑3)	35	칠레	36	(↑1)
6	아일랜드	7	(↑1)	36	사우디아라비아		'17신규
7	덴마크	6	(↑1)	37	사이프러스		'17신규
8	룩셈부르크	11	(↑3)	38	폴란드	33	(↓5)
9	스웨덴	5	(↓4)	39	포르투갈	39	(-)
10	아랍에미리트	15	(↑5)	40	라트비아	37	(↓3)
11	노르웨이	9	(↓2)	41	필리핀	42	(↑1)
12	캐나다	10	(↓2)	42	인도네시아	48	(↑6)
13	독일	12	(↓1)	43	슬로베니아	43	(-)
14	타이완	14	(-)	44	이태리	35	(↓9)
15	핀란드	20	(↑5)	45	인도	41	(↓4)
16	뉴질랜드	16	(-)	46	러시아	44	(↓2)
17	카타르	13	(↓4)	47	터키	38	(↓9)
18	중국	25	(↑7)	48	멕시코	45	(↓3)
19	영국	18	(↓1)	49	불가리아	50	(↑1)
20	아이슬란드	23	(↑3)	50	루마니아	49	(↓1)
21	호주	17	(↓4)	51	슬로바키아	40	(↓11)
22	이스라엘	21	(↓1)	52	헝가리	46	(↓6)
23	벨기에	22	(↓1)	53	남아프리카공화국	52	(↓1)
24	말레이시아	19	(↓5)	54	콜롬비아	51	(↓3)
25	오스트리아	24	(↓1)	55	페루	54	(↓1)
26	일본	26	(-)	56	요르단	53	(↓3)
27	태국	28	(↑1)	57	그리스	56	(↓1)
28	체코	27	(↓1)	58	아르헨티나	55	(↓3)
29	**한국**	**29**	**(-)**	59	크로아티아	58	(↓1)
30	에스토니아	31	(↑1)	60	우크라이나	59	(↓1)
				61	브라질	57	(↓4)
				62	몽골	60	(↓2)
				63	베네주엘라	61	(↓2)

(2) 세계경제포럼(WEF)의 글로벌 경쟁력 지수와 순위

세계경제포럼(WEF)의 글로벌 경쟁력 지수(Global Competitiveness Index)는 제도, 인프라, 거시경제, 보건 및 초등교육으로 구성된 기본요인 분야, 고등교육 및 훈련, 상품시장 효율성, 노동시장 효율성, 금융시장 성숙도, 기술 수용성, 시장규모 등의 효율성 증진분야, 혁신과 기업 성숙도 등 총 3개 지표로 구성되어 있다. 이들 지표를 이용하여 1인당 GDP의 높은 성장률을 유지하는 국가의 능력을 지표화 하여 높은 경제성장률과 국가의 경제정책을 평가한다.

〈표 3-10〉 WEF의 경쟁력 순위 지표

구 분	세 부 영 역
기본요인 분야 : 4 (basic requirement)	① Institution(제도) ② Infrastructure(인프라) ③ Macro-economy(거시경제) ④ Health &primary education(보건/초등교육)
효율성 증진 분야 : 6 (efficiency enhancers)	① Higher education &training(고등교육/훈련) ② Goods market efficiency(상품시장효율성) ③ Labor market efficiency(노동시장효율성) ④ Financial market sophistication(금융시장성숙도) ⑤ Technological readiness(기술수용성) ⑥ Market size(시장규모)
혁신/성숙도 분야 : 2 (Innovation & sophistication)	Business sophistication(기업 성숙도) Innovation(혁신)

〈표 3-11〉 WEF 국가경쟁력 국가별 순위(2017년)

순위	국 가	'16 순위	순위	국가	'16 순위
1	스위스	1	18	오스트리아	19
2	미국	3	19	룩셈부르크	20
3	싱가포르	2	20	벨기에	17
4	네덜란드	4	21	호주	22
5	독일	5	22	프랑스	21
6	홍콩	9	23	말레이시아	25
7	스웨덴	6	24	아일랜드	23

순위	국 가	'16 순위	순위	국가	'16 순위
8	영국	7	25	카타르	18
9	일본	8	26	한국	26
10	핀란드	10	27	중국	28
11	노르웨이	11	28	아이슬란드	27
12	덴마크	12	29	에스토니아	30
13	뉴질랜드	13	30	사우디아라비아	29
14	캐나다	15	31	체코	31
15	대만	14	32	태국	34
16	이스라엘	24	33	칠레	33
17	UAE	16	34	스페인	32

※ 자료출처 : WEF, The Global Competitiveness Report, 2017.

(3) IMD와 WEF의 국가경쟁력에 대한 문제점

국가경쟁력 지수는 주요한 항목에서 50% 이상이 설문조사에 의존하는 관계로 설문조사에 의한 신뢰성이 문제가 된다. 왜냐하면 설문조사의 대상이 기업경영자들이며, 이들의 답변이 지수에 영향을 끼치기 때문에 자국의 사업환경에 대한 인식여하에 따라 순위가 왜곡될 수도 있다. 또한 지수의 결정요소에 대한 항목들의 구성이 기업에 편중되어 있어 사회후생이나 사회적 자본 등 국가경쟁력의 핵심요소에 대한 평가가 미흡하여 정확한 국가경쟁력 적용에 문제점으로 지적되고 있다.

또한, 평가요소인 각 항목에 대하여 가중치를 부여할 시 이에 대한 합리성 결여로 객관적인 내용이 보장되지 않아 가중치 변화 시 순위도 변하는 단점이 있다. 그리고 기업경쟁자들이 자국의 사업 환경에 대한 인식에 따라 경쟁력 순위가 왜곡될 수 가 있기 때문에 국가경쟁력에 대한 지표를 활용하고자 할 때에는 맹목적으로 받아들이기 보다는 지수를 발표하는 기관들의 지수를 종합적이고 합리적으로 분석하여 판단하여야 한다.

2) 리스크 분석

해외진출을 위한 시장조사를 함에 있어 해당 시장을 둘러싸고 있는 환경적 요소에 관하여는 정확한 조사 여부에 따라 해외진출의 성공 여부가 판가름

나는 만큼 매우 중요한 조사라고 할 수 있다. 해외진출국가에 대한 국가 리스크 분석을 구분해 보면, 경제적 리스크, 지정학적 리스크, 사회 및 문화적 리스크, 환경 리스크 등으로 구분할 수 있다.

① 경제적 리스크

경제적 리스크에는 경제의 안정성, 유가 및 에너지 공급, 자산시장, 외채, 재정사정, 정부의 경제정책과 관련한 변화 등에서 주요 리스크 요인을 판단할 수 있다. 경제가 불안정할수록 국가 리스크는 커지게 된다. 또한 시장에서의 구매력을 측정하여 경제력을 판단하는 데는 인구와 소득 및 소비수준에 의거 국민총생산(GNI)과 국민총지출(GNE), 1인당 국민소득(GNP), 1인당 국민소비, 개인소득과 처분, 개인 소비지출의 구성 및 주요상품의 보급률 등을 충분하게 조사하여 대비를 하여야 한다.

② 지정학적 리스크

지리적 환경에 속한 항목은 입지, 면적, 지형, 도시의 상황, 기후, 천연자원 등이며, 이러한 환경 속에서의 지정학적 리스크의 주요 요인으로는 지리적인 문제로 인한 테러나 이웃 국가와의 잦은 국경분쟁, 조직범죄에 의한 지배적 암시장의 존재 등과 내전 가능성 등 기업이 비즈니스를 하는데 상당한 걸림돌이 되어 투자를 꺼리게 되는 주요한 리스크 요인이 된다.

③ 사회 및 문화적 리스크

사회 및 문화적 리스크는 기업이 사회 구성체로 속해있는 나라의 국민경제적 영역에서 인구분포와 증가율, 성별, 문화, 생활수준 등을 포함한 언어, 교육, 종교로 인하여 국민경제와 기업의 활동에 상당한 영향을 줄 수 있기 때문에 철저하게 조사하고 분석해야 할 리스크이다. 이러한 사회 및 문화적 리스크의 주요 요인으로는 인구 증가 및 도시로의 인구가 몰리는 현상으로 인한 급속한 도시화 문제(도시오염 등), 과잉규제로 인한 기업들의 투자활동 위축과 로비활동에 의한 부정부패 증가, 노령화 등의 요인과도 연관되어 있어 이에 대한 부분도 추가적으로 조사하고 분석해야 한다.

④ 환경적 리스크

환경 리스크는 수질오염, 식수부족 등이 주요 리스크요인이며, 기업활동 중에서 중요한 것 중의 하나가 용수인데 환경문제로 인하여 적절한 공급이 어렵다면 그만큼 비용이 증가하게 된다.

⑤ 국가 리스크에서 브릭스(BRICs) 국가와의 평가 관련성 분석

- 경제 리스크에서는 모든 브릭스 국가들이 경제의 안정성 문제에 있어서, 미국금리인상 등의 영향으로 화폐가치의 하락으로 인한 국제자본이동이나 빈부격차 등에 의한 사회불안 요인이 상존하고 있다고 평가되고 있으며, 유가 하락 등이 경제에 미치는 영향이 큰 나라는 러시아이며, 자산가격 붕괴의 리스크는 중국과 러시아가 해당된다. 외채 리스크는 브라질, 재정적자는 브라질, 인도, 중국이 가지고 있으며, 브릭스 국가 모두가 정부정책 변화가 심한 것으로 평가되고 있다.

〈표 3-12〉 국가리스크 요인과 브릭스(BRICs) 관련국

구분	세부 내용	예상 원인	관련국
경제적 리스크	경제안정성 문제	국제자본이동, 세계경제(금융, 실물) 위기, 사회불안(빈부격차-계층, 지역 간)	BRICs
	유가하락, 에너지 공급 차질	세계경제위기, 테러발생	러시아
	자산 가격 붕괴	부동산 가격 하락	중국, 러시아
	외채문제	국제금리 상승	브라질
	재정적자	정부지출 확대	브라질, 인도, 중국
	정부정책변화	정부개입, 법-제도의 급격한 변화	BRICs
지정학적 리스크	테러리즘	시리아 내전, 이슬람분쟁	러시아, 인도
	국경분쟁	중국-대만, 인도-파키스탄, 러-우크라이나	중국, 인도, 러시아
	조직범죄	마피아	러시아
	내전	지역간 소득격차 확대, 자원소유권 및 종교 및 민족분쟁	BRICs
사회 및 문화적 리스크	급속한 도시화	농촌인구의 도시유입으로 인한 사회문제	중국, 인도
	과잉규제 (red tape)	정부관료의 부정부패	BRICs
	노령화	인구감소, 노령화	러시아, 중국
환경적 리스크	환경오염	수질오염, 식수부족	중국, 인도

- 지정학적 리스크로 테러에 노출된 국가는 러시아와 인도, 국경분쟁은 중국과 인도, 러시아가 안고 있으며, 조직범죄 관련은 러시아가 내전은 브릭스 국가 모두가 리스크를 안고 있는 것으로 평가된다.
- 사회적 리스크는 급속한 도시화에 의한 사회문제가 중국과 인도에서 발생되고 있고, 정부의 부정부패는 브릭스 국가 전체, 노령화 문제는 러시아와 중국, 환경오염은 중국과 인도가 리스크를 안고 있다고 평가되고 있다.

이러한 사례들을 참고로 기업들이 해외로 진출하려는 국가의 시장이 대내외적인 여건에서 어떤 리스크에 노출되어 있는지, 어느 정도의 리스크인지를 파악함으로써 시장진출에 대해 확실한 의사결정을 할 수 있기 때문에 정확하게 조사하여 평가하여야 한다.

4. 기업제품 및 경쟁력 분석

우리의 제품이 경쟁제품과 비교하여 어떻게 차별화되는지, 품질에 대한 수준은 어느 정도인지, 경쟁력 있는 회사는 어디인지, 경쟁회사의 재무 상태와 영업실적, 가격경쟁력은 어떤지 등에 대한 내용을 분석한다.

1) 제품의 강·약점 분석

제품의 잠재수요자들에 대해서 이미지조사를 통해 제품의 선호도에 대한 반응을 조사하고, 시장에서 요구하는 수준에 맞는가, 가격대는 적당한가, 소비자들이 사용하는데 대한 거부감은 없는가 등을 조사한다.

〈표 3-13〉 자사제품의 평가 조사 예시

상 담 업 체	ABC 사
상담자 직책	- OOO Manager of NY office
조사목적	- 생산 및 공급업체 관계자의 자사제품 평가
자사제품의 강점 및 장점	- 성능 - 운영, 효율성 등
자사 제품의 단점	- 가격과 선호도 - 시장에서의 요구 수준과 일치성 등
자사제품의 가격 경쟁력	- 가격 평가

현지의 생산 및 공급업체 관계자와의 접촉을 통해 자사제품에 대한 평가를 조사한다. 조사항목은 자사제품의 성능과 운영 효율성, 가격, 소비자 선호도 등에 대해 현지국의 제품과 비교하여 조사한다.

또한 제품의 기능, 브랜드 보유 여부 등의 강점과 약점에 대하여 조사하면서 SWOT 분석을 통하여 자사제품 중 해외진출 제품의 가능성을 판단한다.

2) 제품의 라이프 사이클 분석

제품의 라이프 사이클은 도입기, 성장기, 성숙기, 쇠퇴기로 분류할 수 있다. 해당제품의 라이프 사이클이 어디에 속하는 제품이냐를 파악하는 것은 해외시장진출을 위한 제품의 시장진입을 위한 전략이 달라질 수 있기 때문이다. 이러한 라이프 사이클은 제조업종에만 국한되지 않고 도·소매업 및 서비스 업종에까지도 적용된다고 본다.

해당 제품이 신제품인 경우에는 제품의 보급률도 파악하여야 하고, 기존제품이 나와 있는 시장에 신제품을 개발하여 참여하는 경우 제품의 라이프 사이클의 분석과 더불어 제품의 보급률에 관련한 분석도 함께하는 것이 효율적이다.

3) 제품의 가격 분석

(1) 제조원가 및 마진율 분석

① 제조원가 분석은 추정 제조원가 명세서를 작성하여 이를 근거로 분석한다. 제조원가 명세서는 원가계산, 공통비용 등의 기준과 방법을 사전에 결정하여 작성한다.

② 매출관련 가격결정 요인에 제조원가 부분과 마케팅을 위한 각종 코스트를 포함하고, 기업 이익인 마진율을 감안하여 산출한 금액이 현지 시장의 다른 제품과의 품질, 기능, 가격 등을 비교하여 해당 마진율이 적정한지를 분석하는 것이 필요하다.

③ 마진율은 매출액에서 제품의 각종 제조원가를 제외하고 이익이 되는 부분을 말한다. 주로 목표마진율을 산출하여 실제 예상마진율이 목표마진율에 근접한가를 분석한다.

(2) 제품가격 분석

제품가격은 해당 제품 경쟁력의 최우선 순위이며, 제품 가격정책의 수립이 마케팅 성공 여부를 결정하는 가장 핵심적인 사항이다. 따라서 마케팅의 성공으로 인한 현지시장에서의 안정적인 정착이 기업의 성공 여부를 판가름 할 것이다. 특히 신제품의 시장 출시는 가격정책을 먼저 염두에 두고, 고가품 위주의 고가 정책을 추구할 것인가 저가품 위주의 저가정책으로 갈 것인가를 결정해야 한다.

이후 가격경쟁력을 위한 적정한 가격은 얼마인지를 파악하고, 경쟁제품 및 유사제품의 가격은 어느 정도인지 경쟁회사별로 조사하면서, 최근 2~3년 내의 가격변화 추세까지도 함께 분석할 필요가 있다.

제2절 시장 분석

전 세계의 시장이 기존 미국, 영국 등의 선진국들에 의하여 움직이던 시대에서 다국적기업들로 인하여 글로벌 시장의 개념으로 변화하는 동시에 소규모 중심의 기업 형태에서 대규모 글로벌 기업의 형태로 발전되었다. 이러한 글로벌 기업들은 시장의 주도적 역할을 담당하면서 국가적 기업의 개념이 아닌 전 세계 시장을 대상으로 한 다국적 기업의 형태로 다양한 기업연합을 통해 해외직접투자나 수출, 라이선싱, 인수합병(M&A) 등으로 해외시장에 진출하고 있다.

글로벌 기업들에 의해 시장이 활성화되기까지 주도적 역할을 한 것은 인터넷에 의한 전자무역의 형태로, 개인과의 거래를 직접 연결시켜 중간도매상의 단계를 거치지 않는 유통의 혁신을 가져왔다. 따라서 기업이 국내시장은 물론 전 세계를 대상으로 다양한 소비층을 아우르는 글로벌 기업으로 나아가기 위해서는 글로벌 시장에 대한 조사와 분석은 필연적으로 해야 할 과정이다.

1. 시장동향 분석

진출하고자하는 시장의 규모는 어느 정도인지, 경쟁제품과 유사제품에 대한 경쟁구조는 어떤 구조로 이루어져 있는 지 등을 조사하여 분석하고 실수요자(소비자)의 구성분포와 변화추세 등도 조사하는 것이 필요하다. 시장분석이란 수요 및 수입동향에 대한 조사와 경쟁동향, 가격동향, 생산동향, 유통구조와 수입관련 제도에 대한 사항들을 조사하여 그 동향을 분석하는 것이다.

1) 수입 및 수요동향 분석

수입관련 통계자료와 수요의 규모 등에 대하여 조사 분석한다. 상품에 대한 동향 조사는 브랜드, 디자인, 가격 등과 기타 요소를 조사하며, 수요동향 조사는 상품의 항목별 수량과 가격, 소비자의 소득과 관계를 조사하여 수요 결정에 대해 분석하는 것이다.

특정 상품의 수요동향을 결정하는 각종 요인을 조사하여 수요에 미치는 영향이 얼마인지를 파악하고 이들 자료를 가지고 기업이 생산이나 판매, 마케팅 전략 수립에 기초자료로 활용할 수 있다.

또한 해외시장에서의 수요예측을 위한 자료로 조사 및 정확한 분석이 필요하며, 수요동향에 민감한 부분이 무엇인지와 관련국가의 정치와 경제정책에 관한 부분 등을 포함하여 조사 분석한다.

2) 경쟁 동향 분석

경쟁 동향의 조사 및 분석은 경쟁의 요소를 비교 조사하여 분석한다. 일반적인 조사항목으로는 브랜드 인지도, 상품 선호도, 디자인, 소비자 가격, 주요 판매처 등의 내용을 조사 분석한 다음, 제품 차별화 등 특이 사항도 파악한다.

특히 세분화된 경쟁사의 특정제품에 대해서는 재료와 재질, 디자인 , 기능, 신기술의 적용과 타사제품과의 차별화된 기술, 유통망에 대한 조사와 마케팅 전략 등에 대해서도 세부적으로 조사하여 분석한다.

3) 가격 동향 분석

가격 동향조사는 관련 제품의 수입 가격, 도소매 가격, 공장도 가격 등으로 구분하여 조사 분석한다. 또한 브랜드, 디자인, 모델, 크기별로 각각 구분하여 조사한 다음 이를 기본으로 자사제품과 비교 분석한다. 가격 동향 조사는 소비자를 중심으로 소비자의 입장에서 조사하고, 경쟁사의 가격 동향이나 가격에 미치는 영향 등을 포함한 조사 자료를 가지고 분석해야 한다.

가격동향의 조사 및 분석은 상위 가격의 주요 제품에 대한 가격변동의 추세와 동향을 조사 분석한다. 또한 이들에 대한 조사는 가격 비교를 할 수 있도록 다른 나라의 제품을 같이 조사하며, 제품의 최근 가격과 가격 증감 내용도 조사하여 경쟁상품과의 대응방안을 마련한다.

그리고 현지 가격을 결정하기 위한 요인은 무엇인지도 조사하며, 이들 요인 중에서 가격 결정에 가장 큰 영향을 주는 요인을 조사 분석하는 것도 해외시장 진출의 의사결정에 중요한 사안이다.

덧붙여 현지시장에서의 미래 가격 전망을 예측하는 것도 중요하며, 현지시장에 진출할 시 수요의 변화에 의해 가격에 변동이 있다면 적절한 대응방안을 마련하기 위한 분석 자료가 필요할 것이다.

4) 생산 동향 분석

(1) 생산량 및 생산 가능량 조사 분석

생산량에 대한 조사는 최근 생산량에 대한 증가분은 얼마나 되는 지, 전체 생산량 중에서 국내에서의 소비량과 해외 수출량의 비중은 어떻게 되는 지 등을 조사하고, 생산량의 증가가 해외수출과 국내소비에 얼마만큼의 영향을 주는지 등도 조사하여 향후 시장진출을 하는데 있어 내수시장과 해외시장의 비중을 어떻게 가져 갈 것인지에 대한 판단을 하도록 한다. 또한 해외시장의 진출 시에는 어느 나라에 어느 정도의 수량을 가져갈 것인지를 파악하여 생산량 및 생산규모를 조절하는 자료로서 활용할 수 있다.

(2) 생산업체별 생산동향 분석

주요 생산업체들이 생산량을 증가시키고 있는지, 혹은 감소시키고 있는지, 또는 유지시키는지에 대한 조사를 통하여 해외 진출하고자하는 현지 생산자

시장의 규모가 어떻게 변화하고 있는지를 조사하여 분석한다. 또한 외부의 영향으로 생산량에 충격을 받았다면 어떤 영향을 받았는지 얼마만큼의 수량이 증감하였는지, 혹은 그 기간은 얼마나 되었는지 등도 조사하여 보고한다.

주요 생산업체들에 대한 기본적인 사항인 주소, 연락처, 자본금, 설립년도, 종업원 수, 생산모델, 특이사항 등도 조사하고, 병행하여 현지 생산업체의 유통경로와 A/S 정책, 마케팅 전략까지도 조사하여 향후 시장진출 시 대응전략 마련에 활용할 수 있다.

5) 제품의 유통환경과 수입관련 제도 분석

제품의 유통과 관련된 모든 유통경로를 조사하여 분석한다. 유통단계별 마진율 조사와 거래관행 조사(외상거래 혹은 어음발행이냐 등)를 하여 현지 시장진출 시 대응전략을 마련한다.

수입제품에 대해서 수입업체의 독점이냐, 아니면 총 대리상을 통하여 대리상이나 소비자에게 전달되는 지 등도 조사 분석한다. 또한 판매망 조사에는 ON-Line 판매망이나 Off-Line 판매망이 있는지 혹은 그 비율은 어느 정도인지를 파악한다.

수입관리제도에 대해서는 무역정책으로 관세에 대한 내용과 수입제한 품목 및 수입품 검사제도, 비관세 장벽을 조사 분석한다.

2. 시장의 규모, 특성 및 구조 분석

1) 시장규모 분석

고객별 잠재수요를 분석하는 경우 지역과 고객의 제품선호도에 따라 수급실적에는 많은 차이가 나므로 시장에 대한 구분을 정확히 하고, 시장 진입을 하여야 한다. 따라서 경쟁상품이나 유사상품, 대체상품에 대한 수급실적을 파악하여야 한다. 이들 수급실적은 최근 3년간의 실적과 국내외를 통 털어 동일한 상품이나 유사상품, 대체상품이 있는가에 대해 철저한 조사와 분석이 이루어져야 한다.

2) 시장의 성격, 특성 및 구조 분석

(1) 시장의 일반적 성격

시장의 일반적인 사항과 관련하여 전체시장의 규모, 주요수요처는 어디인지, 시장진입에 따른 향후 시장의 변화 방향에 대한 분석을 한다. 특히 주요수요처에 대한 특성 및 성향 등을 조사한 후 분석을 통해 적절한 대응을 할 수 있도록 한다.

(2) 판매구조 및 특성

제품의 판매와 관련하여 판로 및 고객의 특성, 소비자의 선호도에 의한 소비변화 추세 등 판매에 있어서의 단계별 형성과정, 판매 마진률 등에 대한 조사와 분석도 필요하다.

해외시장에 어떤 방식으로 자사 제품을 효과적으로 유통시킬 것인가를 조사하는 것이 필요하며, 제품의 특성상 현지의 총괄 대리점을 통한 판매방식이 유리하다면 어떤 제휴 계약을 맺고 진출을 할 것인가에 대한 결정을 하여야 한다. 총괄 대리점과의 유통에 있어서도 A/S라든지, 사후관리에 있어서 문제점이 없는지도 파악하여야 한다.

경쟁업체 상품에 대한 강점과 약점을 파악하고, 판매조직(직영점, 대리점 등)에 대한 정보와 판매과정 및 특성 등을 비교하여 자사와의 경쟁력을 분석한다. 또한 경쟁상품에 대한 판매방식이나 영업전략 등을 파악하여 경쟁력 비교에 활용한다.

3) 선도시장 및 현지 시장 분석

해외에 있는 개인이나 조직원 가운데 해외에 파견된 주재원, 해외이주자, 교민 등을 대상으로 하여 이들을 중심으로 자사제품의 판매가 가능한지를 포지셔닝하여 선도시장의 대상으로 삼는다.

또한 현지 시장의 소비자들을 대상으로 자사제품에 대한 판매 가능성을 조사하면서, 현지국의 생활양식과 가치관 등 현지화를 통한 전략을 수립하고 시행할 수 있는가에 초점을 맞추어 시장 분석을 한다.

3. 소비자 환경 분석

시장의 동향분석 중에서 필수적인 요소로, 소비자의 구성 및 분포 비율, 소비 선호도의 변화 추세, 제품의 소비형태, 재 구매 순환주기는 언제인지 등에 대한 조사와 분석을 한다.

1) 소비자 구성 및 분포에 대한 분석

지역별, 연령별, 성별 등으로 나눈 소비자의 구성 및 분포도와 이들 소비자들의 현재 소비성향과 선호도, 소비 변화 추세 등에 대한 내용을 조사하여 분석한다.

2) 소비 형태에 대한 분석

소비 단위의 양은 얼마인가, 정기적으로 구매하느냐 일시적 구매냐 하는 구매 시기, 구매 동기 및 소비자의 니즈(Needs)에 의한 구매, 제품 구매 이유와 필요성에 대해 조사 분석한다.

〈표 3-15〉 태국의 화장품시장 소비자분석

구 분	내 용
가격	태국 소비자 구매 동기 중 가장 큰 요인. 경기 불황으로 가격비교 후 상품을 구입하려는 경향 이에 따라 대형 할인 매장 간 가격 할인 경쟁이 심화
트렌드 (Trend)	동남아시아 고객들의 화장품 구매 트렌드와 마찬가지로 미백라인과 함께 산뜻한 기초 스킨케어제품을 선호하는 편이며 관심이 높아지고 있는 추세이다.
제품의 성분 (천연제품)	천연성분이 포함된 제품을 선호하며, 콜라겐, 영양, 주름개선 등 고기능성 제품이 출시되고 있다.
브랜드 (Brand)	직장인으로 근무하는 연령대 층이 브랜드 상품 구매층의 가장 큰 파워 구매층이며, 이제는 청소년층으로 점차 확대되고 있는 추세이다. 브랜드 파워가 가장 큰 품목으로는 의류, 잡화 등이다.
가성비 (價性比)	고가, 중가, 저가의 화장품에 대한 각 소비층의 선호가 있는 편이며, 최근에는 품질이 좋은 중저가 화장품에 대한 수요도 증가하는 추세이다.

구 분	내 용
원산지	태국 소비자는 원산지에 따른 상품의 가치를 기대 및 분석하는 경향이 있다. 현재 태국 소비자는 미국, 유럽, 일본 원산지 제품을 가장 선호 하고 있으며, 중국 상품의 경우 가격과 품질 면에서 낮은 기대치가 예상된다. 한국 상품은 근래 시작된 한류 열풍으로 선호도가 상승하는 추세이다.
정치 및 경제상황	정치 및 경제 상황이 소비자 구매행동에 직접적인 영향을 미친다. 푸미폰 국왕 사후 조의기간 중 전반적인 소비감소 현상 태국정치는 전반적으로 불안 (국민들은 민주화 열망, 기득권세력들은 권력 유지) 경제상황 불안(중국 의존성 심화로 중국경제에 많은 영향)

4. 시장분석 사례(태국의 건강보조식품 시장 : 흑마늘)

1) 수입동향 및 시장 분석

(1) 최근 3년간 수입규모 및 동향

(단위: US$ 천, %)

구분	2011년		2012년		2013년	
	수입규모	성장율	수입규모	성장율	수입규모	성장율
수입규모 및 성장율	377,317	41.4	479,631	27.1	758,967	58.2

(2) 최근 3년간 상위 10개국의 수입통계

〈태국 영양보조식품 주요 수입국 현황(HS Code: 210690 기준)〉

(단위: US$ 천, %)

순위	국가	금액			점유율			증감률
		2011	2012	2013	2011	2012	2013	13/12
0	총계	377,317	479,631	758,967	100	100	100	58.2
1	미국	117,261	139,133	379,585	31.1	29.0	50.0	172.8
2	싱가포르	23,432	89,596	103,985	60.0	18.7	13.7	16.1
3	중국	46,422	53,190	54,113	12.3	11.1	7.1	1.7
4	네덜란드	39,895	38,637	48,760	10.6	8.1	6.4	26.2
5	말레이시아	27,661	31,763	33,831	7.3	6.6	4.5	6.5
6	베트남	14,684	12,502	20,893	3.9	2.6	2.8	67.1

순위	국가	금액			점유율			증감률
		2011	2012	2013	2011	2012	2013	13/12
7	독일	11,949	13,681	15,781	3.2	2.9	2.1	15.4
8	인도네시아	4,343	15,689	14,356	1.2	3.3	1.9	-7.4
9	일본	13,371	12,682	13,601	3.5	2.6	1.8	7.3
10	한국	7,731	16,708	9,628	2.1	3.5	1.3	-42.2

* 자료원: 태국 상무부

(3) 시장전망

① 수요 증대 예상 요인

태국의 국민소득이 지속적으로 증가하면서 건강과 웰빙에 대한 관심이 증대되었다. 도시화가 진행되면서 바쁜 일상에서 영양보조식품에 대한 수요가 증가한다.

② 수요 감소 예상 요인

최근 태국 경제성장 둔화 및 정치적 불안으로 전반적인 소비는 감소하였으며, 저렴한 영양보조식품으로 구매 전환한다. 인터넷 등을 통해 신뢰도 낮은 제품 등이 유통되면서 오히려 자연식품 등에서 영양을 보충하려는 경향도 일부 있다.

- 종합의견: 도시생활 및 건강에 대한 관심 증가로 영양보조식품 수요는 지속적으로 증가할 것으로 전망된다.

(4) 태국 건강식품 산업 분석

(단위: 억원)

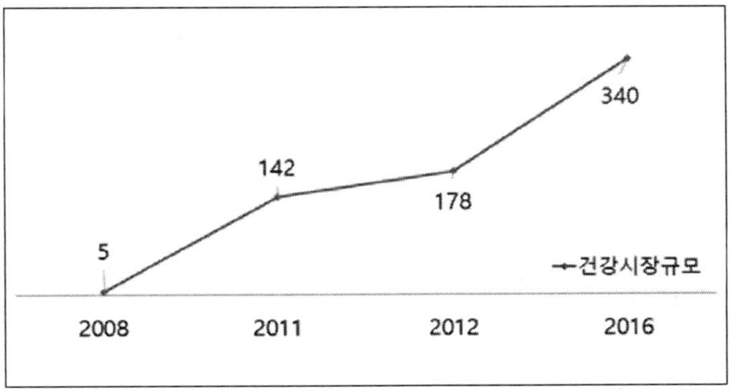

〈태국 건강식품 시장 규모〉

꾸준한 증가세를 보이며 2016년에는 340억 원 규모로 성장했다.

2) 수입관세 및 관련 제도

(1) 조세율

① 영양보조식품의 기본 관세율: 1%~5%
  * 한-아세안 자유무역협정에 의하여 태국으로 수출 시 역시 관세 면제
② 부가세율: 7%

(2) 통관 시 유의사항

수입 전에 태국 식약청(FDA)의 승인을 받아야 함. (태국 수입업자 요청)

(3) 필수 인증 현황

www.fda.moph.go.th 참조

3) 경쟁제품 동향

(1) 경쟁제품 현황

〈주요 경쟁제품 현황〉

업 체 명	브랜드명	가 격	시장점유율
Cerebos(Thailand) Ltd	Brand's	1달러	34.9%
Amway(Thailand) Ltd	Nutrilite	16~80달러	14.1%
Scotch Industrial Thailand Co Ltd	Scotch	1달러	7.4%
Cerebos(Thailand) Ltd	Veta	1달러	3.1%
Nu Skin Enterprises (Thailand) Ltd	Lifepak	16~130달러	2.7%

* 자료원: Euromonitor

4) 시장의 규모, 특성 및 구조 분석

(1) 시장규모

태국 건강보조식품시장 규모는 2012년 기준 11억 6,586만 달러로 2011년 대비 14.6% 성장했다.

〈3년간 태국 영양보조식품 시장규모 및 성장률〉

(단위: US$천, %)

구 분	2010년		2011년		2012년	
	시장규모	증가율	시장규모	증가율	시장규모	증가율
시장규모 및 성장율	869,688	15.7	1,037,468	14.6	1,165,869	14.6

※ 자료원: Bangkok Post

(2) 해당 산업 관련 정부 정책

태국 내 제조 및 수입에 있어 영양보조식품의 안정성을 중요시하며, 태국 식품의약품청(FDA)에서 사전 허가를 받아야 한다.

5) 유통구조

(1) 주요 유통채널

① 유통채널별 점유율 : 약국, 개인용품 유통업체 등을 통한 판매가 주요 유통채널이다.

② 대형유통망 등을 통한 판매도 증가하고 있으며, 비 점포 판매채널로는 직접 판매(Amway 등)가 주요 유통채널이다.

(2) 유통채널 활용 방안

태국 현지에 200여개의 유통채널을 확보하고 있는 유통업자와 MOU를 체결함에 따라 현지시장의 매출액 증대가 기대된다.

6) 소비자 환경 분석

(1) 소비자 구매 패턴

① 주요 소비자 계층 : 중년층 및 노년층

② 소비자 구매동기 : 건강 및 웰빙에 대한 인식 증가

(2) 제품 트렌드

다양한 비타민, 영양보조식품 등이 수입되고 있으며, 피부미용 등을 위한

콜라겐 성분 제품 등이 최근 인기를 얻고 있다.

(3) 한국 제품에 대한 현지 인지도 및 선호 브랜드 현황

① 현지 인지도 : 인지도가 낮은 편이며 한국산 인삼에 대한 인지도는 있는 편이다.

② 선호 브랜드 : 정관장 등

제3절 해외거래선 발굴과 신용조사

1. 해외거래선 발굴

1) 해외거래선(Buyer) 발굴의 개요

해외거래선 발굴이란 해외시장에 수출이나 제품을 판매하고자 하는 기업이 해외시장에 있는 거래처에 대한 정보를 조회하여 자사제품에 맞는 바이어를 물색하고 거래협상과 무역업무(대금결제 포함) 처리를 통해 구매자로서 거래를 하는 것을 말한다.

바이어 발굴은 국내 상품을 거래하는 것이 아니고 외국과의 상품 거래이기 때문에 국제전화 및 전시회 참가, 인터넷을 통한 E마켓 플레이스 등을 활용하여 사전에 거래협상을 통한 구매 가능성과 거래를 위한 인콰이어리를 발송할 수 있는 거래처를 발굴할 수 있도록 바이어 정보 리스트가 작성되어야 한다.

(1) 바이어 정보 조사

해외에 제품 및 상품을 판매하려는 기업이 해외에 있는 바이어의 정보 조사를 위해서는 대한무역투자진흥공사(KOTRA)나 한국무역협회(KITA)를 통해 정보를 입수하는 방법과 전시회나 박람회를 통하여 직접 해외로 나가서 바이어와 상담하면서 발굴하는 방법이 있다. 국내외 수출지원기관의 거래알

선은 세계무역센터(WTCA), 각국의 상업회의소, 국내 외국공관 등을 통해서도 바이어를 발굴할 수 있다.

자사제품을 취급할 수 있는 업체 발굴과 이들이 단순 취급업체인지, 상담을 통한 장기적 구매 가능 업체인지 등으로 구분하여 조사하여야 한다.

바이어 기초 조사는 업체명 등을 포함한 업체 개요 및 담당자의 연락처 등을 조사하여야 한다.

(2) 바이어 정보 조사시 유의해야 할 점

① 판매제품이 해당국가의 직 간접적인 수입제한 품목인지 확인해야 한다.
② 해당국가의 시장성이 미약하거나 취급 바이어가 거의 없는 경우에는 해당시장에서 바이어 정보 조사가 불필요하다.
③ 최근에 동일한 제품에 대한 조사가 이루어져 비용만 추가되는 경우에는 별도의 정보조사가 필요 없다.

(3) 바이어 선정 및 절차

해외시장 조사 결과 대상시장 선정되고 나면 다음 단계로 대상시장에서의 구매거래처를 확인하여 선별하게 된다.

〈표 3-16〉 바이어 업체 개황(바이어 정보 조사)

구 분	바이어 접촉 내용	비고
업체명		
홈페이지		
주소		
담당자(연락처)		
업종		
취급제품		
설립연도(종업원 수)		
주요거래처(국가)		
한국과의 거래유무		
사용언어 외		

거래처 선정을 위한 방법으로는 판매권유장(Circular)에 의한 거래제의, 인터넷을 활용한 해외 포털 사이트 이용하여 Buyer를 검색하는 방법, 세계 각국의 제조업체와 수출업체들의 주소와 연락처 정보를 수록한 무역디렉토리를 활용하는 방법, 무역유관기관인 각국의 상업회의소나 WTCA(World Trade Center Association : 세계무역센터)체인에 의한 정보자료를 제공받는 방법, 해외홍보용 카탈로그 및 해외홍보매체를 이용하는 방법도 좋다. 또한 현지에 직접 나가 무역관계기관의 협조로 거래처를 물색하거나 전시회에 참가하여 Buyer를 찾는 방법도 있다.

〈표 3-17〉 수출유관기관별 해외홍보매체

발행기관명	자료명	언 어
한국무역협회	Korea Export	영어
	Korea Trading post	영어
	Korea Export(중어판)	중국어
	Korea Trade Directory	영어
	한국상품가이드	일어
한국종합전시장	Korea Exhibition	영어
	Trade Market Directory	〃
	KOEX Buying Directory	〃
대한상공회의소	Korea business Directory	〃
중소기업중앙회	K.T. Directory of Small Business	〃
KOTRA	Korea Trade & Business	〃
	Korea Trade	〃
기계공업진흥회	Lorea Machinery	〃
전자공업진흥회	Korea Electronics Catalog	〃
완구공업협동조합	Toys Manufacturers in Korea	〃
금속공업협동조합	Korea Metal Products	〃
전자공업협동조합	Korea Electronics Buyer's Guide	〃
공작기계협동조합	Korea Machine Tool Guide	〃
조선기자재협회	Ship's Machinery & Equipment	〃
한국잡화시험검사소	Korea Merchandise	〃
BUYER GUIDE 사	Korea Buyers Guide	〃

2) 바이어 발굴 프로세스

(1) 구매가능성 업체 리스트 구축

해외거래선 발굴을 위해서는 무역업자격 및 인프라를 구축하고 난 뒤, 한국무역협회, 대한상공회의소 및 KOTRA 등을 통한 해외 상공인 명부(Trade directory)를 통하여 정보를 획득한다. 또한 국내외 수출지원기관인 각국 상업회의소, 세계무역센터(WTCA) 등과 무역협회, KOTRA, 중소기업진흥공단 등에 거래알선을 의뢰하여 거래가능 업체 리스트를 확보한다.

바이어를 발굴하는 데는 종합무역상사의 국내바잉오피스(바잉오피스 디렉토리)를 활용하여 업체 정보를 획득하는 방법과 해외 진출기업 홈페이지나 여러 기업들의 정보가 등록되어 있는 비즈니스 디렉토리를 이용하여 해당 품목과 관련 분야에 거래제의가 가능한 바이어 리스트를 작성하여 거래를 위한 준비 작업을 한다.

또한 현지 유통업체나 대리점을 통해 간접적으로 바이어를 발굴하는 방법도 효과적이며, 직접 참가하여 해외 전시회와 박람회에서 명함을 주고받은 업체를 대상으로 자사제품의 공급을 원하는 바이어들을 타깃으로, 현지시장이 확대될 것으로 전망한 바이어를 대상으로 잠재된 바이어 리스트를 구축한다.

(2) 바이어 면담 조사

바이어 면담은 전시회나 여러 정보제공업체를 통해 해외진출기업의 사업분야에 맞는 시장에서의 바이어에 대해 방문면담 및 권유장(Circular Letter) 등을 통해 거래관계를 결정한다. 바이어 선정이 완료되면 해당업체의 신용조사 등을 진행하게 된다.

(3) 바이어의 현지 영업활동과 시장반응 조사

바이어에 의한 제품 판매 영업활동을 조사한다. 조사할 항목은 시장의 주공급제품, 신제품 공급 여부, 홍보와 마케팅에 대한 호응도 등을 조사하면서, 유통망 확보에 대한 정보, 제품의 취급유형에 대한 조사도 한다.

바이어가 기존에 취급하던 제품을 자사제품으로의 구매처 전환이 가능한지도 조사한다. 만일의 경우 바이어가 주 제품을 전환하는 경우 어떤 대우를 할 것인지와 지속적인 접촉 여부와 방법을 강구하여 대책을 세울 필요가 있다.

특히 바이어가 해외진출기업에 호의적인 반응을 보이고, 지속적이 거래를 원하게 되면 어떻게 지원할지에 대한 결정도 사전에 이루어져야 한다.

바이어가 결정되고 나면, 가장 중요한 문제는 거래 대금결제와 관련한 바이어의 신용조사이다.

2. 해외신용조사

1) 해외신용조사의 주요내용

무역거래에 있어 가장 중요한 요소는 매매계약을 체결하고 이를 이행하는데 있어 대금을 정상적으로 회수할 수 있는지가 최대 관심사가 될 것이기 때문에 수출을 하기 전에 수입업자의 대금 지불능력이 있는지를 파악해야 한다.

따라서 매매계약을 함에 있어 해당 거래처를 신뢰할 수 있는지의 여부를 사전에 조사하고 판단하기 위하여 신용조사를 실시한다.

신용조사의 내용으로 신뢰도 측정요소인 성실성(Character), 거래능력(Capacity), 지급능력(Capital)이라고 하는 3C's와 추가적 요소인 거래조건(Condition), 담보능력(Collateral), 거래통화(Currency) 중 2개의 요소를 포함하여 5C's를 조사하기도 한다.

(1) 신용조사 내용

① 인격(Character) : 관련업체의 개성(personality), 성실성(integrity), 회사관련 인지도, 채무변제이행 정도, 업계에서의 평판(reputation), 계약이행 정도 등에 관하여 조사한다. 특히 거래 상대방이 대금 결제부분에 있어 성실하게 이행하고 있는지 여부와 경영진의 성실성 등을 면밀히 조사할 필요가 있다.

② 거래능력(Capacity) : 거래상대방의 생산능력을 감안한 연간매출액, 영업형태, 영업권, 거래실적, 공장 및 영업능력 등을 조사한다.

③ 자본(Capital) : 거래상대방의 재무 상태를 통한 자본금 상태, 재무제표를 통한 대금 지급능력을 평가 및 조사한다.

④ 거래조건(Condition), 담보능력(Collateral) : 현지시장의 상황을 보고 정치적, 경제적 상태를 진단하는 내용으로 정치적 불안으로 인한 수입규제나 현지 시장 상황의 악화 등으로 거래에 악 영향을 미칠 수 있는 요

소 등을 조사한다. 또한 통관절차나 항만사정, 노사분규 상황, 운송설비 등에 관하여도 조사할 필요가 있다. 담보 능력에 관한 조사는 물적 담보와 인적 담보, 해당 국가와의 거래 통화에 대한 내용까지 포함하여 조사하는 것도 필요하다.

〈표 3-18〉 신용조사 항목

항 목	내 용
3C'S	① 성실성(Character) : 상거래 이행시 성실성, 영업태도, 업계에서의 평판 ② 거래능력(Capacity) : 연간 매출액, 영업형태, 영업권, 공장 및 영업능력 등 ③ 지급능력(Capital) : 재무상태와 지급능력 상태, 기타 자산상태 등
5C's	④ 거래조건(Condition)/ 담보능력(Collateral)/ 거래통화(Currency) : 2개 요인을 포함하여 5C's

2) 해외 신용조사의 방법

해외 신용조사를 이행하는 방법으로는 은행신용조회, 동업자 신용조회 등을 이용하는 방법과 국내외 전문신용조사 기관을 이용하는 방법이 있다. 따라서 기업이 필요로 하는 내용에 맞추어 해당 방법을 이용하는 것이 필요하다.

(1) 은행신용조회(Bank Reference)

수출입대상이 되는 거래처에 대해 외국환 거래체결은행(Bank correspondent arrangement)을 통한 신용조회를 말한다.

(2) 동업자 신용조회(Trade Reference)

단골고객을 통한 신용조사를 의뢰하는 경우의 신용조회를 말한다.

(3) 국외 상업흥신소 조회(Mercantile Agency)

미국(D&B), 영국(Bradstreet), 일본(Tokyo Mercantile Agency) 등 해외의 신용조사 전문기관에 의뢰하여 거래상대방을 신용 조사하는 것을 말한다.

(4) 국내 신용조사기관 조회

한국무역보험공사(K-Sure), KOTRA, 신용보증기금 등 국내의 전문신용조사기관을 이용하는 방법이 있다.

〈표 3-19〉 해외 신용조사기관(조사가능지역)

기 관 명	소 재 지	지 역
Dun & Bradstreet International	1 World Trade Center Suit 9069 New York N.Y. 100487, U.S.A	전 세계
Amalgamated Trades Protections Ltd	Sellotape House 54/58 High Street Edware Middlesex HA87HX U.K	세계 165개국
IBIS WORLD PTY LTD	Level 3, 1 Collins Street Melbourne, VIC Australia, 3000	호주
AMRB	205, Arbift Tower(Al Masraf), Deira, Dubai, United Arab Emirates	중동지역
Tokyo Shoko Japan International Co., Ltd	P.O. Box 1064 Tokyo Central Tokyo Japan	아시아
Exim Recoveries Ltd.	Investment House(Ist)21/25 Broad Street C.P.O Box 8016, Lagos Nigeria	아프리카
KPMG AG	Klingelhöferstraβe 18, 10785 Berlin	유럽
CCR SA	Blanco Encalada 3202, Capital Federal (1428), Capital Federal, Argentina	중남미
IMRB(Indian Market Research Bureau)	Mhatre Pen Building, A Wing, S.B. Road, Dadar-West, Mumbai-400 028 India	India

※ 자료출처 : KOTRA

K-sure 국외신용조사 제도개요

- K-sure의 해외지사 및 전 세계 신용조사기관과 연계하여 해외소재 기업의 기본정보, 재무정보 등의 신용조사를 실시한 후 의뢰인에게 신용조사 보고서를 제공하는 서비스
- 국외기업에 대한 심층조사가 필요하거나 신용조사에 기타 어려움이 발생하는 경우 부득이하게 실제 조사 소요기간이 변동될 수 있음

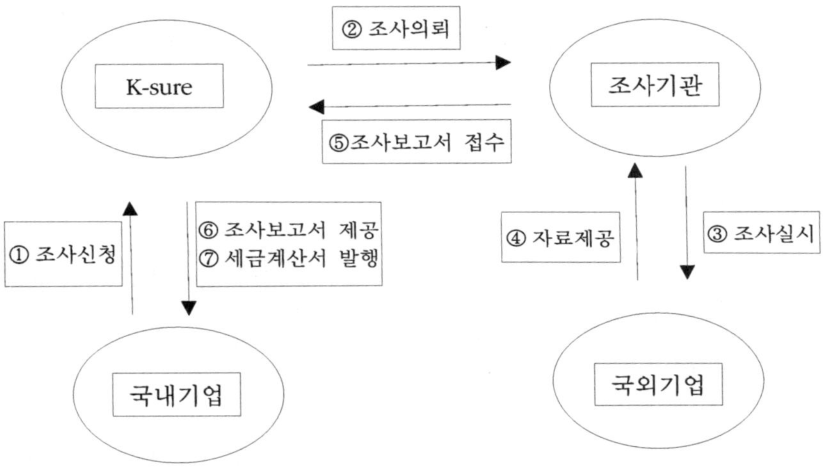

※ 자료출처 : K-Sure(한국무역보험공사) 홈페이지, "국외기업신용조사서비스"

〈표 3-20〉 한국무역보험공사 해외 신용조사수수료

보고서종류	기업규모	가격(VAT 포함)		
		일반조사	재무제표미비	신용조사불가자 또는 장기소요(40일 초과)
요약보고서	중소 · 중견기업	33,000원	22,000원	면제
	대기업	66,000원	22,000원	면제
Full Report	중소 · 중견기업	49,500원	33,000원	면제
	대기업	99,000원	33,000원	면제

※ 자료출처 : K-Sure(한국무역보험공사)
- 현지 사정에 따라 재무자료를 입수하지 못하는 경우가 있으므로 보고서 내에 재무자료가 포함되지 않을 수 있습니다.
- 국외기업 신용조사는 건당 평균 9만 원 가량이 소요되고 있는 바, 요약보고서의 내용이 미흡한 경우에도 신청인에게 실제 소요비용의 일부만 부과되는 점을 양해해 주시기 바랍니다.

3. 바이어 발굴 사례(말레이시아)

- 화장품 전시회 참가 -

1) 바이어 발굴 프로세스
   (1) 바이어 선정 및 구축
   (2) 바이어 컨택시 관심부분 요약
2) 관심 · 유효 바이어 리스트
3) 잠재 바이어 리스트

1) 바이어 발굴 프로세스

(1) 바이어 선정 및 구축

① 말레이시아에서 바이어를 효율적으로 찾는 방법은 기업 홈페이지나 여러 기업들의 정보가 등록되어 있는 비즈니스 디렉터리에서 해당 품목, 분야의 업체를 선별한 다음, 전화로 관심분야의 의향을 타진한 후 방문하는 것이 가장 좋다.
② E-메일로 영업을 하는 것은 효과적이지 못하며 시장에 대한 확신이 있을 경우, 현지에 A/S가 가능한 사무소를 설치하고, 현지 영업 사원을 채용하여 시장을 개척하는 것이 좋다.
③ 현지 유통업체나 대리점을 통해 간접적으로 바이어를 발굴하는 방법도 효과적

- 기업 홈페이지와 전시회에서 명함을 주고받은 업체를 대상으로 한국의 화장품 제조업체나 공급업체를 원하는 바이어들을 맞춤 타깃으로 했다.
- 또한, 한국 화장품의 현지시장이 넓어질 것으로 보고 새로운 제품을 원하는 바이어 중에서 선택 유형에 맞게 선정된 바이어를 대상으로 잠재된 바이어들을 구축했으며,
- 이들과 함께 다양한 바이어들과의 접촉을 유도하여 제품 마케팅활동을 진행할 예정이다.

(2) 바이어 contact시 관심부분 요약

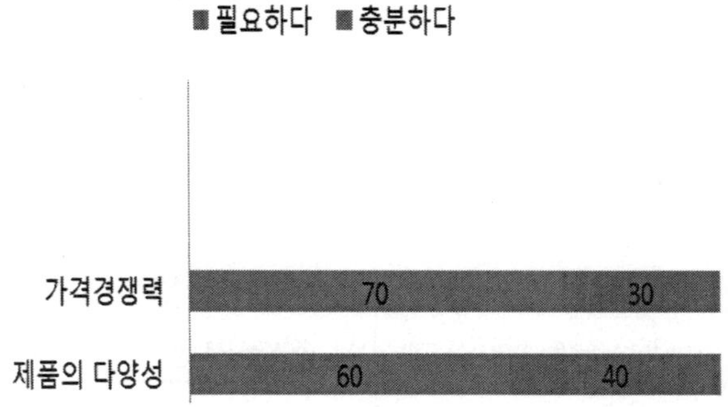

- 한국제품 가격경쟁력 중요시(가격경쟁 고려 수준 점차 높아져)
- 한국 제품의 신뢰도 높은 만큼 다양한 제품들을 원하는 바이어들이 증가

2) 관심·유효 바이어 리스트

회사명	홈페이지	취급품목명
Astrata(M) Sdn Bhd	www.beacon.net.my	화장품 유통
BAN SENG HUP KEE SDN BHD		제조품 유통, 화장품
Beauty Healthy & Lifestyle Marketing Sdn Bhd	www.bhl.com.my	화장품
C&N UNITED CORPORATION SDN BHD	WWW.CNUNITED.COM.MY	화장품 유통
Candid Image Sdn Bhd	www.candidimage.com.my	화장품
Consucare	www.livingproof.com.my	화장품 유통
Consucare Inc. Sdn Bhd	www.livingproof.com.my	화장품
Cosmic Nature Healthcare Sdn Bhd	www.cosmicnature.com	화장품, 의약품 유통
FINTEC Pte Ltd	www.fintec.com.my	화장품 유통
Glamour Prestige Sdn Bhd	www.belnatur.com	화장품
HONG KONG SASA (M) SND BHD	www.sasa.com	화장품
Luxor Beauty World Sdn Bhd	www.mmrmarine.weebly.com	화장품
MagicBoo Beauty Sdn Bhd	www.magicboo.net	화장품 및 미용기구

3) 잠재 바이어 리스트

회사명	홈페이지	취급품목명
Shins corporation sdn. bhd.	http://shins.my	화장품
Golden Corner sdn bhd	www.goldencorner.com.my	건강관리 제품
osmos cosmetic supplies	www.osmos.com.my	화장품
mui yong trading sdn bhd	www.muiyongjpw.com	미용 제품
passion trading sdn. bhd	www.passion.com.my	화장품
purecare health & beauty sdn bhd	www.simpleskincare.my	화장품 유통
JF Beauty Group sdn bhd	www.jfbeauty.com	화장품
Eternal Strong Sdn Bhd	johnnytan118.fm.alibaba.com	화장품, 의약품 유통
FINTEC Pte Ltd	www.fintec.com.my	화장품 유통
Propharm (m) sdn Bhd	www.eubosonline.com	화장품
dermal esthetica sdn bhd	www.estheticsgroup.com	화장품
Luxor Beauty World Sdn Bhd	www.mmrmarine.weebly.com	화장품
MagicBoo Beauty Sdn Bhd	www.magicboo.net	화장품 및 미용기구

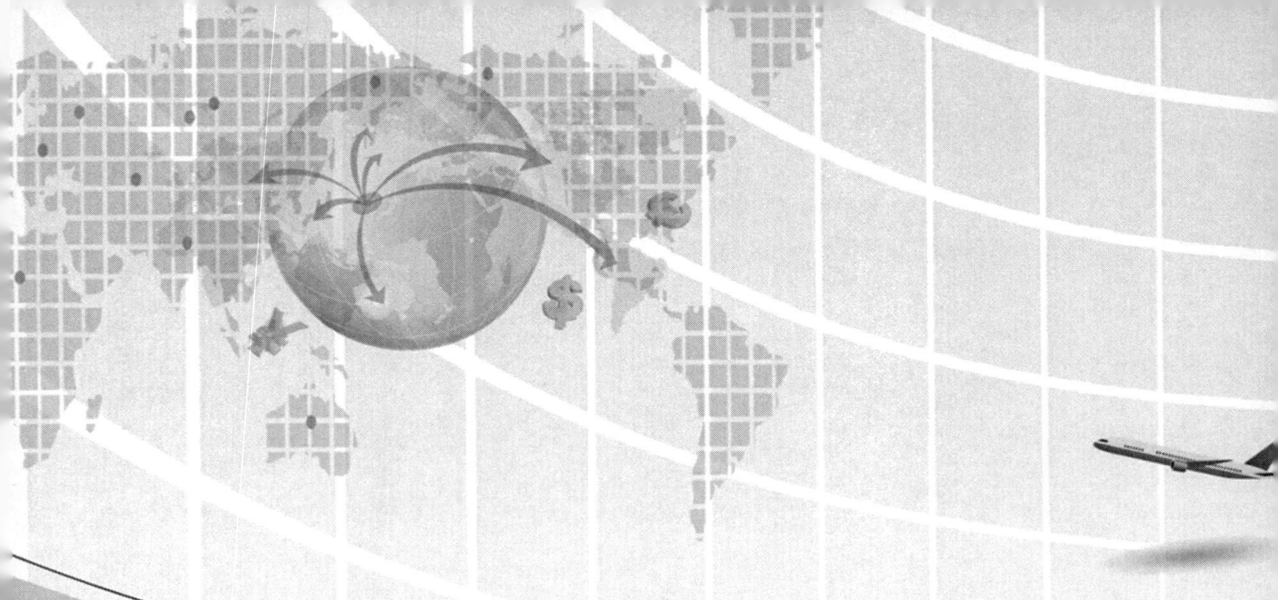

Chapter

04

세계화와 다국적 기업

제1절 기업의 국제화와 세계화

1. 국제화와 세계화의 의의

1) 국제화(Internationalization)란?

자국의 국민경제를 기본적인 경제단위로 기업이나 국가의 경제활동이 세계 여러 나라로 확대되어 가는 과정을 말하며, 한 나라가 국경을 초월한 경제활동의 지리적 확장과 국민경제의 기본단위인 국가를 바탕으로 정치, 경제, 문화, 환경, 사회적인 접촉 등으로 다른 여러 나라와 교류가 증대되는 현상을 의미한다.

2) 세계화(Globalization)와 글로벌 시장

세계화란 국제화를 넘어 세계경제가 하나로 통합된다는 의미이며, 글로벌 시장이란 경제적으로 국경의 의미가 약화되고, 국가단위로 구성되었던 시장이 전 세계 시장으로 통합되는 현상을 말한다. 세계화의 영향으로 인하여 전 세계가 하나의 거대국가라는 개념을 가지고 국경 없는 무한경쟁의 시대인 시장의 세계화가 실현되었다. 세계화를 통한 글로벌 시장이란 기업의 생산요소가 자국만이 아닌 전 세계를 대상으로 범위가 확대되고, 이러한 경제활동 위에 기능적 통합요소를 가미하여 국경에 따른 시장구분이 사라지고 시장이 단일화되는 현상을 의미한다.

따라서 글로벌 시장이란 세계시장의 형성을 통하여 통합된 단일 규범, 기업경영활동 보장 등 단일화 시장의 개념으로, 개방화된 시장과 동시 다발적인 시장을 말하며, 전 세계가 하나의 국가라는 개념 속에서 다국적기업들이 통합된 글로벌 시장으로 진출한다는 의미까지 포함한다.

2. 세계화(Globalization)의 현상

1) 세계화의 의미

한나라의 개념이 아니라 전 세계적인 국가개념으로 국경이 존재하지 않는다는 의미이다. 국가 간에 재화와 용역, 자본이 자유롭게 이동할 수 있다는 것으로, 교통 및 통신의 발달은 실시간으로 정보와 무역을 성행하게 했으며, 이로 인하여 세계 무역을 관장하는 관리기구로 세계무역기구(WTO)를 탄생시키는 계기가 되었다.

2) 세계화로 인한 변화와 현상

(1) 세계화로 인한 변화

의식주의 변화를 통해서도 세계화를 느낄 수 있다. 의복 변화로 한국 고유의 복장보다는 양복, 양장, 청바지, 티셔츠를 입고, 식생활에서도 주식인 쌀의 소비보다는 빵의 소비, 맥도날드, 피자, 일본 및 중국 등의 음식을 먹고 있으며, 아파트와 오피스텔에서 주거생활을 영위하는 등, 세계화는 무의식중 여러 가지로 생각체계와 생활방식에 까지도 영향을 미치고 있다.

(2) 세계화(Globalization)에 의한 주요현상

① 국제간 소비제품의 표준화(소비의 글로벌화)로 made in보다는 made by 라는 사실이 더 중요하게 되었다. 즉, 제품의 브랜드력(力)이 국가 브랜

〈표 4-1〉 세계화의 주요현상

구 분	세계화의 현상
경제적 관점	① 정보통신, 교통, 기술의 발전 ② 글로벌 시장경제 체제로의 전환 ③ 무역거래 자유화 및 세계무역기구(WTO) 태동
경영적 관점	① 다국적 기업의 활성화 ② 글로벌 기업들의 시장에서의 경쟁우위 추구 ③ 무역거래에서의 수입규제에 대한 대응 ④ 해외직접투자(FDI)의 활성화
국가적 관점	① 국가 및 다국적 기업 간의 관계변화 ② 지역경제의 블록화와 세계경제와의 협력관계 강화 ③ 세계경제의 변동에 따른 국가 기능변화

드력(力)보다 더 크게 작용한다는 의미이다.

② 국내시장보다는 해외매출액의 비중이 더 커짐으로서 해외시장에 대한 이미지를 강화할 필요성이 대두되었다(LG 전자, 삼성전자, NC 소프트 등의 해외 매출비중은 국내매출을 초과함).

③ 글로벌화의 정도는 시간이 갈수록 심화되어 개방된 경제시스템 아래 보편적인 질서로 받아들이고 대응하는 능력이 중요해졌다.

3) 세계화의 문제점

세계화는 전 세계가 하나의 국가라는 개념으로 글로벌 무역을 통하여 국경이 없는 무한 경쟁의 시대로 시장의 세계화가 실현되었으며, 이로 인하여 전 세계의 모든 시장을 대상으로 수요의 동질화를 이끌어내는 계기가 되었다.

그러나 이러한 세계화는 개발도상국을 비롯한 후진국의 발전을 저해하고 있다. 글로벌 시장의 무한 경쟁체제로 인하여 해외시장에 진출한 다국적 기업들은 경쟁우위 확보를 위해 무역거래 시 시장개방을 위한 동반체제 강화를 요구하고 있고, 최근에는 정치적인 문제로 영국과 미국 등 선진국을 중심으로 한 자국 보호무역주의의 강화로 기존의 경제통합 탈퇴와 지역경제통합의 재협상 등으로 세계무역질서의 변화와 이로 인한 국가 간의 갈등이 심화되고 있다.

또한 종족간의 분쟁, 전쟁으로 인한 난민 문제, 종교 갈등과 같은 문제는 세계화가 해결해야 할 과제로 남아있다.

3. 세계화(Globalization) 확대의 동기

세계화의 확대는 다국적 기업을 근원으로 시대의 흐름이 되고 있다. 이러한 흐름을 구체적으로 살펴보면,

1) 소비의 글로벌화

소비자의 기호는 평균화되어 소비되는 물품의 국적이 다양화 되고 그 구분은 모호해진다. 이에 따라 청바지는 Levis, 스포츠용품은 Nike(나이키) 등으로 인식되고, 식/음료의 경우에도 코카콜라, 맥도날드 햄버거 등은 다른 나라 음식이라기보다는 글로벌화 된 음식으로 인식되어 우리의 생활 속으로 깊숙이 자리 잡고 있다.

코카콜라, 나이키(Nike), 인텔, BMW, 벤츠(Benz), SONY, Google 등 글로벌 차원에서의 광고 콘셉트(Concept)는 세계 어디를 가더라도 보편화되어있어 소비의 글로벌화를 보여주는 좋은 사례이다.

2) 글로벌 스탠더드(Global Standard)의 보편화

글로벌 스탠더드란 지역이나 국가를 초월한 범세계적인 약속이나 규범으로 정의되며, 대표적으로는 국제회계기준(IFRS)을 들 수 있다. 우리나라는 2011년도부터 상장법인에 대해 한글로 번역한 한국채택국제회계기준(K-IFRS)을 의무적으로 적용하고 있다.

3) 지역 경제통합의 진전과 변화

특정지역을 대상으로 하여 이루어지는 지역 경제통합이 대세로, 대표적인 내용이 바로 자유무역협정(FTA)이다. 역내 무역장벽 해소를 통한 자유무역질서를 확대하기 위한 것이지만 세계화의 또 다른 측면에서의 모습이다. 그러나 최근의 상황은 유럽연합(EU)의 영국 탈퇴, 미국의 북미 자유무역지대(NAFTA) 재협상 시사 등으로 지역 경제통합의 균열이 일어나고 있는 상황으로 이는 자국 산업을 보호하고자하는 보호무역주의가 새로이 대두되는 등 세계무역질서가 변화하는 가운데 향후 국제사회는 자국 우선의 이기주의로 인해 큰 변화를 예고하고 있다.

4) 정보화의 혁명적인 기여

글로벌 시장의 접근은 정보화를 통한 비용 절감으로, 전 세계시장 통합을 관리하는 것이 가능해졌으며, 물류 이동에 따른 비용은 있지만 통신수단의 발달로 인한 정보화는 기업의 활동영역을 자연스럽게 확장시키고 있는 실정이다. 그러나 이러한 정보화는 장점만 있는 것은 아니다.

글로벌화된 기업의 경우 사업운영상의 노하우가 글로벌 정보망을 통하여 전 세계로 노출되어 모방되고 있는 것은 문제점으로 지적된다.

4. 글로벌 시장 진출의 장점과 단점

세계화의 영향으로 전 세계의 모든 시장은 하나의 글로벌 시장 개념으로 자리 잡게 되었으며, 정부와 기업들은 글로벌 시장의 무한경쟁 속에서 기업의 생존과 성장을 위해 최선의 노력을 다하고 있다.

이를 위해 글로벌 시장에서의 해외시장조사는 보다 정확하고 빠른 정보가 요구되고 있으며, 시장조사 후에도 이를 시장에 적응하고 대응하는 방법도 국내시장에서의 마케팅전략과는 전혀 다른 방안을 모색하는 전략을 추구하고 있다. 따라서 글로벌 시장의 진출과 시장에서의 정착을 위해서는 시장진출에 따른 현황 분석과 장단점을 파악해보는 것은 반드시 필요할 것이다.

1) 글로벌 시장 진출의 장점

글로벌 시장으로의 장점은 시장의 확대와 함께 규모의 경제[3]에 입각한 생산량의 확대로 매출액 증대는 물론 기업규모의 성장을 가져오는 계기가 된다.

또한 세계화를 통한 시장의 개방과 확대를 통해 선진국과 신흥국, 최빈국을 비롯한 다양한 국가의 시장을 대상으로 공격적인 낮은 가격으로 소비자의 취향을 자사제품에 맞추는 표준화와 통합화를 가져온다는 것이다.

개도국이나 신흥국 기업들의 선진국 시장으로의 진출은 시장진출에 따른 기술협력관계를 협의해볼 수 있으며, 이들 협의를 통해 상당한 기술을 습득할 수 있다.

---

3) 제품 생산에 있어 대규모 생산을 할 경우, 생산요소 투입량의 증대(대규모 생산)에 따른 생산비 절약과 소비를 통해 수익향상의 이윤을 추구하는 것이다.

2) 글로벌 시장 진출의 단점

세계화로 인한 시장경쟁은 서구 유럽 및 미국 등 선진 국가들의 차별화된 상품들만을 전 세계에 확산시키는 결과를 가져왔고, 기술 및 상품 개발이 취약한 신흥국 및 개발도상 국가들은 개방화된 시장경쟁에 더욱 어려운 상황에 직면하게 되는 결과를 가져왔다.

〈표 4-2〉 세계화를 통한 글로벌 시장의 장점과 단점

구 분	선진국시장	신흥국 및 개도국 시장	최빈국 시장
장 점	안정적 시장	시장공략 용이 시장이 크다	고수익 가능
단 점	경쟁이 치열	경쟁이 비교적 치열	시장이 작다
표적시장	대중시장 중산층 대상 시장	중산층 이상 시장	엘리트 시장, 밀수

제2절 다국적 기업과 해외시장 진출

1. 다국적 기업의 개념과 동기

1) 다국적 기업(Multinational Corporation)의 개념

다국적기업이란 기업이 국제화를 넘어 다국적 주의[4]에 의해 세계화로 옮겨가는 과정에서 출현한 기업으로 국가의 국경을 넘어 생산과 마케팅을 확대

4) 제2차 세계대전이후 세계경제의 조류는 각국 경제 간의 밀착으로 인하여 기업의 국제화를 이루었고, 미국을 비롯한 선진국들의 기업규모가 거대해 짐에 따라 외국의 시장에서 이윤을 추구하려는 기업들이 국경을 초월하여 교류하는 과정에서 생긴 용어이다.

하고 있는 외국에 자회사를 지닌 기업(MNC)을 말하며, 다국적기업의 구성은 학자들의 주장에 따라 기준이 여러 가지로 정의되고 있지만, 일반적 기준으로 해외자회사의 수, 진출하고 있는 국가, 모기업 주식소유의 국제적 분산, 중역을 포함한 인적 구성의 국적 분포, 기업 활동 중에서 해외생산이나 해외매출액이 차지하는 비중 등으로 정의된다.

버논(R. Vernon)은 다국적 기업을 "포춘(Fortune) 잡지가 선정한 500대 회사에 연 2회 이상 등재되어 있는 기업으로서 6개국 이상이 국가에서 생산 및 판매활동을 영위하고 있는 기업"이라고 평가기준을 제시하고 있다.

버만(J. Behrman)은 다국적 기업이란 "국경을 넘어 여러 국가에 퍼져 다양한 기업 활동을 하고 있으면서도 기업 전체의 목표에 따라 일률적으로 통제 · 운영되고 있는 단일기업군(單一企業群)"이라고 정의하여 구조적 특징을 강조하고 있다.

다국적 기업은 위와 같이 다양한 정의가 있지만, 요약하여 개념을 정리해 보면, 다국적기업이란 "여러 국가에 계열회사를 가지고 다양한 기업 활동을 영위하며 본사가 설정한 다국적 기업 체계의 전체적인 기업목표(corporate system-wide objective)에 의해서 일률적으로 통제 · 관리되는 기업군"이라고 정의할 수 있다.

여기에서 다국적기업의 목표는 기업에서 추구하는 이윤의 극대화, 기업의 성장, 직원의 후생복지, 사회 · 문화적 기여 등 다국적 기업 전체의 이익을 극대화 하는 것이 목표이다.

2) 다국적기업으로의 진출 동기

(1) 다국적 기업으로의 진출동기와 성장요인

① 기업의 다국적화 동기

기업의 다국적화 동기는 여러 가지가 있지만,

첫째로는 국내 경기의 사이클 변동에 따른 위험 및 불확실성으로부터 벗어나고자 하는 것이다. 다른 국가에 영업기반을 가지고 있음으로써 국내경기의 영향을 덜 받기 위해서이며, 국제적 다각화의 한 형태이다.

두 번째로는 급속도로 성장하고 있는 세계재화 및 용역시장에 편승하기 위한 것으로 세계화의 일부라고 볼 수 있다. 이러한 다국적 기업에 의해 유사한 재화 및 서비스는 대규모로 생산되고 유통속도도 빨라지고 있다.

세 번째는 외국 기업으로부터 경쟁에 대처하고, 세계시장에서의 점유율 방어를 위한 것으로 경쟁기업의 본국에 영업기반을 구축하고자 함이다. 이는 경쟁기업의 영업기반을 무너뜨리는 효과와 다른 기업들이 다국적 기업을 공격하는 경우 유사한 보복을 당할 것이라는 경고의 효과도 있다.

네 번째는 원가절감을 하고자 하는데 있다. 현지 시장에 영업기반을 구축함으로써 다국적 기업은 수송비를 절감할 수 있고, 중간상의 이윤배제로 비용 절감에 따른 가격 조정, 고객에게 빠르고 정확한 대응을 할 수 있는 등 '통제의 내부화 과정'을 통한 이점이 있다.

다섯 번째는 해외시장을 내부에서 공략하기 위하여 현지공장을 설립함과 동시에 관세장벽을 극복하는데 있다.

여섯 번째는 기업이 가지고 있는 기술적 우위를 라이선싱 등에 의해 다른 기업이 생산하도록 허용하지 않고 직접 제조함으로써 유리한 점이 있기 때문이다. 이는 다국적 기업들이 국제경쟁력을 지키는데 효율적일 수 있다.

② 다국적기업의 해외진출 요인

여러 가지 사유로 다국적 화 된 기업들은 해외시장에 진출하게 된다. 다국적기업의 해외 시장으로의 진출 동기는 자사제품의 시장을 세계시장으로의 확대, 자본이동의 자유화, 급속한 기술 및 연구개발, 기술이전, 기업 내의 생산능력 확대에 따른 소비시장 필요성에 의해 해외시장으로 진출하게 된다.

해외진출 요인 중 외적인 요인은 다국적 주의의 팽배, 경제협력의 강화, 각국의 외환 무역 정책, 법적, 사회적 제약을 들 수 있다.

내적 요인은 시장 확보 및 제품 순환 등의 마케팅 요인, 유리한 산업입지, 자원 확보, 생산요소 저렴 등 생산적 요인, 특혜관세 등의 재정적 요인, 최고경영층의 다국적 기업화 의지, 기술 이전, 이윤 확보 등의 전반적 경영상의 요인 등을 들 수 있다.

③ 다국적기업의 성장 단계

기업들이 국제화 과정에서의 결정요인[5]은 제품, 시장의 특성, 시장진출의 순서와 시기(Timing) 등의 네 가지의 변수가 있으며, 이들의 국제화 과정은

---

5) 데이비드슨(W. Davidson)

수출에서 해외직접투자로의 점진적 이행단계로 발전하고 있다. 특히 외국시장에 현지 판매 법인을 가지고 있는 기업들은 현지 시장에 진출하기 위한 해외직접투자를 이행하고자 하는 경향이 강한 기업들이다.

다국적기업들의 성장 단계는 처음에는 대리인(Agent)을 통한 단순수출을 하면서 시장을 점검하고, 직접수출의 단계를 거쳐 현지 판매회사를 설립하고, 최종적으로 현지 생산 공장을 설립하는 과정을 밟아간다.

이러한 다국적기업들의 성장 단계별 과정을 요약해보면,

첫째, 기업의 국제화는 갑자기 이루어지는 것은 아니고 점진적인 발전과정을 거쳐 추진된다는 점이다.

둘째, 기업의 국제화 추진은 마케팅 기능의 내부화 등 시장 내부화의 경험이 중요한 역할을 한다는 것이다. 이는 국내외 시장의 기업경쟁력을 말하며, 기업의 국제화 추진에 중요한 결정요인이다.

셋째, 기업의 내부요인으로서 최고경영자의 성장의지가 중요한 역할을 한다. 이는 최종적인 결정권한을 가진 최고경영자가 기업의 국제화 추진에 얼마나 관심과 의지를 가지고 사업수행을 하느냐의 문제이다.

(2) 다국적 기업의 경제적 효과

다국적 기업의 경제적인 효과는 개발도상국들의 유휴자원 및 노동과 결합, 경제개발 촉진과 고용증대를 통해 경제개발 및 고용효과를 누릴 수 있으며, 기술수준의 향상과 수입대체를 통해 국산화와 국제수지 개선 효과, 기술이전과 전파로 서로 간 국제기술을 획득할 수 있으며, 자원의 세계적인 최적 배분으로 국제경제의 효율성을 제고하며, 다국적 기업이 개발도상국으로의 진출은 정(+)의 효과를 가져올 수 있으나, 국내시장이 잠식될 우려도 있어 유의해야 한다.

(3) 다국적 기업(MNC)과 해외투자

MNC[6)]들의 글로벌 시장 대상 사업을 위해 해외직접투자를 통한 다국적 기업 운영으로 규모의 경제 효과를 극대화하며, 자국 내 부족한 자원을 확보하는 이점이 있다. 그러나 법, 제도, 문화가 다른 나라에서의 사업영위로 인한 비용 부담이 증가된다는 것이 단점이다.

---

6) 다국적 기업(多國籍企業 : multinational corporations; multinational enterprises)

자본과 노동력의 이동이 자유로운 글로벌 시대의 진정한 경쟁력은 전 세계 시장에서의 지식, 기술적 Know-how, 지식 기반 네트워크로 해외시장으로의 진출은 거스를 수 없는 대세이다.

한국기업들 역시 해외시장에서 MNC와의 경쟁이 날로 치열해지고 있으며, 다양한 국가에서 주요 MNC로 활동하고 있다.

2. 다국적 기업의 역사적 배경과 해외진출 형태

1) 다국적 기업의 역사

현재와 같은 다국적 기업의 형태를 보인 것은 19세기 중엽 미국에서부터 나타나기 시작하였다. 다국적 기업의 해외진출 형태는 수출, 현지 판매법인의 설치, 해외 생산 공장의 설치, 상품 제조기술이나 노하우를 외국기업에 판매하는 라이센싱 등으로 나누어 볼 수 있다. 미국기업은 이러한 네 가지의 진출형태를 가지고 해외진출에 사용하였으며, 당시 미국기업의 진출대상국은 유럽과 캐나다였다. 이후 본격적인 다국적기업의 역사는 1960년대 제2차 세계대전 이후 경제성장을 바탕으로 한 일본과 유럽의 다국적기업들이 생겨났고, 1970년대 들어 개도국의 다국적 기업들이 등장하기 시작하였다.

2) 다국적 기업의 초기 진출형태

다국적 기업의 초기에 해외로 진출한 미국 기업들은 경쟁우위요소인 기술, 지식, 경영노하우를 보유하고, 해외시장에서 구매력을 가지고 있는 영국과 선진 유럽대륙을 진출대상으로 삼았다. 특히 진출대상국이 같은 언어를 사용하는 문화권이라는 점과 유럽 국가라는 요소는 해외진출 대상지역을 선정하는데 있어 큰 비중을 차지했을 것으로 보인다.

다국적기업의 초기 해외진출 형태는 다음과 같은 단계를 거쳐 발전해 왔다.

첫 번째 단계는 국내 또는 해외 중개인을 통한 해외수출이다. 이는 자신이 직접 고객을 접촉하는 것이 아니라 국내 또는 진출대상국가의 무역회사에 자사제품을 판매하는 형태이다.

두 번째 단계는 무역회사를 설립 또는 인수를 통해 수출을 하거나, 기업을 대표하는 중개인을 지정하여 지역 독점수입권을 주고 판매를 하게 하는 형태이다.

세 번째 단계는 판매자회사나 연락사무소를 두고 직접 진출대상국을 관리하는 형태이다.

네 번째 단계는 해외시장의 수요를 충족시키기 위해 제조공장을 설립하여 현지에 진출하는 것이다.

여기에서 보면 세 번째와 네 번째 단계의 형태가 진정한 다국적기업의 해외진출 단계라고 볼 수 있다.

3) 다국적기업의 주요사업 형태

기업의 국제사업 활동의 형태는 상품의 수출입 활동, 서비스의 수출입 활동, 투자 등의 형태로 나누어진다.

① 상품의 수출입 활동은 수행하는 방법에 따라 간접수출, 직접수출, 해외법인을 통한 수출 등으로 구분할 수 있다. 어떤 방법으로 수출입을 할 것인가는 기업의 규모, 조직력, 자본규모 등에 의해 결정할 문제이다.

〈표 4-3〉 기업의 국제화 과정(로빈슨(R. D. Rebinson)

단계	명칭	해외사업내용	해외사업의 비교	소유	기업경영 관리의 주체
1	국내기업	상품수출 및 기술제휴	국내산업의 일환	본사국	본사국 모기업
2	국제기업	상품수출 및 현지생산판매	상호의존성과 독립성이 공존	본사국	본사국 모기업
3	다국적기업	상품수출 및 현지생산판매	국내 · 외 동등화	다수국	본사국 모기업
4	초국적기업	상품수출 및 현지생산판매	국내 · 외 일체화	다수국	다수국
5	초국가기업	상품수출 및 현지생산판매	국내 · 외 일체화	국제기구	국제기구

② 서비스 수출입 활동은 무형재화에 의한 수출입 활동이며, 여행, 관광, 운송 등 서비스 자체를 수출입 하는 것과 은행, 보험 등과 같이 고객을 대신해서 용역 서비스를 수출입하는 방법, 서비스와 관련된 지적재산을 판매하는 방법 등으로 구분한다.

③ 자본을 가지고 국제사업 활동을 수행하는 투자활동에는 국제증권시장에서의 포트폴리오 투자, 해외 생산시설에 직접 투자하는 형태로 구분된다.

3. 다국적 기업의 해외시장 진출동기

다국적기업이 해외시장에 진출하고자 하는 가장 큰 이유는 기업의 이윤을 추구하고 계속적인 성장을 위해 경영의 위험을 극복하기 위해서이다. 국내의 내수시장을 벗어나 해외시장에 진출하고자 하는 것도 새로운 시장 확대와 제품 가치 증대를 통한 매출액 증대와 이익을 증가시키기 위함이다.

이 같은 다국적 기업의 해외시장 진출 동기를 구체적으로 살펴보면, 무역활동 지원과 해외직접투자를 위한 동기로 나누어 설명할 수 있다.

1) 무역활동 지원동기

(1) **이익증대** : 국내시장에서 판매하는 것보다 해외에서 판매하는 것이 유리하다.

(2) **원가절감** : 해외시장 진출로 생산량을 증대시키게 되면 규모의 경제 시현으로 원가(Cost) 절감이 가능하다.

(3) **유휴시설 활용** : 특수한 생산시설의 경우, 수출을 통해 유휴설비를 활용할 수 있다.

(4) **위험분산** : 다수시장으로의 판매확대에 특정시장의 수요변동 및 경기 등락으로 인한 Risk를 극소화할 수 있다. 만일 대상기업이 국내시장에서만 매출액을 영위한 상태에서 여러 가지 환경요인으로 국내경기가 어려움에 처할 경우에는 다른 대처방법이 없다. 그러나 해외진출을 수행한 다국적 기업들은 국내 경기변동에 대한 대응방안을 생산규모 조정 등 다양한 방법으로 대처할 수 있다.

(5) **수입기회** : 제품 생산에 사용될 원자재, 부품, 완제품 등을 저렴하고 안정적으로 수입·구매할 수 있다.

2) 해외직접투자 동기

(1) 시장유지 및 개척동기

기존시장의 유지 및 새로운 시장 개척을 위해 해외진출 대상국의 현지시장을 겨냥하여 생산 공장을 설립하는 해외직접투자를 하는 경우이다.

국내시장에서의 제품판매에 따른 매출액 답보상태와 인건비에 대한 생산비용의 증대 등 어려움을 겪으면서 이를 탈피하기 위한 방법으로 해외진출을 하게 된다.

그러나 새로운 시장의 잠재력을 성장 발판으로 삼아 사업성과를 성취하기 위해서는 내수시장에서 경험해보지 못한 불확실성과 위험요인을 극복해야 한다.

문화와 인프라 차이, 환율과 경제적 환경의 차이로 인해 많은 어려움을 겪게 되고, 이러한 해외 현지의 어려움을 극복하고 성공하기 위해서는 현지기업이 보유하고 있지 않은 차별화된 경쟁우위를 확보하고 있어야 한다.

(2) 생산효율 동기

생산요소 가격이 상대적으로 저렴한 지역으로 생산시설 이전 등 해외직접투자를 하는 경우이다.

해외진출 기업들이 많은 어려움과 위험요소가 상존하고 있는 해외진출을 하는 이유는 높은 위험부담도 있지만 해외진출을 통해서 얻는 이점이 크기 때문이다. 해외진출 기업들은 글로벌 가치사슬[7]의 세계적인 배치를 통해 원가우위와 차별화 우위 등 기업경쟁력에 유리한 방향으로 이끌어 갈 수 있다.

(3) 자원개발 및 지시습득의 동기

자원개발은 원자재가 풍부하고 저렴한 지역의 자원을 개발·이용하기 위한 해외직접투자의 경우이며, 지식습득은 고도의 첨단기술이나 경영기법을 습득하기 용이한 지역에 해외직접 투자하는 경우이다.

---

7) 가치사슬이란 기업이 제품 또는 서비스를 생산하기 위해 원재료, 노동력, 자본 등의 자원을 결합하는 과정이다. 가치사슬 분석은 최종 제품이나 서비스에 부가되는 가치(value)의 관점에서 각각의 활동을 분석하는 것이다.

현재 다국적 기업들은 유형의 하드웨어보다 무형의 소프트웨어에 의한 기업경쟁력 강화에 힘쓰고 있다. 예전에는 부존자원이 많은 사우디아라비아와 같은 유형의 나라가 강대국이었지만, 지금은 지식을 통해 부가가치를 창출하는 일본이나 스웨덴 같은 국가나 기업이 성공하는 지식경영사회로 변화하고 있다.

국내외 다국적 기업들이 해외시장 진출을 후진국에서 선진국으로 확대하는 이유는 국내 시장과는 다른 새로운 지식을 습득하고자 하는 목적이 크기 때문이다. 첨단 기술의 상징인 실리콘 밸리로 전자산업, IT 산업들이 진출하는 것이 대표적인 예이다.

(4) 기타의 경우

① **정치적 안정 동기** : 정치적 위험으로부터 회피하기 위하여 정치적으로 안정되어 있는 지역에 해외직접투자를 하는 경우,

② **선도기업 동기** : 과점적 시장경쟁 구조하에서 한 기업이 해외직접투자를 행하면 다른 과점적 기업도 뒤따라 하는 경우,

③ **고객 동기** : 부품업체가 완제품 생산업체의 필요한 부분을 채워주기 위해서 동반진출을 하거나 서비스업 분야에서 필요한 서비스를 제공하기 위해 서비스부문의 해외직접투자를 이행하는 경우 등이다.

제3절 다국적 기업의 유형과 특징

1. 다국적 기업의 유형[8)]

1) 해외직접투자 형태로 본 유형

(1) 해외 생산거점 형 투자기업

현지국가의 풍부하고 값싼 노동력을 이용하기 위한 투자유형이다. 동남아나 카리브해 연안국에 투자하는 일본과 한국, 미국기업의 투자에서 많이 볼 수 있다. 이들에 대한 투자는 섬유, 의류, 봉제, 신발, 가전제품 등 노동집약산업에 주로 투자되고 규모도 중소기업 형으로 소규모인 경우가 많다. 인건비 등 생산요소의 상승으로 국내에서 채산성을 확보할 수 없어 요소가격이 싼 제3국으로 생산거점을 옮기는 것이다.

(2) 현지 시장형 투자기업

해외에서 제품을 생산하여 현지시장에 판매하고자 할 때 해외직접투자를 하는 형태이다. 이는 주로 기술집약적 산업에서 이루어지며, 다국적 기업은 월등한 기술력을 바탕으로 현지기업에 대해 독점적 우위를 확보하여 현지국의 산업구조를 독점화한다. 고용, 기술이전, 국제수지, 경제주권, 산업조직 등의 측면에서 현지국에 가장 부정적인 영향을 미친다.

(3) 무역장벽 회피형 투자기업

다국적기업이 수출하고자 하는 해외시장의 무역장벽을 피하기 위해 제3국에 투자하는 것이다. 예를 들면, 미국의 무역장벽을 회피하기 위해 멕시코나 캐나다에 투자하는 경우, EU 역내 보호주의를 피하기 위해 구 동구권 국가나 남부 유럽에 투자하는 유형이다.

---

8) 신황호, 『다국적기업과 해외투자』, pp.51~76(인용, 참조)

이는 먼저, 특혜관세제도를 받고 있는 나라에 진출함으로써 현지의 값싼 노동력과 관세 혜택도 누리기 위해서이다. 둘째, 수입국이 수출국에 대해 쿼터제 적용을 할 경우, 제3국에 진출하여 현지국의 쿼터를 이용하기 위해서이다. 셋째, 지역적 경제통합이 가져오는 역내 보호무역주의에 대한 대응방안으로 역내 생산거점을 마련하기 위해서이다.

이러한 무역장벽 회피형 투자는 피투자국의 보호무역주의가 다국적기업의 투자행위를 왜곡하는 역시장(逆市場) 기능적 투자로 현지생산을 통해 생산효율을 증가시킬 수 없는데도 현지시장에 접근하여 기존 수출시장을 잃지 않기 위해 해외 직접투자를 하는 것이다.

그러나 최근에는 미국, 영국을 비롯한 선진국시장들이 정치적인 변화로 자국 보호무역주의 형태로 가고 있어 다국적 기업들은 무역장벽 회피형 투자가 아닌 투자 대상 시장의 현지 접근형 직접투자형태로 바뀔 전망이다.

(4) 선진기술 습득형 투자기업

선진국에 해외자회사를 설립하여 앞선 기술이나 경영상의 노하우 등을 배우기 위해 투자하는 형태이다. 일본, 유럽, 미국 실리콘 밸리 등에 투자하는 것이며, 이는 기술보호 장벽이 높아짐에 따라 선진기술을 습득하는 좋은 방법의 투자로 80년대 이후 급속도로 늘고 있다. WTO나 우루과이 라운드의 내국민대우 원칙에 의해 미국 등 선진국에서는 외국인 투자기업에 대해서도 현지기업과 동일하게 연구개발 지원혜택을 주고 있어, 한국과 같은 중진국이 선진기술의 습득을 위해 활용하는 투자형태이다.

〈표 4-4〉 투자동기별로 본 다국적기업의 유형

구 분	해외생산거점형	현지시장접근형	무역장벽회피형	선진기술습득형
투자분야	노동집약산업	기술집약산업	기술 및 노동집약산업	기술집약산업
투자규모	중소기업형 투자	대기업형 투자		대기업형 투자
지분참여	소수지분	다수지분	다수지분	
자회사 생산품 판매처	투자국 역수입 제3국 수출	현지국 시장	제3국 수출	현지국 또는 투자국 시장

2) 통합 형태로 본 유형

(1) 수직적 해외직접투자

모기업과 자회사에 수직적 통합(Vertical Integration)이 이루어진 경우이다. 요소부존이 다른 여러 나라에 분산시켜 생산효율성을 추구하기 위한 것으로 비교우위를 지닌 국가에 생산 공정을 분담시키는 것이다. 해외직접투자를 해서 해외자회사가 생산 공정을 맡도록 하는 이유는 기술유출을 방지하고 중간재 거래를 내부화시키면서 이로부터 얻어지는 규모의 경제를 통한 이익을 얻기 위해서이다.

(2) 수평적 해외직접투자

모기업과 자회사간에 수평적 통합(Horizontal Integration)을 이루어 여러 개의 해외 공장을 가지고 제품생산을 하는 경우이다. 현지 공장에서 모기업에서 생산하고 있는 것과 똑 같은 제품을 생산하는 것으로 현지시장 접근형태의 투자와 유사하다고 볼 수 있다.

수평적 투자를 하는 이유로는 제품차별화를 통한 현지 수요에의 신속한 대응과 운송비 절감, 현지국 정부의 무역장벽 설치에 따른 리스크 회피 등의 사유로 설명할 수 있다.

3) 해외자회사의 독립성에 따른 분류

(1) 독립형 자회사(autonomous subsidiary)

자회사 스스로 의사결정을 하는 이사회를 가지고 독자적 계획에 의해 자금조달과 생산 활동을 하는 형태이다. 이들은 대체적으로 모기업이 포트폴리오 투자로 자회사에 투자한 경우로 자회사의 주식거래로 얻어지는 이익에 관심이 있다.

(2) 독립채산형 자회사(profit-center subsidiary)

다국적 기업이 권한분산 형태의 의사결정 체제를 선호하는 경우이다. 모기업은 자회사의 기본 경영방향에만 간섭하고 그들이 허락한 범위 내에서는 전적으로 자회사의 자율 재량에 맡겨 경영한다.

독립채산형 자회사의 가장 큰 특징은 모기업이 중간재 등의 기업 내 거래를 강요하지 않는다는 점이다.

(3) 결합형 자회사(Integrated subsidiary)

모기업이 권한집중 형 내지 본사지향 형 의사결정 체제를 선호할 경우, 자회사의 기능은 일상적인 관리업무에 한정된다. 다국적 기업은 해외생산거점 체제를 구축하고 모기업과 자회사간, 자회사와 자회사간 관계가 거미줄 같이 연결되어 있어 자회사는 자신에게 주어진 기능만을 본부의 지시에 따라 수동적으로 수행하면 된다. 따라서 다른 자회사나 모기업과 자본, 기술, 중간재 등의 기업 내 거래가 활발히 이루어진다. 다국적기업의 계층 형 조직에서 단순 생산거점으로서의 형태이다.

2. 다국적 기업의 특징

다국적 기업은 세계 여러 나라에서 생산 및 판매 활동을 하는 기업으로 국내기업이나 해외상품만을 취급하는 수출기업과는 많은 차이가 있다. 이들 다국적 기업들은 자동차, 화학, 컴퓨터, 가전, 금융, 산업장비, 석유, 철강 등 다양한 산업에 진출해 있으며, 세계경제에 지대한 영향력을 가지고 있다.

다국적 기업의 특징을 파악하기 위해서는 이들이 활동하고 있는 환경을 살펴보는 것으로, 본국과 현지 국 환경, 세계 공통적 환경으로 구분할 수 있다.

다국적 기업은 개별 자회사의 이익보다 기업 전체의 이윤을 최대화 하는데 목적이 있으며, 세 부담 경감, 자회사간의 경쟁을 피하기 위해 글로벌 시장의 지역적 분할을 실시(시장의 영역 설정)하고, 기술적 우위에 따른 제품 차별화로 현지 국내시장을 제압(시장 확대)하고, 환위험을 분산하기 위해 각국의 환율변동 및 전망을 최대한 활용한다.

이들 다국적 기업에 대한 일반적 특징을 살펴보면, 경제력과 기술력의 우위, 범세계적인 가치사슬, 피라미드형 계층화 조직, 집중화, 내부화, 무국적성 또는 초국적성, 이동성, 귀속의 이중성 등으로 구분할 수 있다.

1) 경제력 규모

다국적 기업의 가장 큰 특징은 그들이 가진 경제력의 규모이다. 2013년 기준 세계 500대 기업 중 1위의 매출규모는 네덜란드의 로열 더치 쉘(Royal

Dutch Shell)로서 4,845억 달러이며, 2위는 미국의 엑슨 모빌(Exxon Mobil)로 4,529억 달러, 3위는 미국의 월마트(Wal-Mart Stores)로 4,469억 달러이다. 한국의 삼성전자는 20위로 1,489억 달러수준이며, 국내총생산(GDP)이 1조 3,043억 달러와 비교해 보면 다국적 기업들의 경제력 규모가 대단하다는 것을 알 수 있다.

2) 우월한 기술력

기술력이 산업에 미치는 영향과 국제경쟁력을 결정하는 기술주도형 국제분업 시대에는 현지기업과의 경쟁에서 독점적 우위를 점하는 중요한 부분이다. 이는 다국적 기업이 현지에 진출할 때 현지 소비자의 선호도, 상 관행 제도, 환리스크, 정치 사회적 리스크 분담에 대한 '외국비용'을 보전해주는 중요한 역할을 하며, 또한 해외 직접투자로 기술이 낙후된 현지국의 기술력 향상과 함께 산업화에 기여한다.

3) 범세계적 가치사슬(global value-chain)의 활용

스위스의 글로벌 식품회사인 네슬레(Nestle)같은 다국적 기업은 전 세계 197개국에 500여개가 넘는 자회사와 약 34만 명의 직원이 근무하고 있으며, 매출액의 규모는 2016년 현재 101조 원에 달하며, 매출의 대부분을 해외에서 올리고 있다. 독일의 지멘스, 일본의 캐논, 혼다, SONY 등과 네덜란드의 필립스 등도 세계 수십 개 나라에 해외생산거점체제를 구축하고 매출액의 반 이상을 해외에서 달성하고 있다.[9] 이들은 현지기업과 달리 범세계적 가치사슬을 형성하고 생산비가 저렴한 곳에서 생산하고, 값싸게 차입하는 곳에서 자본을 조달하며, 세금을 적게 내는 곳으로 소득을 이전시키며, 환차익을 기대할 수 있는 곳으로 자금을 이동시켜 이윤을 극대화한다.

4) 계층화 조직

전 세계를 대상으로 기업 활동을 하는 다국적 기업은 세계 여러 지역을 계층화시킨 내부조직을 가지고 있으며, 국경을 초월한 재화, 기술, 자본, 정보, 인력의 이동, 경영의사 결정, 그리고 이러한 의사 전달과 집행이 다국적 기업 내부

---

9) 참고자료(다국적 기업의 현황) 참조.

의 조직에 의해 기업의 전략적 목표를 달성하도록 연결되어 있다는 것이다.

이들 조직은 대체적으로 모기업이나 본사가 위치하는 전략본부와 중간관리자와 교육훈련, 단순생산거점의 업무조정, 전략본부의 정보조달과 같은 기능을 담당하는 지역본부, 해외생산거점, 부품공급기지 또는 현지시장 접근기지와 같은 역할을 담당하는 단순생산거점 기지가 있다.

다국적 기업의 이 같은 조직체계는 기업 내부의 분업구조, 현지국의 산업특화, 국제 분업 체제에 까지 많은 영향을 미칠 뿐만 아니라 행태적 특징인 집중화와 내부화에도 중요한 요소로 작용하게 된다.

5) 집중화(centralization)와 내부화(internalization)

집중화란 다국적 기업의 경영이나 행태에 중요한 영향을 미치는 전략적 기능이 본사의 전략본부에 집중되어 있는 것을 말한다. 이에는 의사결정의 집중화와 신제품이나 신기술을 개발하는 R&D(연구개발)의 집중화가 있다.

내부화란 다국적 기업자체의 기술과 노하우를 통한 제품 차별화의 우위를 공고히 하기 위해 재화와 기술의 기업 내 거래를 선호하는 경향을 말한다. 내부거래를 선호하는 이유는 그들이 가지고 있는 독점 기술의 외부유출을 방지하고 규모의 경제를 구현하기 위한 것이다.

6) 무국적성

무국적성이란 다국적 기업이 소유하는 자본의 국적과 만들어 내는 상품의 국적을 구별하기가 힘들다는 것을 뜻한다. 여기에는 기업의 재무활동을 통한 주식투자의 국제화와 전략적 제휴에 의한 소유의 무국적화, 다국적 기업이 생산하는 상품의 국적을 판별하기가 힘들어 지는 상품의 무국적화가 있다.

상품의 무국적화는 'Made in USA'로 찍혀있는 GE의 전자제품도 속을 들여다보면 중간재의 대부분은 동남아나 멕시코에서 하청 생산되어 미국에서는 조립만 하는 제품이 많은 것과 같은 맥락이다.

7) 이동성(mobility)과 귀속의 이중성

(1) 이동성

이동성은 "생산요소의 이동성"과 "해외생산거점의 이동성"으로 분류할 수 있다.

생산요소의 이동성이란, 다국적 기업의 특성인 계층식 조직체계를 이용하여 자본, 기술, 중간재 등을 국경의 구분 없이 자유롭게 이동을 한다는 것이다.

해외생산거점의 이동성이란, 비교우위에 있는 최적의 생산거점을 찾아 일정시점에서 가장 싸게 제품을 생산할 수 있는 곳으로 이동할 수 있다는 것을 말한다.

(2) 귀속의 이중성

귀속의 이중성은 현지 자회사가 가진 특성으로, 현지 국에서 경영활동을 하므로 현지 국에서는 '영토적 귀속성'을 가지지만, 경영통제를 하는 모기업에 대해선 '통제적 귀속성'을 가진다.

현지국 정부는 자기의 주권 하에 있는 영토에서 경영활동을 하는 모든 기업들은 현지국가의 통제에서 벗어나지 않기를 바란다. 이와 달리 모기업의 입장에서는 해외자회사가 자신들의 분신이므로 범세계적 이윤극대화를 추구하는 모기업의 가치사슬에 따르기를 원하다.

현지에 있는 다국적 기업의 자회사는 현지국과 모기업의 통제 사이에서 최대한의 합의점을 이끌어 내어 자신들의 이해가 침범하지 않도록 하지만, 현지국과 다국적 기업사이의 추구하는 가치사슬이 다르기 때문에 양자사이의 마찰은 필연적으로 발생할 수밖에 없다.

(주요)다국적기업의 현황

▶ IBM(미국)

☞ 한국IBM 개요

설립 : 1967년 4월 25일

자본금 : 1,135억원

사업규모 : 2016년 기준 매출액 8,290억원 (연결재무제표)

1) 고객의 비즈니스 성장지원

한국IBM은 1967년 4월 국내 최초의 컴퓨터 IBM 1401을 경제기획원 통계국에 설치하면서 글로벌 기업 IBM이 100% 출자해 설립되어 국내 IT산업의 성장을 견인해가고 있습니다.

현재 IBM Korea직원들과 4개 합작회사, 260여 개 경영동반자사와 협력하며 고객의 비즈니스 성장을 지원하고 있습니다.

2) 고객을 위한 비즈니스 가치 창조

한국IBM은 국내에서 현지화에 가장 성공한 글로벌 기업이라는 평판과 더불어 가장 입사하고 싶은 기업으로 손꼽히고 있습니다.

IBM의 글로벌 기업문화의 장점을 접목한 한국IBM은 역동적이고 창조적인 인재들이 모여 고객을 위한 비즈니스 가치를 창조하며, 관련 산업과 사회의 발전에 기여하는 동반자로서 존경 받는 기업시민으로 성장하고 있습니다.

3) End-to-end 서비스 제공

한국IBM은 하드웨어, 소프트웨어, 서비스, 컨설팅, 파이낸싱 업무에 이르기까지 End-to-end 서비스를 제공하는 정보기술 서비스 기업입니다.

4) 고객을 위한 비즈니스 가치 창조

한국IBM은 똑똑한 세상(Smarter Planet)을 만들자는 혁신 아젠다를 전개, 세상이 움직이는 방식을 바꾸어 나가고 낭비와 비효율적인 요소를 제거하여, 보다 똑똑한 해결책을 제시함으로써 IBM 만의 차별화된 가치를 제공하고자 합니다.

자료출처 : 홈페이지

▶ Philips(네덜란드)

1891년 제라드 필립스와 프레드릭 필립스가 설립한 네덜란드의 전자 제품 브랜드로, 헬스 케어 제품, 생활 가전 제품, 조명 기기 등을 생산・제조함

PHILIPS

설립자의 이름을 딴 필립스는 산세리프(San-serif)체가 적용되었으며, 1938년에 소개된 이후 1968년 지금 형태로 리뉴얼되었다.

카테고리	전 자
브랜드명	필립스
브랜드 국적	네덜란드
설립자	제라드 필립스
설립연도	1891년
주요인물	프란스 하우튼(현 CEO)

자료출처 : 세계브랜드 백과사전

▶ IKEA(네덜란드)

산업 분야	가구 제조업
창립	1943년
창립자	잉바르 캄프라드
국가	스웨덴
본사	스톡홀롬
핵심 인물	피터 아그네 산 (CEO)
제품	침대, 책상, 의자 등
자본금	€ 31.608억 (2014년)
매출액	€ 29.293억 (2014년)
순이익	€ 3.329억 (2014년)
모기업	Stichting INGKA Foundation
종업원	147,000명 (2014년)

☞ 이케아(IKEA)는 스웨덴의 가구 제조 기업이다. 이케아는 좋은 디자인과 저렴한 가격, 그리고 무엇보다 소비자가 손수 조립할 수 있는 DIY 제품 판매로 유명해졌다. 이케아는 1943년 잉바르 캄프라드가 스웨덴에서 만들었으며 현재는 네덜란드에 등록된 재단이 운영하고 있다. 'IKEA'라는 이름은 설립자 이름 잉바르 캄프라드(Ingvar Kamprad), 그가 자란 도시(Elmtaryd), 그리고 고향(Agunnaryd)의 약자를 모아 만든 것이다.

자료출처 : 위키백과

▶네슬레(Nestlé)(스위스)

☞ 앙리 네슬레가 1867년에 설립한 스위스의 식료품 브랜드로, 밀크 파우더를 기반으로 유아식, 유제품, 아이스크림, 초콜릿 및 당류, 가공식품 등을 제조·판매함

(네슬레 브랜드) 로고설립자의 이름에서 유래된 네슬레는 발음이 유사한 '네스트(Nest, 작은 새 둥지)'를 형상화한 심볼을 로고에 적용해 어머니의 온화함과 모성애를 나타내고 있다.

카테고리	식품/식음료
브랜드명	네슬레
브랜드 국적	스위스
설립자	앙리 네슬레
설립연도	1867년
주요인물	피터 브라벡-레트마테(CEO, 1997년~2005년) 폴 불케(현 CEO)

자료 : 세계 브랜드 백과사전

▶에릭슨(Ericsson Inc.)(스웨덴)

스웨덴의 통신 장비 제조사

사업 종류	통신
취급 품목	휴대전화
국적	스웨덴
설립자	라르스 마그누스 에릭슨
설립 시기	1876년 4월

에릭슨은 세계적인 이동통신장비 업체로 일렉트로룩스, 사브, 스카니아, ABB 등과 더불어 스웨덴 최대 그룹인 발렌베리 그룹의 계열사이다

▶ 엘렉트로룩스(Electrolux)(스웨덴) : 스웨덴에 본사를 둔 세계적인 가전업체

사업 종류	전자제품 제조
취급 품목	가전제품
국적	스웨덴
설립 시기	1919년

1919년 설립되었다. 2010년 기준으로 미국의 월풀(Whirlpool)에 이어 세계 2위의 가전업체이다. 다양한 브랜드로 진공청소기, 냉장고, 세탁기, 토스터, 커피 메이커 등의 가전제품을 생산하고 있다. 2010년 매출이 147억 달러를 넘었다.

▶ABB (Asea Brown Boveri)(스위스)

스위스에 본사를 둔 세계적인 다국적기업으로 주력산업은 전력, 자동화기술, 로봇공학이다.

사업 종류	전기
취급 품목	발전설비, 산업자동화
국적	스위스
설립 시기	1988년

ABB 혹은 ABB그룹은 스위스 취리히에 본사를 둔 세계적인 다국적기업이다. 미국의 제너럴일렉트릭, 독일의 지멘스와 함께 세계 3대 엔지니어링 회사로 꼽힌다. 주력산업 부문은 전력, 자동화기술, 로봇공학이다. 전 세계 100여 개국에서 15만 명의 직원이 일한다. 2008년 말 미국 경제주간지 〈비즈니스위크〉가 선정한 '세계 최고의 40개 기업'에 포함되었다. 스톡홀름, 취리히, 뉴욕, 런던, 프랑크푸르트 증권거래소 상장기업이다.

▶노키아(Nokia) (핀란드) : 핀란드에 본사를 둔 네트워크 설비 및 통신장치 제조업체

사업 종류	전자 · 전기기기
취급 품목	네트워크 설비, 통신장치
설립자	프레드릭 이데스탐
설립 시기	1865년

노키아는 핀란드 에스푸에 본사를 둔 다국적 기업으로 네트워크 설비 및 통신장치를 제조한다. 120개국에서 9만여 명의 직원이 일하고 있다. 자회사로 노키아네트웍스(NokiaNetworks), 노키아테크놀로지스(NokiaTechnologies), HERE가 있다. 헬싱키, 프랑크푸르트, 뉴욕, 런던 주식시장에 주식을 상장했다.

자료출처 : 네이버 지식백과

▣ Global 500대 기업 분석

- 국가별 10위내 기업 숫자

Rank	Country	Companies
1	USA	134
2	China	103
3	Japan	52
4	France	29
5	Germany	28
6	United Kingdom	26
7	South Korea	15
8	Switzerland	15
9	Netherlands	12
10	Canada	11

자료: 2016년 포춘지

▣ 글로벌 500대 기업 내 우리나라의 기업체 명(15개)

연번	업 체 명	연번	업 체 명
1	삼성전자	9	SK Holdings
2	현대자동차	10	현대모비스
3	한전	11	롯데쇼핑
4	포스코	12	LG 디스플레이
5	LG전자	13	GS 칼텍스
6	기아자동차	14	삼성생명
7	현대중공업	15	한국가스
8	한화		

자료: 2016년 포춘지

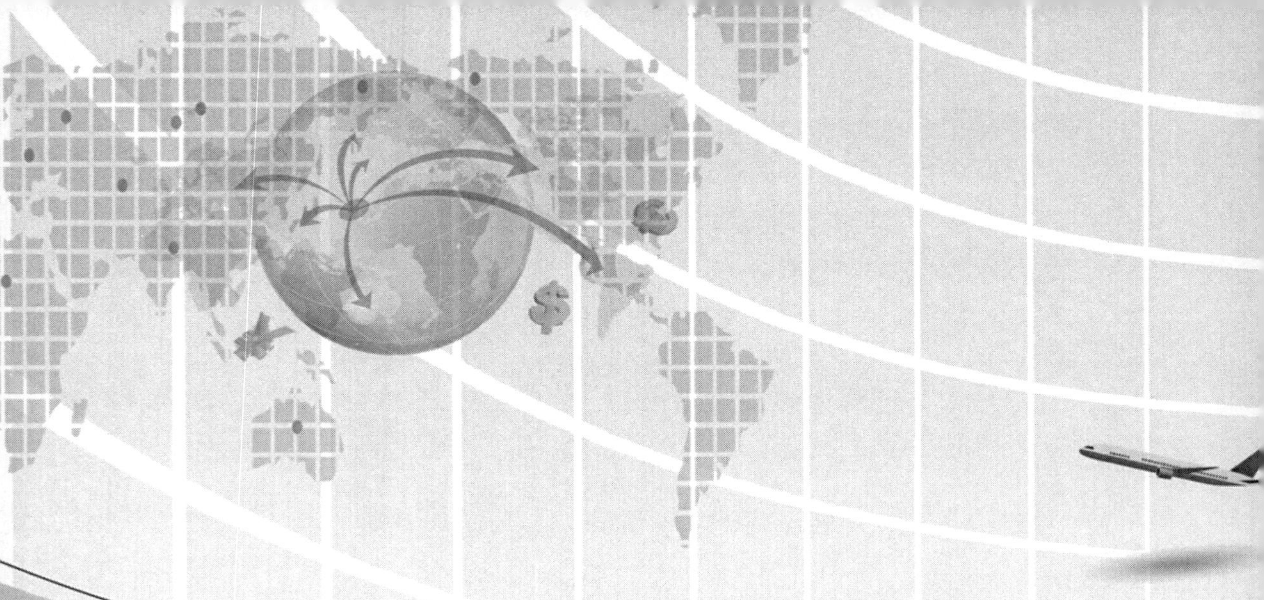

Chapter 05

해외시장 진출전략

제1절 해외시장 진출 결정과 대상시장 선택

해외시장 진출결정과 대상 시장 선택의 일반적인 단계는 기업이 처해있는 여러 가지 상황을 분석하면서 사업구조를 조정하고 국내시장에서의 경쟁구도보다는 해외시장으로의 확대 전략을 수립할 필요성이 있을 때 해외시장 진출대상지역을 선정하고, 진출방식을 선택하는 일련의 과정을 의미한다.

1. 해외시장 진출에 대한 결정

해외시장 진출에 관한 의사결정 문제의 핵심은 해외시장에 진출할 것인지를 결정하는 것이다. 이에 관한 문제는 새로운 시장 진출에 대한 단순한 확대 전략인지, 혹은 새로운 사업 분야에 대한 진출인지 등의 확실한 방향을 결정하는 것이 중요하며, 해외시장 진출에 대한 기업의 정확한 목적과 동기가 결정되어야 한다는 것이다.

그러나 국내 중소기업의 경우 그러한 해외진출 목적과 동기에 상관없이 대기업의 해외진출에 편승하여 따라가는 경우가 많아 그러한 경우는 대기업과의 관계를 포함해 해외진출 리스크에 대한 경영진의 정확한 판단이 요구된다.

또한 기업은 속성상 끊임없이 확장을 시도하며, 이는 기업의 성장과 맞물려 자연스러운 현상으로 해외시장 진출은 기업 확장의 한축으로 거스를 수 없는 대세이다. 여기에는 최고경영자의 의지와 국내시장의 성장에 대한 한계, 국내시장의 과도한 경쟁과 법적 규제 및 새로운 판매시장 개척과 생산기지 설립 등 사업 확장을 위한 여러 가지 방편의 하나로 해외시장으로의 진출을 선택하는 것은 불가피한 현상이라고 할 수 있다.

기업을 경영하는 경영자의 입장에서는 위와 같은 국내의 여러 가지 사항에 대한 해결책으로 해외시장 진출을 선택하는 목적과 동기가 될 수 있다. 이러한 기업의 해외진출에 대한 목적과 동기를 살펴보면,

1) 해외시장의 확보

좁은 내수시장을 극복하고 시장 잠재력이 있는 해외시장 확보를 위한 목적으로 해외진출을 하는 것으로, 해외진출 기업이 현지에서의 "외국인 비용"[10]을 지급하고도 경쟁에서 이길 수 있는 차별화와 경쟁우위 요소를 가지고 진출하여야 할 것이다.

2) 가치사슬의 효율화

해외시장 진출은 시장 확보를 위한 경영전략상 목적도 있지만, 정치, 경제, 사회, 문화적 차이에 의한 리스크도 있는 것 또한 사실이다. 그러나 이러한 리스크 부담보다는 얻는 이익부분이 크기 때문에 해외진출을 시도하는 것이며, 기업의 경영활동 중에는 생산이나 마케팅 등 하나의 영역만 있는 것이 아닌 여러 가지 영역들이 사슬고리처럼 엮여있고 이들이 서로 유기적으로 결합되고 통합되어 기업이익을 창출하는 것이다. 기업들은 이러한 가치사슬을 해외진출을 통하여 전 세계적으로 배치와 조정을 하며, 원가 우위와 차별화 우위 등 기업경쟁력을 강화할 수 있다.

3) 자원과 지식추구 목적

현재의 기업경쟁력은 유형의 Hardware 보다는 무형의 Software에 의해 창출되고 있는 것이 사실이다. 지식을 통해 새로운 부가가치를 창출할 수 있다는 것은 부존자원이 부족한 일본이나 스웨덴 같은 나라들을 봐서 알 수 있듯이, 우리의 다국적기업들도 국내시장에서 접할 수 없는 새로운 지식을 해외현지 시장에서 습득할 수 있기 때문에 해외진출을 결정하는 중요한 목적이 될 수 있다.

4) 위험 분산 목적

기업들은 시장의 불확실성 속에 경영을 해야 하는 치열한 경쟁 환경 속에 있기 때문에 리스크에 대한 부담이 상존하고 있으며, 이러한 리스크 부담을 분산하기 위한 하나의 방편으로도 해외진출을 선택하게 된다. 즉, 위험도는

---

10) 해외에 진출한 외국기업이 현지기업에 비해 낯선 환경에 직면하여 불가피하게 지불해야 하는 총체적인 비용 혹은 불이익을 총칭하는 것을 말한다.

낮고, 수익성이 높은 지역으로 대상지역을 선정하여 해외진출을 함으로써 경영위험을 분산하는 것이다.

2. 해외시장 대상 선택

1) 해외시장 대상 선택의 개념

해외시장 대상 선택이란 기업에서의 인적, 물적 자원인 기술과 자본에 의해 만들어진 기존 사업아이템과 제품 등을 가지고 새로운 시장에 참여하면서, 어떠한 형태로 어느 시장에 참여하는가에 대한 의사를 결정하는 것을 말한다.

2) 해외시장 대상 선택의 분석 요인

해외시장 진출에 대한 가능성 검토가 완료되고 나면 해외진출 시장을 선택하는 의사결정으로 어떤 시장으로 어떻게 진출해야 하는지에 대한 진출시장 대상 선택에 관련한 문제로 넘어가게 된다. 해당 기업의 제품이 시장에 이미 진출해 있는 분야라면 모르겠지만 새로운 분야에서 처음으로 진출하게 된다면 기업 입장에서는 해외시장 개척의 성패가 달려있는 매우 중요한 문제가 된다.

해외시장 대상 선택은 전 세계 모든 국가를 대상으로 검토하고 분석하는 것은 현실적으로 어렵기 때문에 기업과 관련 있는 대상 선정기준을 가지고 판단해야 한다. 예를 들면 잠재적인 시장 성장 가능성, 경쟁업체와 시장에서의 경쟁력, 원재료 및 각종 부품의 조달 문제, 시장 규제 등의 기준 등을 가지고 중요도를 따져 복수의 국가를 선정하고, 이들 국가를 대상으로 세부적인 심층조사와 분석을 수행 평가하여 대상 국가를 선택하는 것이 일반적인 방법이다.

해외진출 대상 시장의 선정에는 위험(risk)과 기회(opportunity)라는 두 가지 형태의 속성이 상충되어 있으며, 위험이란 정치, 경제, 사회, 문화적 환경 등이 존재하는 이질성과 불안정성을 의미하며, 기회란 현재와 미래의 잠재적인 수요에 대한 시장 확보를 말한다.

기업이 고려하는 시장선택은 이들 두 가지 요소들 외에도 여러 가지 종합적인 사항을 고려하여 관련 당사국의 국가 시장 매력도를 평가하는 등의 해당 순위를 가지고 대상 시장 진출을 수행하게 될 것이다.

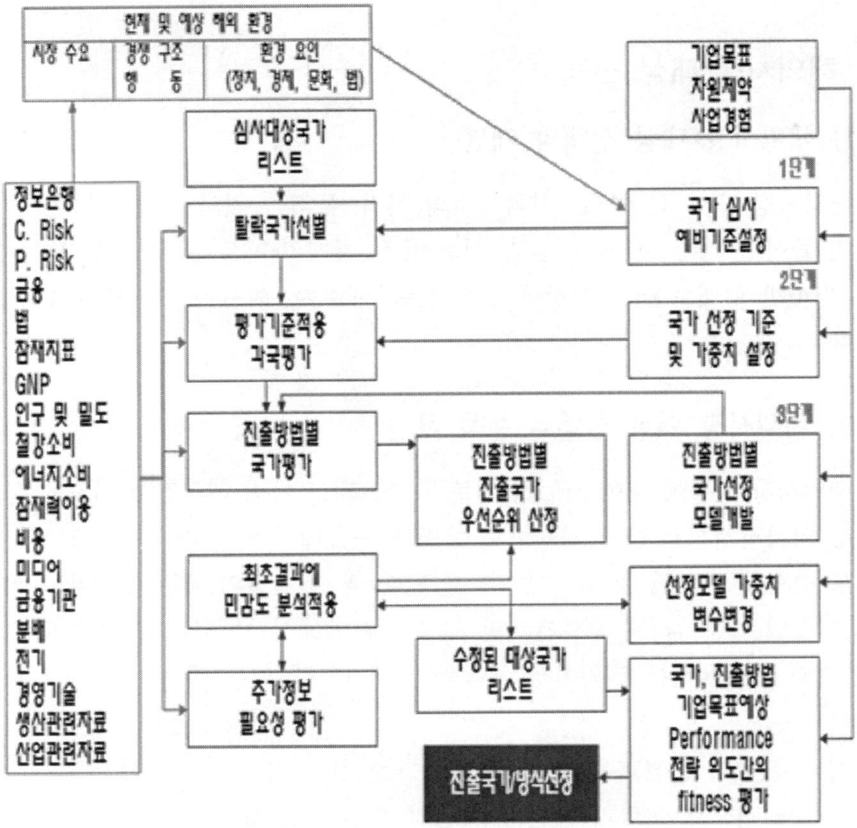

자료원 : Douglas, P. S. and C. S. Craig, Global Marketing Research, Prentice Hall, 1983.

〈그림 5-1〉 해외진출 대상시장과 진입방식 선택 분석단계(참고자료)

제2절 해외시장 대상지역 선정과 결정방법

1. 해외시장 대상 지역선정

해외진출 대상 지역을 선정한다는 것은 적절한 평가기준을 가지고 기업에게 가장 좋은 시장 기회를 제공해 줄 것으로 기대되는 국가(시장지역)를 결정하는 것이다. 특히 기업은 자신들이 가진 역량을 최대한 발휘할 수 있는 지역시장에서의 제품과 생산지역을 선택할 것이며, 다양한 방법을 총동원하여 가장 적절하게 생산 및 판매를 할 수 있는 시장을 선정하려고 할 것이다.

해외시장 진출을 하고자 하는 기업은 자사 제품이나 서비스가 해당 국가에서 얼마만큼 적응하고 매출액을 달성할 수 있는지를 검토하고, 이들 매출액이 단기적이냐 장기적이냐의 관점에서 판매 가능성을 가지고 해외시장의 진출 목표를 선정하고자 할 것이다.

해당 기업이 해외시장 지역으로 진출할 것을 의사 결정하였다면 진출대상이 되는 표적시장은 기업의 경영자원과 진출동기, 해당 제품의 경쟁력 상황, 제품의 판매전략 등이 제반 여건과 부합되어야 하며, 특정산업과 특정기업에 매력적인 시장이라고 하여 관련 산업이 본 기업에도 매력적인 시장이라고 단언 할 수 없음을 명심해야 한다.

따라서 해외진출대상기업은 대상 시장을 선정하는 데 있어 정치, 경제, 사회, 문화적 환경, 지리적 조건 등 기업외적인 요인들에 대한 고려뿐만 아니라 기업의 경쟁역량 및 진출에 따른 전략계획 등을 확실히 유지하고 개선 및 확대할 수 있는 지역이 어디인지를 면밀히 검토한 후 신중한 결정이 이루어 져야 할 것이다.

또한 매력적인 시장이라고 하면, 무엇보다 자사제품 선호도가 높고, 환경적인 요소가 양호한 지역의 시장이라면 더욱 좋겠지만, 기업이 추구하고자 하는 매출액 증가 및 이윤 확보가 가장 필요한 요인이 될 것이다. 따라서 해외진출 대상 시장을 선정하는 것은 기업의 사활이 걸린 매우 중요한 일인 만큼 기회와 장점을 살리고 리스크와 단점을 커버하는 마케팅 관련 경영전략도 병행하여 선정하는데 참조하여야 한다.

대상시장을 선정하는 방법은 기본적인 대상국가의 정치, 경제, 사회, 문화 등에 대한 시장조사는 물론 지역시장에 대한 강점(Strength)과 약점(Weaknesses), 기회(Opportunity)와 위협(Threat)에 대한 내용을 철저히 분석한다. 또한 자사제품의 경쟁력 제고와 포지션이 어느 위치에 있는 가를 판단하기 위한 STP 전략을 수립하여, 시장세분화(Segmentation) 전략, 표적시장(Target)의 선점과 경쟁자 분석을 통한 차별화(Positioning) 전략과 4P MIX(마케팅 믹스)전략으로 해외진출 대상시장 결정을 위한 자료로 활용한다.

2. 해외진출 대상시장 결정 단계와 방법

1) 해외진출 대상시장 결정 단계

해외진출 대상시장 결정을 위한 과정은 별도의 단계를 거론하는 것 자체가 의미가 없다. 왜냐하면 진행하는 과정에서의 각종 변수가 작용하기 때문이다. 예를 들면 기업에서의 입장이 너무나 틀리고 제품마다의 특성이 존재하기 때문에 진행하는 단계마다 걸림돌에 의해 재검토 내지는 별도의 대응책 마련이 급선무인 경우가 많이 발생할 것으로 예측이 된다.

따라서 단계별 전략 수립계획을 세우기보다는 기업의 실정에 맞는 진출 대상지역을 선정할 수 있는 지침으로 활용 하는 것이 필요하다.

기업이 대상지역을 선택하는 요인들을 살펴보면, 자사제품의 판매 용이성, 현지국의 경쟁업체와의 경쟁 환경, 기술력의 차별화와 우위성, 시장의 잠재력 등을 고려하게 된다. 특히 기업의 입장에서는 시장 잠재력이 높은 시장을 선호하며, 해당국가에 대한 국민소득, 경제성장률 등의 자료를 수집하여 분석하게 될 것이다.

또한 기업의 입장에서 각종 리스크와 자사제품의 약점 등을 커버할 수 있는 방법과 시장조사자료에 의한 경쟁업체와의 경쟁우위 전략, 강점과 기회 등을 살릴 수 있는 방법을 실행하면서 진행을 하는 것이 훨씬 효율적인 과정이 될 것이다.

2) 해외진출 대상 시장 결정방법

해외진출 대상시장을 결정하기 위한 방법으로는 기업의 목표와 향후 원활한 거래유지를 위해 자사제품으로 해외진출을 하고자 하는 국가에 대한 SWOT 분석과 자사제품의 경쟁력을 판단하기 위한 진출제품의 SWOT 분석을 통한 방법이 있다. 또한 진출 단계별 체크리트에 의한 방법도 대상시장을 선택하는데 있어 비용과 시간을 절감할 수 있는 방법이다.

(1) SWOT 분석에 의한 대상국가 선정

해외시장 대상시장 선정을 위해서는 먼저 진출대상 국가를 선정하기 위한 평가기준과 방법을 결정하여야 한다. 이를 위해서는 잠재수요 가능성이 있는 시장인지 여부를 판단하는 효율적이고 정확한 평가기준을 선택하여 잘못된 선택이 되지 않도록 하여야 한다.

따라서 진출해야 할 시장과 그렇지 않은 시장을 구분하여 비교 · 평가를 수행할 일차적인 국가군을 파악하는 게 중요하다. 여기에서는 해외진출 수행 여부와 기업에서 이루고자 하는 중요한 목적이 무엇인지 등에 대해 일반적인 사항을 기준으로 진출시장을 결정하고자 하는 국가들을 선별하는 작업이 필요하다.

해외진출 대상을 결정하기 위한 판별 기준은,

① **진출대상 국가의 SWOT 분석에 의한 판별** : 기업이 자체적으로 해외진출을 하지 말아야 할 대상 국가를 선정하는 기준은 진출 국가별 SWOT를 작성, 분석하여 판단을 해보는 것이다. 해당 기업은 자신들도 마찬가지 형태로 SWOT를 작성하여 분석하여 보면 해당 기업제품으로 진출국가와의 관계나 경쟁관계를 파악할 수 있어 대상 지역 선정에 도움이 될 것이다.

또한 기업입장에서 이념이나 설립목적 등을 국가정책과 결부시켜 기업이 하고자 하는 해외진출 대상지역과 일치하는지를 보는 것도 도움이 된다. 이는 기업입장에서는 다분히 주관적인 사항으로, 경영자의 판단이 중요한 결정요인이 될 수 있다.

② **해외진출 제품의 강·약점(SWOT) 분석** : 해외진출 제품과 관련 있는 진출 대상지역의 기후조건이나 종교 등 사회 문화적 환경, 사회간접시설의 수준, 정치나 군사 등에 의한 변동 정도, 시장 잠재력 등을 파악한다. 진출 제품의 현재는 물론 향후에도 해당 기업이 제공하는 제품 구입이나 서비스의 수요가 지속적으로 존재할 수 있는 지를 판단해 보아야 한

다. 특히 직접 전시회나 박람회 등에 참여함으로써 해외진출제품에 대한 소비자들의 반응과 바이어 상담 등으로 인한 유통망 확보, 기술력의 차별화(우위) 등은 대상지역의 선정여부를 판단하는데 중요한 요인이다.

〈표 5-1〉 해외진출대상국가 SWOT 분석(인도)

Strengths (내부환경) 강점	- 거대 내수시장 및 국내 수요 확대에 의한 경제성장 - 저임금 숙련노동공급에 의한 Back Office역할 - 생산가능인구의 지속적인 증가 및 노동 공급확대 - 모디 정부의 개혁개방정책과 투자 확대 - 풍부한 IT 전문 인력과 IT 및 S/W 등의 서비스업의 건실한 성장	Opportunity (외부환경) 기회	- 중산층 증가에 따른 소비확대 - 소득증대, 조세개혁 등에 의한 재정완화 - 조세개혁에의한 투자환경개선 - 중국의 임금상승 대비 인도의 저임금, 대량 인력공급 등에 의한 제조업 성장 - 다양한 인프라 개발 및 확충, 외국인 투자유치 정책 추진 - 미국 및 서구 선진국과의 유대 관계 강화에 의한 대외 경제협력 강화
Weakness (내부환경) 약점	- 저소득 및 높은 빈곤수준 (중국 1/4수준의 1인당 소득) - 인구의 2/3가 농촌의존 및 비효율적 농업에 의한 농업부문 저소득 및 소비 - 만성적인 경상및 재정수지 적자, 인프라 개선 산업 재정지원한계, 높은 거시경제 불안정성 - 낙후된 인프라, 제도와 사회후생 - 낮은 경제성장 역량 및 높은 경제 불균형 - 실업해소 위한 서비스 중심 성장 전략 및 낙후된 제조업 기반 - 취약한 제조업 및 낮은 기술수준	Threat (외부환경) 위협	- 과도한 해외 석유의존도 및 경상수지 적자와 재정악화, 물가압력 - 수입제품의 높은 해외의존도 및 낮은 대외충격 대응 역량 - 중국의 가격경쟁력 강화와 경쟁약화 - 과도한 내수시장에서의 경쟁

* 자료출처 : Kotra 수출확대를 위한 국가별 경제협력방안 수립, 인도 (필자 최윤정 등)

〈표 5-2〉 해외진출 대상 제품의 SWOT 분석(태국 신발시장: 조리화)

Strength (내부환경) 강점	- 높은 미끄럼 방지 성능 - 미끄럼방지 강도조절가능 - 가벼운 무게 - 적극적인 해외 진출 전략	Opportunity (외부환경) 기회	- 태국 외식업의 증가 - 국내 경쟁사가 없음 - 많은 해외 에이전시 - 가격과 기술력 모두 중시
Weakness (내부환경) 약점	- 비싼 가격 - 국내에 한정된 인지도	Threat (외부환경) 위협	- 기술유출의 위험 - 높은 인건비 - 동남아 시장의 안전성에 대한 인식부족 - 태국 내 수입 규제 - 독자적 인증제로 인한 중복 시험

(2) 단계별 체크리스트에 의한 해외시장 진출 대상시장 선정

진출대상국가의 의사결정에 필요한 선정기준 목록인 기업의 대내외적 요인을 작성하여 진출대상국가 및 진출방식을 분석해 보는 방법을 말한다. 일반적으로 적용되는 해외진출 대상국가와 기업의 내・외부 환경요인 등에 대해 중요한 요인들을 선정기준으로 채택한다.

단계별 체크리스트 평가 방법은, 선정기준을 만족시키는 사항들을 긍정과 부정적인 측면으로 분류하고, 진출대상 지역과 조사방법들을 매칭시켜 가면서 선택하는 방법이다. 또 다른 방법은 대상지역 중에서 선정기준의 일정수준에 미달하는 대상지역은 탈락시켜가는 방법이 있다.

단계별 체크리스트의 장점은 비교적 단순하여 빠른 평가 수행으로 비용이 상대적으로 매우 저렴하다는 것이다. 단점으로는 진출대상 비교국가 수가 많거나, 체크리스트 항목 수가 많을 경우, 기준 선정 평가에 대한 객관성이 떨어질 위험성이 있다. 따라서 이 방법은 정밀한 비교・평가를 위해 진출대상국 수를 일정 수준 줄일 필요가 있을 때 사용하는 보조수단으로 사용하는 것이 좋다.

단계별 체크리스트 방법으로 대상지역을 선정할 때의 항목을 살펴보면,

첫 번째로는 “해외진출 대상 제품이 선별되어 제품・서비스가 존재 하는가”이다. 이것은 기업이 자사제품 중에서 혹은 연구개발을 통해 현지에 맞게끔 진출시킬만한 제품・서비스가 있는가를 판단하여야 한다. 또한 진출대상 제품・서비스가 시장진출지역에 기후나 종교, 사회, 문화적 배경, 인프라 조

건, 정치 · 군사적인 사유 및 시장잠재력으로 기업이 제공하는 제품 · 서비스에 대한 현지 수요가 존재할지의 여부를 판단해야 한다.

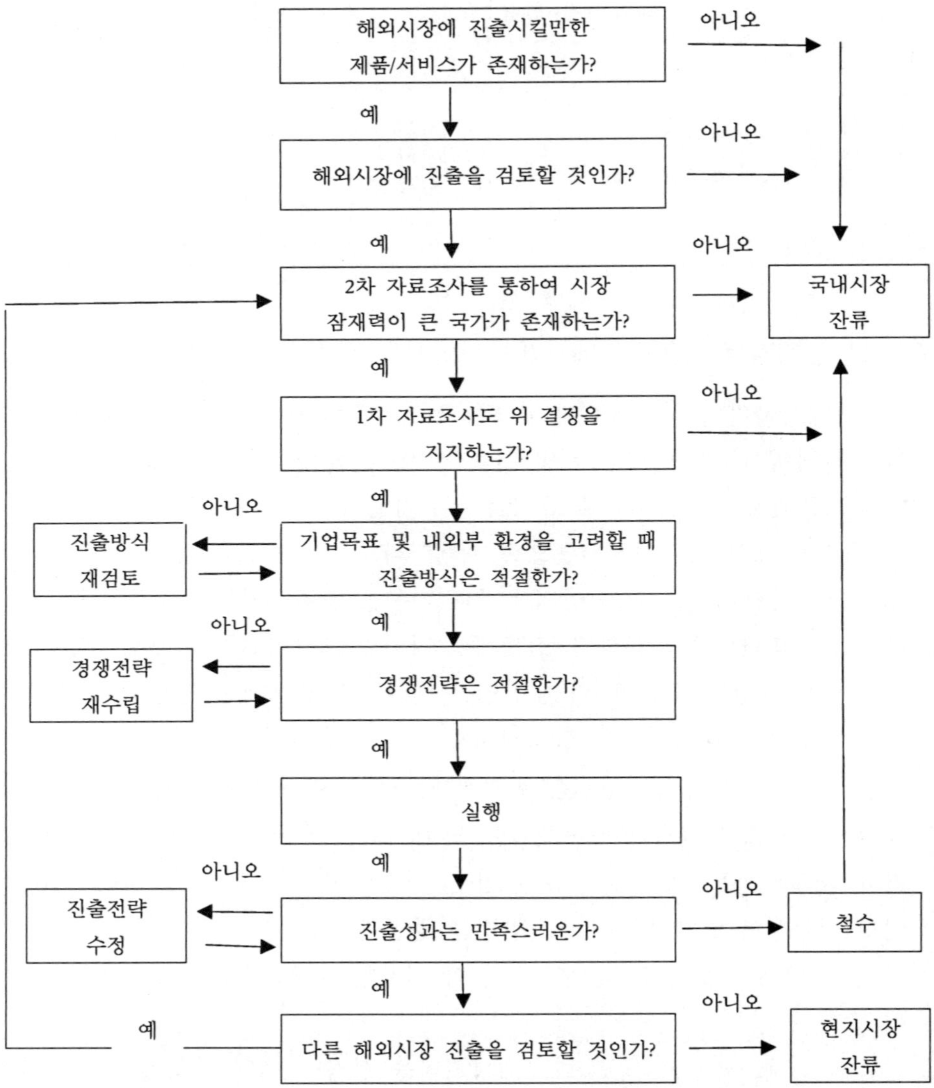

자료출처 : F. R. Roo(1994), Entry Strategies for international Markets: 전용욱, 김주헌, 윤동진, (2008), 국제경영(개정판) p.64에서 재인용하여 수정함.

〈그림 5-2〉 해외시장 진출 대상시장 및 전략의 수립 단계

두 번째로는 기업에서 선정된 해외진출대상 제품 · 서비스를 가지고 해외시장에 진출하기로 결정하였다면 자료조사를 하게 된다. 이번 단계에서는 "간접조사(2차)를 통하여 시장 잠재력이 큰 국가가 존재 하는가"이다. 시장의 규모나 소비자 선호도, 유통구조 등의 조사결과 수요 잠재력이 있는가를 판단하여야 한다.

세 번째로는 2차 자료조사결과에 대해 만족한다면 좀 더 세부적인 내용의 1차 자료조사를 하게 된다. 기업은 선택된 국가들을 대상으로 세부적인 기준과 평가방법을 이용하여 좀 더 세밀한 분석과 평가를 실시한다. 1차 조사에서는 2차 조사에서 해결하지 못한 문제에 대하여 기업의 목적과 시장진출에 필요한 내용을 선택하여 적절한 평가를 하게 된다. 1차 자료조사의 적절한 평가기준을 선택하는 것은 개별 기업에 달려 있으며, 일반적인 기준으로 1차 자료조사에 맞는 수집방법을 선택하면서 향후 진출방식과의 연결고리를 위해, 개별 기업 관련 제품의 특성이나 경쟁전략 및 목표, 시장진출 방식 등의 기준을 설정하여 평가하는 것이 좋다.

네 번째로는 해외시장의 진출방식을 결정하게 되는데, 이는 기업의 목표 및 내 · 외부 환경을 고려할 때 적절한 진출방식인가를 결정하게 된다. 이때에도 기업에서의 목표와 진출에 대한 우려가 있을 시에는 진출방식을 과감히 재검토하는 결정이 필요하다.

다섯 번째로는 "현지 경쟁업체와의 경쟁전략은 적절한가"이다. 이는 해외진출 대상 제품을 자사의 기술력을 바탕으로 차별화 전략을 수립하고, 경쟁우위를 통한 판매 증가를 도모할 수 있는 가를 판단하는 것이다. 이 또한 기업의 해외진출 목표인 매출액 증대, 점유율 확대를 통한 이윤증대 등의 전략을 수립해야 하며, 여의치 않다고 생각하면 새로운 경쟁전략을 수립해야할 것이다.

여섯 번째의 단계는 해외진출 대상 지역에 대한 결정을 하는 단계로 진출대상 시장에 대한 선정 보고와 해외진출에 따른 대응전략 수립을 통하여 해외진출을 실행할 수 있도록 한다.

(3) 최종평가와 실행단계

시장 진출 방식은 진출대상지역 선정 이후에 결정하는 것이 일반적이나 해당 기업이 해외진출 경험이나 지식, 보유자원의 질과 양 등 관련 여건에 따라 선택 가능한 방식이 제한되는 경우, 해외진출 대상 시장 선정에 중요한 기준으로 작용한다. 해외시장의 진출 방식에 수출방식 등 제한된 방식만을 선택해야 하는 경우와 계약방식 및 직접투자 등 모든 진출방식이 가능한 기업과는 해외시장 관련 국가를 선택하는 선정기준이 같을 수 없고, 중요도에서도 차이가 있을 수밖에 없기 때문이다.

SWOT 방식에 의한 해외 대상시장 선택 방법과 단계별 리스트에 의한 방법 등을 통해서 선정된 대상시장에 대해 최종 평가와 실행 단계에서는 해외시장 진출에 대한 기업의 전략적인 수립계획이 필요한 단계이다.

따라서 본 단계에서는 대상 국가별 진출에 따른 예상 매출액과 예상 수익이나 경제적 효과 등의 예측도 포함시켜 수행하여야 하며, 필요한 경우 대상시장의 정밀 조사와 함께 추가적인 분석 자료도 투입하게 된다. 최종평가와 대상 시장 선택은 시간과 비용이 가장 많이 소요되는 단계이다.

본 단계를 통하여 분석된 결과를 바탕으로 대상국의 우선순위가 결정되는데 여기에서의 우선순위는 최고 경영층의 마지막 의사결정에 중요한 자료로 사용된다. 그러나 단순히 우선순위가 높다고 해서 시장 진출 대상국으로 결정되는 것은 아니다. 왜냐하면 최고 경영층의 다른 동기로 인한 최종 의사결정이 적용될 가능성이 있기 때문이다.

이상 일련의 과정을 거쳐 해외진출 대상국가가 선정되면, 경영활동에서 중요한 의사결정과정이 보다 합리적이고 객관적인 과정을 거쳐 결정이 이루어졌다는 근거가 된다.

제3절 해외진출 대상 시장의 진출 전략

해외진출 대상 시장이 결정되고 나면, 해외시장의 진출에 따른 전략수립이 필요하다. 여기에는 기업이 목표로 하고 있는 제품의 매출 증대 전략이 매우 중요하며, 이를 위한 마케팅 전략으로 시장에서 제품 공급자 중심 전략인 STP 전략과 4P MIX 전략이 있다.

1. STP 전략

여러 소비자의 욕구를 충족하면서 경쟁력을 키울 수 있도록 시장 변화에 따라 변화한다는 개념의 전략이다. STP 전략에는 시장 세분화 전략, 표적시장의 선점 전략, 제품 포지셔닝(차별화) 전략 등이 있다.

1) 시장 세분화(Segmentation) 전략

같은 욕구를 가진 수요자(소비자) 집단들끼리 그룹을 나누어, 특성에 따라 세분화하고, 세분화 된 시장에 대한 상품 판매의 지향점을 명확히 하는 전략이다.

시장 세분화 전략은 표적시장에 대한 수요자(소비자)의 특성에 따라 세분화를 진행하는데, 예를 들면, 해외진출 대상지역 시장이 인도네시아[11]시장인 경우라면 지리적 세분화, 인구의 세분화, 심리적 세분화로 구분할 수 있다.

이러한 시장세분화로 인하여 기업이 시장에 진출하는데 좋은 점을 살펴보면,

먼저, 시장에서 자사제품의 판매를 할 수 있는 기회를 잡을 수 있다. 소비자들의 제품에 대한 요구가 무엇인지 파악하여 적절한 제품을 공급함으로써 시장을 장악할 수 있다는 것이다.

둘째, 효과적인 마케팅 믹스 전략을 조합할 수 있다. 소비자 요구에 맞는 세분화 시장에 초점을 맞추어 마케팅 믹스 전략을 수립함으로써 소비자들이 상품에 대하여 분명하게 인식하고 경쟁제품과 차별화를 할 수 있다.

셋째, 시장의 수요변화에 신속한 대처가 가능하다. 전체시장이 아닌 세분화 된 시장에 적극 대응함으로써 시장에서의 수요변화에 신속히 대처할 수 있다.

이와 같은 시장세분화 위하여 필요한 요건은, 먼저, 측정이 가능해야 한다. 이는 세분시장의 크기와 구매력을 측정할 수 있어야 한다는 것이다. 또한 세분시장 내 소비자들은 시장세분화의 기준에 맞는 유사점(동질성)이 있어야 한다. 그 기준은 세분시장 내의 소비자들의 소득수준과 사용량이 비슷해야 한다는 것이다. 그리고 세분시장간 소비자들의 특성이 서로 달라야 한다. 즉, 세분시장간 소비자들은 이질적이어야 하며, 이는 동질성 요건과 상호보완적이라

11) 인도네시아 신발 시장을 대상지역으로 선정하여 표적시장을 세분화한 사례(별도 첨부).

는 것이다. 마지막으로 규모와 접근 가능성이다. 하나의 세분시장은 하나만으로도 이익을 낼 수 있을 만큼 규모가 커야 한다는 것이며, 기업은 세분시장에 접근할 수 있는 적절한 수단이 존재해야 한다. 충분한 규모의 세분시장이 있어도 기업과 세분시장을 연결할 매체가 없다면 시장세분화는 의미가 없다.

〈표 5-3〉 세분화 시장의 요건

구 분	구체적 기준
측정가능성	• 세분시장의 크기와 구매력을 측정할 수 있어야 한다. - 구매자수를 측정할 수 있어야 마케팅 계획 수립이 가능하다. - 나이, 소득 수준, 성별 등은 측정하기 쉬우나 성격, 개성, 문화, 라이프 스타일은 주관적인 것이기에 어렵다.
유사점(동질성)	• 소비자들의 소득수준과 사용량이 비슷해야 한다.
이질성	• 소비자들의 특성이 서로 달라야 한다.(동질성과 상호보완적)
시장의 규모 및 접근가능성	• 소요비용을 상쇄할 만큼 충분한 가치가 있고, 수익성이 있어야 한다.(실질적 가치) • 적절한 수준의 이익을 보장하는, 일정한 규모이상의 시장이어야 한다. • 기업의 마케팅 자원 및 노력으로 커버할 수 있어야 한다.

2) 표적시장(Targeting)의 선점

표적시장은 그 세분화 된 시장들 중에 우리 제품과 가장 적합도가 높은 세분시장을 선택하는 과정이다. 이는 세분시장 모두가 될 수도 있고, 두 세 개의 세분시장이 될 수도 있으며, 하나의 세분시장이 될 수도 있다.

표적시장의 선점 전략은 집중화 전략, 차별화 전략 및 비차별화 전략으로 구분할 수 있는데, 집중화 전략이란 단일시장 혹은 소수 세분시장에 한 가지 제품을 집중하거나 단일시장에 여러 가지 제품을 집중하는 경우를 말한다. 차별화 전략이란 여러 개의 표적시장을 선정한 후 각각의 표적시장에 적합한 제품과 그에 따른 마케팅 전략을 개발하는 것을 말한다. 현재 대부분의 해외진출 기업들은 차별적 마케팅을 수행하고 있는데 이러한 전략은 무차별 혹은 집중화 전략보다는 상대적으로 높은 매출액과 이익을 창출할 기회가 많기 때문이다.

〈표 5-4〉 표적시장의 평가기준(요소)

구 분	구체적 기준
고객의 측면	- 수요의 지속성은 있는가? - 시장이 기업에게 이익이 될 만한 규모가 되는가, 기업의 능력으로 cover 가능한 시장(규모)인가? - 장기적으로 성장 잠재력이 있는가?
경쟁의 측면	- 기존 경쟁자의 위협, 신규경쟁자의 위협, 시장의 진입장벽, 대체품의 가능성
기업의 입장	- 기업의 역량과 기존 사업과의 연관성, 제품 수명주기는 어떻게 되는가?

그러나 이러한 전략을 수행하기 위해서는 조사와 개발, 숙련된 기술까지 많은 비용을 감당하기 때문에 비용의 증가를 야기시킨다. 따라서 증가된 비용을 감안한 예상수익을 고려하여야 할 요인이다.

3) 제품 포지셔닝(Positioning) 전략(차별화)

선택한 세분시장에서 경쟁자에 대한 경쟁우위 전략을 수립하고, 소비자들의 인식 속에 자사의 브랜드와 제품의 우수성이나 차별화 등에 대해 홍보하는 활동을 말한다. 이를 위해서는 표적시장의 구성원들에게 어떠한 가치를 제공

〈표 5-5〉 포지셔닝의 유형

구 분	구체적 기준
자사제품의 속성에 의한 포지셔닝	- 자사 제품의 기능적 편익이나 속성을 경쟁제품과 차별화하여 소비자에 인식시키는 방법이다.
자사제품 사용자에 의한 포지셔닝	- 제품이 특정 사용자 계층에 적합한 것으로 포지셔닝하는 방법이다. (예) 신혼부부 대상, 전문직 대상 영업 등
자사제품의 사용 상황에 의한 포지셔닝	- 제품이 사용될 수 있는 상황을 제시함으로써 포지셔닝 할 수 있는 방법이다. (예) 화재보험 판매(집에 불이 난 경험 등)
경쟁제품에 의한 포지셔닝 (비교광고)	- 소비자가 인식하고 있는 경쟁제품과 비교함으로써 자사제품의 장점을 강조하는 것 (예) SKT : 기지국이 많다

할 것인가를 결정해야 한다. 또한 표적시장에 차별화된 가치를 만들고 소비자들이 소유하기를 원하는 이미지에 대한 의사결정과 소비자가 자사제품에 대해 어떤 위치에 있는가를 평가하게끔 해야 하는데 이것이 포지셔닝이다.

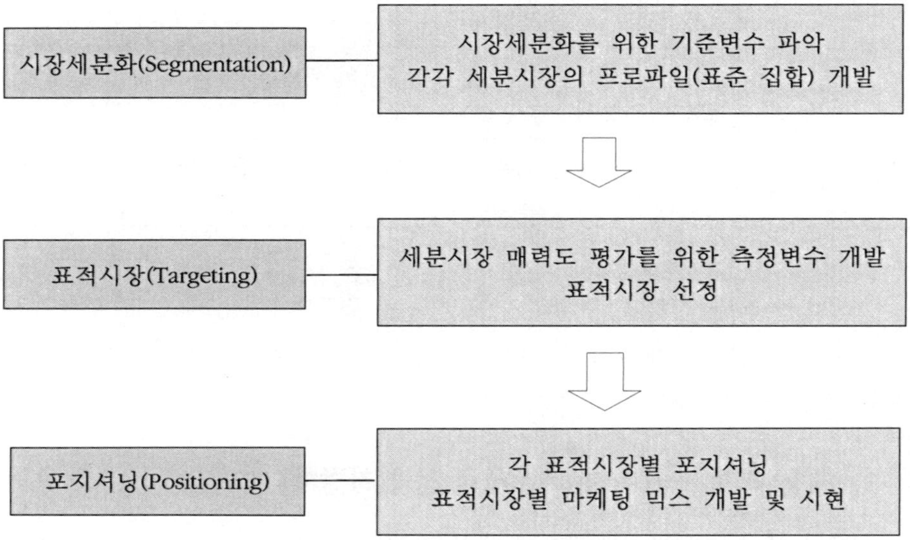

〈그림 5-3〉 시장 세분화, 표적시장 선정, 포지셔닝의 단계별 정리

2. 4P MIX 전략

시장진출 전략 중 4P MIX 전략은 상품(product), 가격(price), 유통(place), 판매촉진(promotion) 등의 계획과 관리를 의미한다.

1) 상품(Product) 전략

상품(product) 전략은 기업의 입장에서 소비자들에게 무엇을 어떤 방식으로 제공할 것인가를 고민하는 것으로, 소비자가 원하는 상품은 무엇이며, 소비자를 만족시키기 위해서는 어떤 제품과 서비스를 제공해야 시장에서 경쟁우위를 확보하고, 매출 증대와 기업이윤을 창출해 나갈 것인가를 판단하는 전략이다.

2) 가격(Price) 전략

가격(Price)은 구매자가 제품이나 서비스에 대한 교환가치라고 할 수 있으며, 자사제품의 이미지 및 현지에 적응 가능한 가격을 책정하는 전략이 필요하다.

제품 가격은 기업이 자신의 Product에 대해 책정하는 가치수준이라 할 수 있다. 그러나 기본적으로 가격 결정은 소비자가 느끼는 가치와 기업이 제공하는 가치 사이에서 결정되는 게 보통이다.

가격은 기업의 이익과 직결되는 마케팅 요소인 점을 감안하면 최적의 가격 결정은 기업의 재무적 성과에 중요한 역할을 차지한다. 특히 제품 유통, 촉진의 경우에는 마케팅 전략 변경의 시간이 매우 느린 반면 가격은 즉각적인 대응이 가능한 마케팅 믹스이다.

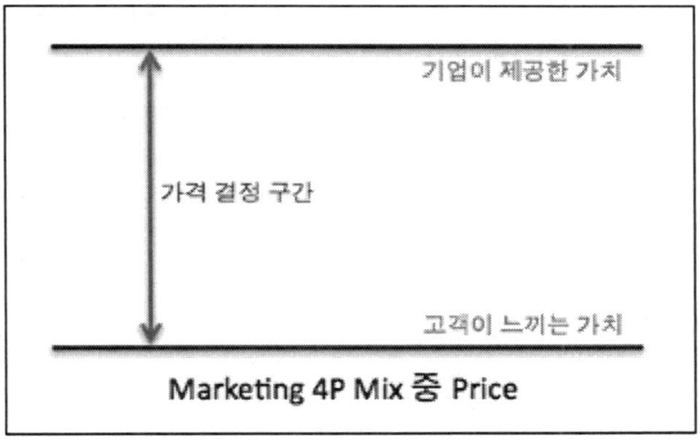

〈그림 5-4〉 가격(Price)결정 구간

가격의 결정과 관리는 신제품 출시, 기존제품의 변경, 경쟁 환경의 변화, 기업구조의 변화, 비용의 변화 등과 같은 시장상황의 변화에 따라 자주 변경될 수 있으므로 지속적으로 관리되어야 하는 것이다.

또한 가격의 결정은 경쟁업체 대비 상대적인 측면도 충분히 고려한 뒤에 결정되어야 하는데, 경쟁업체의 가격보다 높일 것이냐 낮출 것이냐 하는 상대적인 기준도 제품의 판매실적에 대단히 중요한 요인이 되기 때문이다.

실제의 가격 결정은 원가중심, 수요중심, 경쟁중심으로 구분할 수 있으며, 신제품의 경우에는 고가정책과 저가정책으로 나누어 볼 수 있다. 제품라인의 가격결정에는 가격할인의 형태를 고려하여야 하는데 이는 수량할인, 기능할인, 현금할인, 시기별 할인 등이 있다. 이를 토대로 하여 기업은 여러 가지의 가격결정 방법을 사용할 수 있다.

또한 가격을 결정하기에 앞서 기업의 목표가 선행되어야 하는데, 이익극대화, 판매량 극대화, 시장점유율 획득, 경쟁자 진입 저지 등의 여러 목표에 따라 가격은 달라질 수 있다는 것이다.

3) 유통(Place) 전략

소비자들이 원하는 장소와 시간에 자사제품을 쉽게 이용할 수 있는 최선의 유통경로를 제공하는 것이 핵심이다. 크게는 직접 판매 방식과 중간상을 이용한 판매방식으로 나눠질 수 있으며 다시 세부적으로 나눠진다. 유통채널(Market channels)이 다양하고 효과적으로 운용되면 매출을 올릴 기회가 그만큼 많아지는 것이다. 따라서 기업은 자사제품이 어디서 어떻게 고객들에게 노출되는 지에도 관심을 쏟아야 한다.

제품에 따라, 가격에 따라, 기업이 추구하는 방향에 따라 유통경로 및 관리는 다르게 이루어져야 하며, 제품의 이미지에 맞는 방향으로 유통채널도 개발되어야 한다.

4) 판매촉진(Promotion) 전략

기업은 좋은 제품을 생산하고, 소비자들이 구매할 수 있도록 가격 책정과 유통경로를 설계하고 집행하여 표적시장의 소비자들이 실제 구매를 하도록 많은 노력을 한다. 하지만, 제품, 가격, 유통정책을 효과적으로 수행하는 것도

〈표 5-6〉 판매촉진 매체

구 분	내 용
광고	TV, 라디오, 신문, 잡지와 같은 4대 매체인 ATL 옥외광고, 전단지, 온라인 배너, 시설물 등의 BTL
Event	할인, 할부, 끼워팔기, 1+1, 무료증정, 샘플, 사은행사 등
PR(Public relations)	보도자료(Publicity) 스폰서십, 출판 등
인적판매	대면영업 등
다이렉트 마케팅	카탈로그, 우편, 전화, 인터넷, TV 등

중요하지만, 소비자들에게 제품의 효과적인 의사전달을 위한 광고, 판매촉진, PR, Event, 인적 판매 등의 다양한 마케팅 커뮤니케이션 활동도 그에 못지않게 중요한 부분이다. 즉, 판매촉진 전략은 제품과 기업, 소비자 사이의 커뮤니케이션을 말한다.

3. 해외시장 진출전략 사례 : 인도네시아(신발시장)

인도네시아 신발시장 진출 STP 전략

1) 시장 세분화(Segmentation) 전략 : 3개의 특성에 따라 분류

▶지리적 세분화(geographic segmentation)

지리적으로 시장을 세분화한다. 면적이 세계 15위에 이르는 인도네시아는 크게 5개의 섬으로 분류할 수 있다. (자바, 수마트라, 보르네오, 술라웨시, 파푸아 등)

▶ 인구통계학적 세분화(demographic segmentation)

(전체인구 : 2억 5천만 명)

Rank	도시명	인구(2010년)	도시가 위치한 섬
1	자카르타	9,588,198	자바섬 서쪽
2	수라바야	2,765,908	자바섬 동쪽
3	반둥	2,393,633	자바섬 서쪽
4	메단	2,109,330	수마트라 북쪽
5	베카시	1,993,478	자바섬 서쪽

인도네시아는 세계 4위의 인구대국으로 출산율이 높고 소비연령대가 낮으며, 수도인 자카르타를 포함해 제2의 도시인 수라바야 등 인구가 대체적으로 자바섬에 밀집해 있는 것을 볼 수 있다. 또한 자카르타는 2030년 경 1,200만 명의 인구를 보유한 메가 도시로 성장할 전망이다. 도시지역 소비자 지출은 연 7.7%로 성장해 2030년엔 1조1,000억 달러가 될 전망이며, 고소득층으로 갈수록 저축, 투자, 교육, 건강, 레저 등에 더 많은 지출을 할 것이라 예측한다.

또한 현재 소비자들의 소득수준이 증가함에 따라 저축 및 투자, 레저 및 자동차 등 재량적 지출에 비중을 더 많이 두는 추세이다.

▶ 심리적 세분화(psychographic segmentation)

변수	세분시장1	세분시장2
연령대	10대~20대	30대~40대
라이프 스타일	활동적	내향적
트렌드민감도	높음	낮음
건강관심도	낮음	높음

인도네시아는 청장년층의 인구비율이 높고 소비활동의 주를 이루기 때문에 50~60대의 비중을 크게 두지 않아도 될 것이라 예상되어 제외시키며, 세분시장을 크게 10~20대와 30~40대로 나뉘어보았다. 또한 초기에 각 나이대별로 세분화 해 보았을 때, 10~20대와 30~40대는 각각 공통적인 라이프스타일, 트렌드의 민감도 등을 형성하였다.

10~20대는 활동량이 30~40대에 비해 많으며 트렌드나 한류에 대한 민감도가 높은 편인 반면, 30~40대는 10~20대에 비해 트렌드나 한류 등의 민감

도, 활동량이 현저히 떨어졌다. 대신 건강에 대한 관심도는 높은 것을 알 수 있다.

2) 표적시장(Targeting)의 선점

세분화한 시장에서 지리적이나 인구적으로 인구밀집도가 높은 자바섬(전체 인구의 50%가 거주)을 선정하고, 표적시장 침투의 효율을 위해 위치적으로 근접한 도시인 자카르타(수도), 반둥에 거주하는 30~40대 거주자, 구체적으로 중산층 이상의 소득 수준을 가지고 있으며, 건강에 대한 관심이 많으며 한국제품에 대한 선호도가 높은 자로 설정한다.

3) 제품 포지셔닝(Positioning) 전략 : "건강과 다이어트를 책임지는 신발"

기존의 기능성 신발에 초점을 두고 있는 경쟁사는 이미 시장에 존재하였다. 예를 들어, 리복 이지톤 등이 신발을 신기만 해도 살이 빠진다는 것을 모토로 효과적으로 판매하였다. 따라서 000은 경쟁사 대비 차별화된 강점을 소비자에게 인식시키고자 000은 "착용만으로도 건강과 다이어트를 책임지는 신발"로 포지셔닝을 하였다. 초기부터 건강 기능성 신발이라는 메시지를 많이 던지고 족저 근막염 등의 질환을 치료할 수 있다는 이미지로 입지를 다져나갔다. 따라서 착용만으로 건강과 다이어트를 책임진다는 모토를 효과적으로 전달할 수 있을 것이라 전망한다. 또한 인도네시아의 유통구조의 변화에도 초점을 맞춰 발 빠르게 움직일 필요가 있다. 최근 재래시장을 통한 유통구조에서 하이퍼마켓을 통한 판매구조로 전환되며 하이퍼마켓 납품을 통한 유통구조 확보의 필요성도 보인다.

인도네시아 신발시장 진출 4P MIX 전략

1) 상품(Product) 전략

보아 시스템, 게르마늄, 쿠션 등 상품 특징별로 다양한 제품군

구분	C-LINE	T-LINE	W-LINE	G-LINE
기능	족저근막염, 발바닥/ 무릎, 관절 통증 완화	허리통증, 전신불균형 완화	여성용 러닝/ 워킹 특화	족저근막염, 관절 보호, 게르마늄 성분이 더해진 프리미엄 라인

구분	C-LINE	T-LINE	W-LINE	G-LINE
컬러				
소재	친환경 물질을 사용한 Vegetable Taning 가죽신발용 다중바닥재 (약 360개 돌기) 이중발포 형성의 일체형 미드솔 Nonslip 소재 아웃솔	친환경 물질을 사용한 Vegetable Taning 가죽 신발용 다중바닥재 (약 360개 돌기) 이중발포 형성의 일체형 미드솔 Nonslip 소재 아웃솔	친환경 물질을 사용한 Vegetable Taning 가죽 신발용 다중바닥재 (약 360개 돌기) 이중발포 형성의 일체형 미드솔 Nonslip 소재 아웃솔	친환경 물질을 사용한 Vegetable Taning 가죽신발용 다중바닥재 (약 360개 돌기) 이중발포 형성의 일체형 미드솔 Nonslip 소재 아웃솔

2) Price (가격)

제품가격은 15~30만 원대이다. 해마다 고객들이 선호하는 디자인을 연구하는데 비용을 투자하고 좋은 원단을 사용하는 등 디자인과 품질 면에서 월등하기 때문에 가격을 높게 책정하고 있다.

3) Place (유통)

구 분	내 용
온라인	지마켓, 옥션, 인터파크, GS샵 등.
오프라인	전국 39개 매장
모바일	모바일 홈페이지 활성화

현재 온라인, 오프라인, 모바일을 이용하여 유통하고 있다.
인도네시아 시장 진출 시 리드타임을 최소화하기 위하여 현지 공장 설립, 인도네시아 인들이 많이 이용하는 대형마트 입점을 추천한다.

4) Promotion (촉진)

현재는 각종 신발 전시회, 자사 제품 카탈로그 등을 이용하여 홍보하고 있으며, 추가로 광고, 이벤트, PR, 인적판매를 진행 중이다.

광고	Event	PR	인적판매
포장, 외장 포장 내 삽입물 카탈로그 Brochure와 소책자 포스터와 leaflets 안내서, 간판 진열간판 구매시점 광고	경진회, 경진대회 견본제시 박람회 전시회 실연 쿠폰(coupon) 함께 끼워 팔기 A/S	신문게시용 (press kits) 설명회 자선적 기부 소비자 자문단	판매회의 전화 마케팅 (tale-marketing) 판매원용 견본 박람회와 전시회 참가 방판조직 통신판매

제4절 해외시장 진출시기와 방식의 결정

1. 해외시장 진출 시기

기업이 해외시장으로 나가는 이유는 국내에서 생산하는 것보다 더 많은 혜택(국가 보조)이 주어지거나, 해외로 나가지 않으면 경쟁에서 뒤떨어져 상대적으로 불이익을 받는다고 생각하기 때문에 이를 타파하고자 할 때 해외로 진출하는 것을 생각할 것이다. 그렇지만 기업이 해외시장으로의 진출 시기는 생각하는 것처럼 쉬운 것만은 아니다. 기업의 생존이 달려 있고, 언제, 어느 국가에, 어떤 방식으로 진출할 것인가를 신중하게 생각하여 해외시장에 진출하여야 한다.

따라서 해외시장의 진출 시기는 진출국가와 진출방식, 투자방법 등 모든 문제를 두고 함께 생각한 후 단계적으로 수행하는 방법으로 결정해야 할 것이다.

2. 해외시장 진출방식

해외시장 진출방식에는 투자형태에 따라 지분투자방식과 비지분투자방식으로 구분할 수 있다. 지분투자방식에는 해외 단독투자와 합작투자로 구분되며, 비지분투자방식에는 수출과 라이선싱, 프랜차이징 등 계약방식의 형태로 나누어진다.

1) 비지분투자방식

(1) 수출(Export)방식

수출은 해외시장 진출방식 중 가장 기본적인 방식이다. 기업의 가치 창출을 위한 활동은 본국 내에서 수행하고, 국내시장에서 한계에 직면하였거나 새로운 시장 확보를 위한 방법으로 해외시장에 진출하고자 할 때 처음 진출하는 기업의 대부분은 수출방식을 이용하고 있다. 이는 다른 해외진출방식에 비해 리스크가 적고 해외시장에 대해 경험이 없어도 가능한 방법이기 때문이다.

이러한 수출방식도 현지 판매법인을 설립하여 기업이 현지 소비자들을 대상으로 직접 판매하는 직접수출방식과 현지 대리인(Agent)나 판매점(Distributor)과 같은 중간상을 통하여 판매하는 간접수출방식으로 구분할 수 있다.

① 직접수출

대기업의 경우에는 시장 진입 초기단계에서부터 주요시장에 지사 또는 판매법인의 설립으로 현지소비자들을 대상으로 직접 판매하는 것이 가능하여 직접수출을 선택할 것이다.

② 간접수출

중소기업의 경우에는 현실적인 제약으로 직접 유통방식을 선택하기 어려운 경우가 많을 것이다. 따라서 중소기업의 경우에는 직접유통방식보다는 현지 유통 대리점을 선정하여 제품의 유통 및 마케팅 업무를 위탁하는 간접유통방식을 선택하는 경우가 많다. 이 같은 현지 유통대리점을 선택하는 경우 현지 대리인의 시장정보 및 현지 네트워크를 이용함으로써 마케팅 비용이 상대적으로 적게 발생한다는 장점이 있다.

(2) 계약방식(Contractual Mode)

① 라이선싱(Licensing)

라이선싱은 제공되는 지식의 내용, 기간, 대가 지급방법 등을 계약에 의해 정하고, 제공받는 업체가 자신의 비용과 책임 하에 생산하여 판매하는 방식이다. 라이선싱 방식은 지식을 제공하는 업체는 현지의 경영활동에 관여하거나 책임지는 역할을 하지 않으며, 제공하는 지식에 대한 대가만을 수령하게 된다. 따라서 책임과 위험이 적고 안정적인 수입이 보장되는 이점이 있지만, 현지 시장의 통제권 및 투자수익의 기회가 상실된다. 주로 제조업과 관련된 생산기술이나 특허권 등을 대상으로 라이선싱이 이용되고 있다.

② 프랜차이징(Franchising)

프랜차이징은 제공기업이 보유한 상호, 상표, 기술 등의 사용권을 특정 기업이나 개인에게 허용할 뿐만 아니라 상대방에 대해 조직, 마케팅 및 일반관리 분야에서의 지원을 제공하며, 원료를 공급하는 등 라이선싱의 좀 더 확대된 개념이다.

프랜차이징은 패스트푸드를 비롯한 식음료 사업과 호텔, 자동차 렌트 등의 서비스 산업에 진출하고 있으며, KFC, 맥도날드 등이 있다. 최근에는 우리나라의 외식업체들도 해외시장에 프랜차이즈 계약을 통해 진출하는 사례가 늘고 있는 추세이다. BBQ, 놀부 부대찌개, 미스터 피자, 비비고, 뚜레쥬르, 파리바게뜨 등이 40개국에 진출하고 있으며, 이들은 직접투자형태로 진출하기도 하지만 대부분 마스터 프랜차이즈(Master Franchise)형태로 진출한다.

마스터 프랜차이즈는 특정 국가 혹은 지역 내에서의 독점적 사업권을 한 기업에게 부여하고, 그 기업이 직영점이나 가맹점을 통해 사업을 진행하는 방식으로, 프랜차이저는 마스터 프랜차이즈에 따른 로열티와 점포 개설에 따른 로열티, 매출액에 비례한 경상 로열티(running royalty)를 받게 된다.

③ 계약생산(OEM)

계약생산(contract manufacturing)은 진출국가의 특정 기업에게 일정한 조건하에 제품을 생산하도록 하고, 현지시장이나 제3국 판매 및 마케팅은 직접 담당하는 형태의 방식이다. 계약생산은 현지 업체에게 생산기술을 제공한다는 측면에서는 라이선싱과 비슷하고, 현지 생산과 마케팅이라는 점에서는 해외직접투자와 비슷하지만, 생산된 제품을 직접 판매한다는 점에서는 라이선싱과 다르고 생산에 대한 자본 투자가 없다는 점에서는 직접투자와 다르다. 계약생산은 상대적으로 적은 자금과 경영 인력의 투입으로 조기에 시장진입을 할 수 있고, 일반적인 라이선싱과는 달리 애프터서비스(A/S)를 포함한 마케팅 활동의 통제권을 가질 수 있는 이점이 있다. 이러한 계약생산은 직접투자를 하기에는 목표시장이 너무 적거나 수출에 대한 제한이나 비용이 클 경우에 적당한 시장 진입방법이라 하겠다. 그러나 적절한 현지 생산업체를 찾는 것이 어렵거나 불가능할 수 있고, 적당한 기업을 찾더라도 원하는 품질과 수량의 제품을 확보하기 위해서는 상당한 정도의 기술적 지원과 미래의 경쟁자가 될 가능성의 위험도 있다는 것이 계약생산의 단점이다.

④ 턴키(Turn-key) 계약

턴키계약은 특정기업(시공자)이 공장이나 시설물에 대한 공사를 일괄 수주받아 이를 시행하고, 가동준비가 완료된 시점에서 발주자에게 공장이나 시설물을 인도하기를 약정하는 플랜트(Plant)수출의 계약 방식이다.

이는 주로 산업기계, 건설, 엔지니어링 회사 등이 턴키계약의 시공자로 참여하고, 공사대금은 공사 진척도에 따라 단계적으로 지불한다. 대규모 산업시설이나 첨단 산업시설 등의 수출에 주로 이용된다.

⑤ BOT(Build-Operate-Transfer)

공장이나 설비를 건설하여 일정기간 동안 투자기업이 직접 운영함으로써 투자비 및 이익을 회수한 이후 현지정부나 기업에게 운영권 및 시설전체를 이전하는 사업방식을 말한다.

〈표 5-7〉 계약방식(Contractual Mode)

구분	정 의	내 용
라이선싱(Licen-sing)	특정기업이 보유하고 있는 특허권, 등록상표 등의 지적재산권/노하우를 라이선시(Licensee)에게 특정지역 내에서 일정조건하에 활용할 수 있도록 권리를 부여하고 반대급부로 로열티 등 각종 대가지불을 약정하는 방식	- Licensing으로 별도의 투자 없이 수익창출 가능 - Licensee에 원료, 중간재 등의 확보로 추가 이익 창출 가능 - Licensee가 사용 중 개발한 관련기술 흡수도 가능 - FDI에 비해 적은 위험으로 빠른 해외진출 가능 - Licensee를 통한 해외시장지식 및 자사제품 잠재력 평가 가능 - 공여 기술 및 노하우 보호 어려움 / 잠재적 경쟁자 육성 가능성 - 현지시장규모가 적거나 FDI 여력이 부족한 소규모 기업에게 유리
프랜차이징(Fran-chising)	사업 가능한 상표/상호 사용권을 Franchisee에게 부여하고 반대급부로 Fee 또는 Royalty를 받고 판매 권리를 인정해주는 계약방식	- Franchising은 기본적으로 마케팅 관련 계약 - 계약을 통해 수직결합조직과 유사한 형태 : 상호 의존과 협력 - 성공을 위해 제품/서비스 표준화와 브랜드 인지도가 높아야 함

구분	정 의	내 용
계약 생산 (OEM)	제조업체에게 계약조건에 따라 제품을 생산하도록 허용하는 반면 현지의 마케팅 활동은 기업이 직접 수행	- 해외생산에 필요한 시설투자 없이 해외투자의 이점을 가짐 - 계약생산에 따른 적정 기업을 찾기 어려움 : 제조 능력, 품질기준, 규모 등 - 생산보다는 마케팅에 강점을 두는 기업의 해외진출에 적합
턴키 계약 (Turn-key)	특정기업이 공장 또는 시설물에 대한 공사를 일괄 수주 받아 시행하고, 가동준비가 완료된 시점에서 인도하는 플랜트 수출계약방식	- 산업기계, 건설, 엔지니어링 회사 턴키계약의 시공자로 참여 - 공사대금은 공사 진척도에 따라 단계적으로 지불 - 대규모 산업시설이나 첨단 산업시설 수출에 이용
BOT (Build-Operate-Transfer)	공장이나 설비를 건설하여 일정기간 동안 투자기업이 직접 운영함으로써 투자비 및 이익을 회수한 이후 현지 정부나 기업에게 운영권 및 시설 전체를 이전하는 방식	- 개발도상국의 사회간접시설에 주로 적용됨 - 실제 운영기간 동안에 수요증가에 따라 추가적인 이익 기회 제공 - 투자회수 기간이 장기로 각종 사업위험에 노출될 가능성 높음

2) 지분투자방식

지분투자방식은 해외 직접투자(Foreign Direct Investment)로 기업이 보유하고 있는 생산요소 및 경영자원을 해외로 이전하여 직접 경영활동을 진행하는 형태의 시장 진출방식으로, 해외시장에 직접 개입함으로써 책임과 투자손실 위험이 가장 높은 방식이다. 해외직접투자는 생산, 마케팅, 관리, 기술 등 경영에 필요한 모든 요소들을 현지에 직접 투자하여 자신들의 통제 하에 경영관리를 할 수 있기 때문에 해당기업이 가지고 있는 경쟁우위를 가장 잘 실현할 수 있는 방식이다.

해외 직접투자의 장·단점을 살펴보면 낮은 임금 등 현지 진출국의 입지적 우위를 활용할 수 있는 기회를 가질 수 있는 장점이 있는 반면, 해외직접투자는 다른 진출방식에 비해 기업에서의 초기 투자가 많고 투자 회수기간이 길어 성과가 낮아 전략 수정 시 투자 철수가 용이하지 않는 등의 단점이 있다.

해외 직접투자의 지분 확보비율에 따라 단독투자와 합작투자로 구분할 수 있으며, 기업의 설립방식에 따라 신규설립(green field), 인수·합병(M&A), 브라운 필드(brown field)방식으로 나눌 수 있다.

(1) 지분 확보비율에 의한 해외시장 진출

① 단독투자(Wholly Owned Subsidiary)

기업이 해외에 새로운 기업을 설립하여 진출하는 형태로 단독투자는 지분 전체를 보유하고 100% 통제권을 행사할 수 있기 때문에 경영권을 장악하고 투자이익도 독점할 수 있는 이점이 있다. 그러나 이에 따른 위험부담도 커질 수 있고, 해당 업종과 진출국(host country)에 따라서는 단독투자를 불허하거나 합작투자에 비해 불이익을 주는 경우도 있다.

단독투자를 선호하는 경우를 보면, 먼저 소비재 제품의 차별화된 마케팅 제품을 확산하는 경우와 둘째, 성숙기에 속한 제품의 생산비 절감을 위해 가치 사슬속의 범세계적인 생산설비를 합리화하거나 집중화 하는 것이 우선되는 경우, 셋째, 국제적 과점기업의 전략으로 활용되는 경우, 넷째, 신제품 개발지향형 기업의 전략 등으로 요약될 수 있다.

② 합작투자(Joint Venture)

2개국 이상의 기업 · 개인 · 정부기관이 영구적인 기반 아래 특정기업체 운영에 공동으로 참여하는 국제경영방식으로 전체 참여자가 공동으로 소유권을 갖는다. 공동소유의 대상은 주식 자본 · 채무 · 무형고정자산(특허권 · 의장권 · 상표권 · 영업권 등) · 경영노하우 · 기술노하우 · 유형고정자산(기계 · 설비 투자 등)등에 이르기까지 다양하다.

합작투자는 참가하는 기업들의 과도한 투자비 부담을 줄일 수 있고, 적절한 합작파트너의 선정으로 소유권과 기업의 경영을 분담하여 자본 · 기술 등 상대방 기업이 소유하고 있는 강점을 이용할 수 있고 위험을 분담한다는 장점이 있다.

투자기업의 입장에서 보면 자본과 경영자원의 상대적 부족, 투자대상국가의 현지사정에 대한 경험과 이해 부족 등으로 상당한 위험이 존재하며, 외국기업이라는 사실 자체가 현지 국민들에게 부정적 이미지를 줄 수도 있다. 또한 현지 공급자, 고객, 노조, 정부관리 등과의 인간적 관계를 포함하여 경영관리에 대한 경험부족은 상당히 힘든 약점이 된다. 이런 경우 적절한 현지기업과의 합작파트너를 통한 기업운영은 많은 문제를 해결하는 데 도움이 될 수 있다.

그러나 합작투자의 실패율은 매우 높은 편으로, 합작초기에는 쌍방의 이해가 일치하여 좋은 관계로 출발하였지만, 시간의 흐름에 따라 이해가 상충 될 가능성이 항상 있고, 경영권을 분담하기 때문에 효율적인 의사결정이 어렵고 독자적인 기술과 기업의 노하우가 합작선을 통하여 외부로 유출될 수도 있다. 또한 투자이익을 나누는데 있어서도 문제가 있을 수 있는 등의 단점이 발생하여 시장 진출 초기에는 합작투자의 형태로 시작하였다가 현지 시장에 대한 경험이 축적 되면 단독투자로 전환하는 경우가 많다.

따라서 합작투자는 시너지 창출이라는 고유의 장점을 극대화하면서 합작파트너 간 갈등 및 단점을 최소화시키는 경영관리방안이 중요하다고 할 수 있다.

(2) 기업의 설립방식에 의한 해외시장 진출

① 신규설립(Green Field) 방식

그린필드(green field) 투자는 국외자본이 투자대상국의 용지를 직접 매입해 기업의 공장이나 사업장을 새로 짓는 방식의 투자를 말한다. 신규설립은 기업의 설립과 경영활동 계획을 새롭게 진행 할 수 있는 장점이 있는 반면, 비용이 많이 들고, 생산하기까지 시간이 오래 걸리는 등의 단점을 가지고 있다. 그러나 투자를 받는 국가 입장에서는 기존 기업에 대한 인수·합병으로 이뤄지는 외국인직접 투자의 또 다른 방식인 브라운필드투자에 비해 고용창출 효과가 더 크다는 장점이 있다. 그린필드 투자의 대표적인 사례에는 현대자동차의 체코 공장과 기아자동차의 미국 조지아 공장이 있다.

② 인수·합병(M&A) 방식

인수·합병(M&A: Mergers & Acquisitions)방식이란 외부경영자원 활용의 한 방법으로 이미 존재하고 있는 기업 경영권을 확보하는 방식을 말한다. M&A의 뜻을 살펴보면 대상기업이 계약에 의하여 하나의 단일회사가 되는 합병(Mergers)과 어느 한 기업이 다른 기업의 자산이나 주식을 취득하여 경영권을 획득하는 기업매수(Acquisitions)가 결합된 용어이다. 최근 M&A가 보다 넓은 의미로 쓰이고 있는데 기업의 인수와 합병 그리고 금융적 관련을 맺는 합작관계 또는 전략적 제휴 등까지 포함시켜 M&A의 개념으로 보고 있다.

이러한 M&A를 통해 기업의 효율성 및 이윤추구 동기가 되며, 안정성과 성장력의 동기를 부여하는 장점이 있으며, 인수, 합병을 통한 기업 또는 사업간 시너지(Synergy) 효과와 함께 투자나 시간의 절약효과를 가져온다.

M&A 방법으로는 주식인수와 기업합병, 기업분할, 영업양수도 등이 있는데, 주식인수는 매수대상 회사의 주식을 인수하여 기업지배권(corporate control)을 획득하는 방법이다. 주식인수의 형태를 취하게 되면 회사채권자들의 동의를 받을 필요가 없이 주식 자체만 매수대상이 되므로 거래의 시간과 비용이 절약되는 이점이 있다.

기업합병은 2개 이상의 회사가 계약에 의하여 청산절차를 거치지 않고 하나의 경제적, 법적 실체로 합쳐지는 것을 의미한다. 합병은 피합병회사의 자산과 부채를 포함한 모든 권리와 의무가 합병법인에게 포괄적으로 승계되고 그 대가로 합병법인은 피합병법인의 주주들에게 합병법인의 주식과 합병교부금을 지급한다.

기업분할은 회사가 독립된 사업부문의 자산과 부채를 포괄적으로 이전하여 1개 이상의 회사를 설립함으로써 1개 회사가 2개 이상의 회사로 나누어지는 것을 의미한다. 이때에 자산과 부채를 포괄적으로 이전하는 회사를 분할회사라 하고 자산과 부채를 포괄적으로 이전받는 회사를 분할신설회사라 한다.

한편 영업 양수도는 그 범위가 광범위하고 다양한 형태로 이루어지므로 그 개념을 명확히 정의하기는 어렵지만 '독립된 사업부문의 동일성을 유지하면서 자산과 부채, 조직, 인원, 권리와 의무 등 영업에 필요한 유·무형 자산 일체가 포괄적으로 이전되는 것으로, 경영주체만을 교체시키는 제도'로 정의할 수 있다.

③ 브라운 필드(Brown Field) 방식

브라운필드(brown field)방식의 투자는 신규설립과 인수·합병 방식의 절충적인 방식으로 이미 설립된 회사를 인수합병 방식으로 진출대상국가의 기존 기업을 매입한 이후 해당기업을 자신들의 목적에 적합한 신규설립 형태의 기업으로 변형시키는 과정을 거치는 방식이다. 초기 설립비용이 들지 않아 저렴하게 인력과 생산라인 등의 확장을 꾀할 수 있다는 장점이 있다. 과거 2001년에는 총 외국인 직접투자금액 중 80% 가량이 브라운필드 투자에 투입되기도 했다.

브라운필드투자는 초기 설립비용을 들이지 않고, 인력·생산라인 등의 확장을 꾀할 수 있을 뿐 아니라 투자 후 빠른 시간 내 정상조업이 가능하다는 장점이 있다. 포스코가 인도네시아 국영철강사와 합작으로 일관제철소를 설립한 것이 대표적인 사례로 꼽힌다.

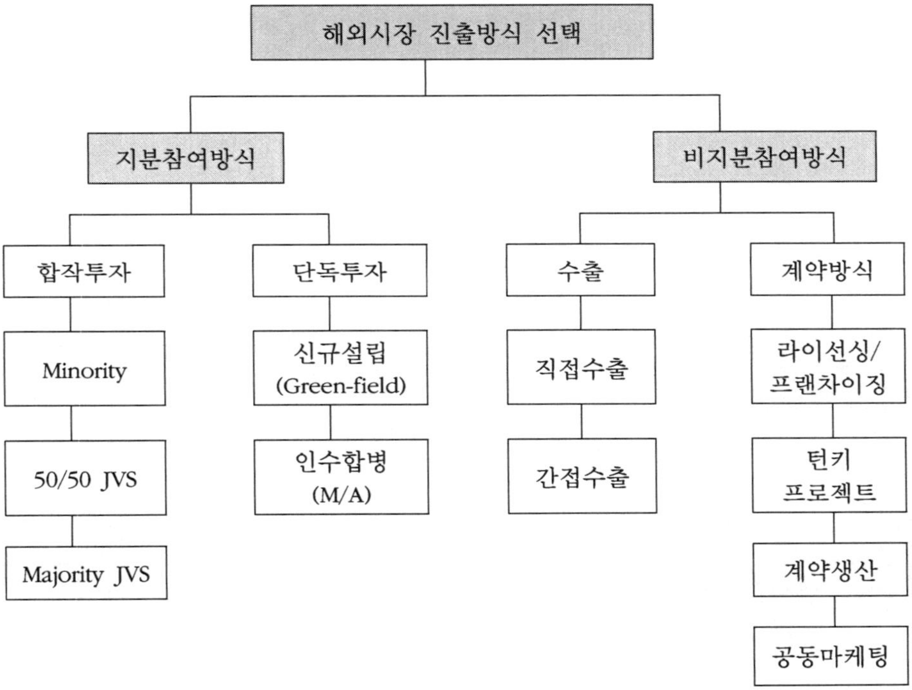

〈그림 5-5〉 해외시장 진출방식의 선택

〈표 5-8〉 신규설립(Green Field)과 인수·합병(M&A) 방식의 장단점 비교

구 분	신규설립(Green Field)	인수·합병(M&A)
장 점	- 모기업과의 협력관계 양호 - 투자금액 결정이 자유롭다 - 기업통제력이 용이하다	- 신속한 사업 수행 가능 - 인력, 기술, 노하우 흡수용이 - 유통망 및 현지 신뢰 확보용이
단 점	- 영업기반 구축에 장시간 소요 - 인재 확보의 어려움 - 현지 기업과의 마찰	- 거액의 인수자금 확보 문제 - 기존의 문제점 해결 필요 - 이질적인 문화에 적응 - 매입가격 산정에 어려움

Chapter

06

해외직접투자

제1절 해외직접투자의 개념과 목적

1. 해외직접투자의 개념과 정의

기업이 해외직접투자(Foreign Direct Investment: FDI)를 하는 것은 기업이윤의 극대화를 위해 기업이 가지고 있는 자본, 기술, 경영능력, 상표 및 노하우 등 유, 무형의 생산요소를 해외로 이전하여 기업경영에 직접 참여하기 위한 목적으로 투자하는 것이다. 해외직접투자는 수출이나 계약방식과 비교하여 단순 용역의 이동뿐만 아니라 자국 내에서의 생산요소인 자본, 경영능력, 기술, 인력 등을 해외로 이전하여 투자대상국의 생산요소인 노동, 토지 등과 결합하여 생산 및 제품의 판매를 한다는 점에서 구별된다. 해외직접투자의 유형으로는 해외 현지법인의 설립, 기존 외국법인의 자본 참여, 부동산 취득, 지점 설치 등이 있다.

해외직접투자를 받아들이는 국가는 고정자산을 형성할 수 있을 뿐만 아니라 고용창출을 통해 경제성장을 가속화 할 수 있다. 따라서 우리나라에 대한 외국인직접투자는 우리의 경제성장에 있어서 매우 중요한 역할을 하고 있다.

직접투자와의 대비되는 개념으로 해외간접투자(Foreign Indirect Investment)가 있다. 이는 경영지배 및 통제의 목적이 아닌 투자에 대한 반대급부로서 배당금이나 이자수입을 목적으로 외국기업의 주식이나 채권을 취득하는 것이다. 해외간접투자는 자본, 즉 화폐 자산이 국경을 넘어 다른 나라로 이동하는 것이며, 안전한 운영을 위해 직접투자에 비해서는 단기로 투자하는 경우가 많다.

우리나라에서 해외직접투자의 정의는 "외국환 거래법 제14조와 외국인 투자촉진법에 명시, 외국의 발행증권을 취득하거나 금전의 대여 등의 거래관계에 있어 대통령령이 정하는 것으로 하며, 주식의 소유비율을 10% 이상"으로 정의하고 있다.

2. 해외직접투자의 목적

해외직접투자는 단순히 해외에서 자산을 운용하는 것이 아니라 경영참여와 기술제휴를 목적으로 한 해외투자를 말한다. 해외직접투자의 주요형태는 지분참여에 의한 경영권 취득 목적과 자금대여를 통한 경영활동 통제 및 관리, 현지금융을 이용한 경영활동 통제 등의 형태로 구분할 수 있다.

(1) 지분참여로 경영권 취득목적

해외직접투자의 형태로 현지법인의 주식 또는 출자지분을 획득하거나, 단독으로 현지 신규법인을 설립하거나, 인수·합병으로 전체주식을 취득하는 등의 투자 형태가 있으며, 이러한 투자형태는 주식 취득으로 직접 경영활동에 참가하는데 목적이 있으며, 합작투자인 경우도 지분참여로 주식을 취득하여 경영에 참가하는 형태의 보편적인 투자목적이다.

(2) 자금대여를 통한 경영활동 통제 및 관리

현지 피 투자기업에게 1년 이상의 자금을 대여하는 방식으로 해외직접투자를 하는 형태로, 현지 피 투자기업의 경영활동에 대해 직간접으로 통제 및 관리가 목적이다.

(3) 현지금융을 이용한 경영활동 통제

해외직접투자의 투자 자본을 현지 금융으로 조달하여 투자하는 경우, 현지 금융을 이용한 자금조달이 다른 곳과 비교하여 조달비용이 저렴하고 유리한 조건을 가지고 있으면 현지에서 자금을 조달함으로서 현지 시장의 특성과 현지정부의 경제정책에 부합할 수 있다.

제2절 해외직접투자의 동기 및 유형

1. 해외직접투자의 동기

1) 전략적 동기

전략적 동기에는 시장 지향형 투자(Type of market seekers), 생산효율 지향형 투자(Type of production efficiency seekers), 자원 지향형 투자(Type of raw material seekers), 지식 지향형(Type of knowledge seekers), 위험회피형 투자(Type of local risk overcome) 등이 있다.

이러한 전략적 동기는 기업이 해외시장을 진출하는데 있어 수출규제나 장벽이 높은 국가들의 시장을 공략하기 위해서 우회적인 침투, 틈새시장 공략, 저임금 시장 확보 전략을 위한 방편으로 활용한다.

(1) 시장지향형 투자

시장지향형 투자는 기존의 시장점유율과 판매망을 유지하면서 제3국으로의 새로운 시장을 개척하기 위한 투자를 말한다. 시장 지향형 투자는 생산활동에 있어 상부보다는 하부에 투자를 집중하는 경우가 많다.

시장지향형 해외투자는 다국적 기업들이 특정국가로 수출하다가 관세 또는 비관세 장벽으로 인하여 수출을 직접투자로 전환하는 것을 말한다. 시장지향형 투자를 하기 위해서는 투자하려는 나라에는 강한 소비수요가 있어야 한다. 다국적 기업은 그 지역 및 나라의 소비자 취향 및 필요에 부합하는 제품을 생산하여야 하며, 언어, 상관습 등 경영을 포함한 모든 부문을 현지화해야 한다. 또한 해당분야에서 글로벌 생산네트워크를 가지고 있어야 하며, 마케팅 전략을 통해 시장에서 선도적 역할을 할 수 있어야 한다.

(2) 생산효율지향형 투자

생산효율지향형 투자는 기업이윤을 극대화하기 위해 현지의 생산요소 가격이 상대적으로 저렴한 지역을 찾아 진출하는 것으로 노동 집약적 산업에서 이러한 유형의 투자가 많이 나타나고 있다. 예를 들면, 한국의 신발 제조 기업들과 섬유업체들이 인건비가 저렴하고 양질의 노동력을 보유한 중국이나 베트남 등 동남아 지역으로 공장을 세우는 것들이 좋은 예다.

(3) 자원지향형 투자

자원지향형 투자는 천연자원의 부존도가 높은 지역을 찾아 투자를 하는 것으로 석유, 금속 및 철강부문에서 자원지향형 투자가 많이 이루어지고 있다. 미국의 중동지역 석유투자 등이 좋은 예이다.

(4) 지식지향형 투자

지식지향형 투자는 선진국의 기술이나 경영관리 기법을 습득하기 위해 투자 하는 것이다. 예를 들면 유럽의 기업들이 기술수준이 높은 미국계 기업들을 합병·인수하여 우수한 기술지식을 획득하기 위한 경우와 한국의 반도체 기업들이 실리콘밸리에 연구소를 설립하는 것 들이다.

(5) 위험회피형 투자

위험회피형 투자는 투자지역에서의 정치, 경제적 위험이 없는 국가의 지역으로 진출하려는 것으로, 위험이 높은 지역으로 진출하여 투자를 할 경우 수용내지 몰수의 리스크가 높아 기업에서 달성하고자 하는 목표에 도달할 수 없어 위험도가 낮고 수익성이 높은 지역으로 투자하려는 것이다.

2) 행동적 동기

기업의 해외직접투자는 조직내부의 최고경영자의 의지나 목표에 따라 혹은 조직 내 구성원이나 그룹에 대한 공약 등에 의해서 이루어지며, 외부환경의 변화요인에 의해서도 행해지기도 한다.

행동적 동기를 유발하는 요인을 분류해 보면,

① **1차요인** : 자사제품의 해외대리점 및 고객 등의 요청에 의해서, 판매시장 상실에 대한 우려 때문에, 선도적 역할을 수행하는 효과를 기대하면서, 국내시장에서의 외국기업과 경쟁 예상 등의 해외투자 동기가 있다.

② **2차 요인** : 생산요소 및 관련 제품의 시장을 개척하고자, 노후화된 기계

등의 재사용을 위해, 노하우의 자본화 연구개발 및 기타 고정비의 분산을 이유로, 현지국과 무역협정을 맺고 있는 제3국으로의 우회진출을 위해서 해외투자를 한다.

이상과 같이 행동적 동기를 보면, 기회가 주어졌을 때는 기존 원칙에 얽매이지 않고 새로운 동기에 대한 의사결정을 행하는 것을 알 수 있다.

3) 경제적 동기

경제적 동기는 기업의 합리적인 이윤 추구에 의해 투자가 이루어진다는 것이다. 현지국의 실물자산, 생산요소, 금융 등의 시장이 불완전 상태에 있기 때문에 투자가 이루어지는 형태로, 실물 자산시장이 불완전한 것은 현지 정부의 국내시장 보호정책이나 독점 기업들의 경쟁으로 생겨난다. 현지 시장이 불완전하더라도 충분한 잠재수요가 있다면 경영활동에 제약이 없는 국제기업들은 해외진출을 통한 직접투자를 행한다. 투자 기업들이 불완전한 시장에 진출하여 성공할 수 있는 이유는 기업들의 규모의 경제, 전문적 경영관리, 제품 및 생산요소 시장에 대한 우월한 지식, 첨단 기술, 막대한 자금 공급 능력 등을 보유하고 있기 때문이다.

4) 비경제적 동기

해외투자가 본국의 정치적, 전략적인 목표를 이루기 위한 수단으로 사용되는 경우이다. 우리나라도 이와 같은 이유에서 개발도상국의 지원을 위한 공기업의 해외투자를 하고 있으며, 이는 완전한 시장경제라기보다는 정부의 지원 아래 이루어지기 때문에 정치적, 전략적 차원이나 최고 경영층의 개인적인 철학 또는 기업조직이나 내부 구성원들에 대한 공약 등의 이유에서 수행되고 있다.

또한 기업의 경쟁력 향상을 위해서 해외투자를 하는 경우가 있다. 해외투자를 통한 글로벌 경영능력과 기술 습득, 글로벌 금융 등을 활용할 수 있어 기업의 경쟁력 향상이 된다. 이와 같은 경쟁력은 향후 세계시장에서의 생존과 성장을 위한 목적과 이윤창출이라는 해외진출의 궁극적인 목표를 달성하게 된다.

기업이 국내시장에서만 매출액을 영위한 상태에서 여러 가지 환경요인으로 국내경기가 어려움에 처할 경우에는 다른 대처방법이 없다. 그러나 기업이 자산구성을 다변화함으로써 경제 환경의 변화에 따른 자산구성의 리스크를 축소하기 위해서 해외직접투자를 활용하는 것으로, 국내 시장에서만 포트폴리오(Portfolio)를 구성하는 것보다 위험분산의 효과가 더 크기 때문이다.

분산 투자에 의한 기업의 해외직접투자는 개별자산에 대한 체계적 위험관리로서 그 자산의 총 위험보다는 포트폴리오 분산투자효과를 이용하여, 체계적 위험(분산불능위험)을 여러 국가에 분산함으로서 그 위험까지도 줄일 수 있다는 것이다.

따라서 해외진출을 수행한 다국적 기업들은 국내 경기변동에 대한 대응방안을 현지 투자국들의 생산규모 조정 등 다양한 방법으로 대처할 수 있다.

2. 해외직접투자의 유형

해외직접투자의 유형으로는 해외 현지법인의 설립, 기존 외국법인의 자본참여, 부동산 취득, 지점 설치 등이 있다. 해외직접투자(OFDI)는 소유권정도에 따라 전략적 제휴, 합작투자, 단독투자로 구분할 수 있으며, 단독투자는 진출형태에 따라 신설(Greenfield Investment)과 M&A(Mergers and Acquisitions : 인수합병)로 분류된다.

1) 전략적 제휴

(1) 전략적 제휴의 개념

전략적 제휴의 정의는 전략적 의도와 전략적 형태 등 2가지 기준으로 정의될 수 있다. 전략적 의도란 범세계적 시장에서의 포괄적 협력, 기존 경쟁관계에서의 제한적인 협력, 기술 개발과 같은 특수한 영역에서의 협력 등 의도적인 협력관계를 중심으로 하는 경우이다. 전략적 형태는 특정형태의 기업 간 협력에 초점을 두고, 미국, EU, 일본의 세계 삼각지역내 복수의 사업당사자 사이의 쌍방향 협력과 계약형 합작사업 등과 같은 비정형적 협력 형태를 말한다.

(2) 전략적 제휴의 분류

협력의 동기를 중심으로 한 전략적 제휴의 분류를 살펴보면, 기술제휴, 조달제휴, 판매제휴 등으로 분류할 수 있다.

기술제휴는 기술의 공동개발과 상호교환 등을 의미하며, 조달제휴는 부품 및 생산 위탁원재료의 복수공급 등을 의미한다. 판매제휴는 공동의 브랜드 사용, 위탁・교육 판매, 규격의 공동설정 등 판매와 시장영역의 배분을 조정으로 통하여 나누는 것을 말한다.

2) 합작투자(Joint Venture)

합작투자 방식은 일정한 부분에 대한 투자를 통해 동반 파트너와 신규 법인을 설립하여 함께 경영에 참여한다는 측면에서는 전략적 제휴의 범주에 포함될 수 있다. 하지만, 진정한 전략적 제휴(Strategic Alliance)관계가 되기 위해서는 동반 참여 기업 간 지속적이고 적극적 협력관계가 요구된다.

합작투자는 기업이 새로운 시장에 진출하고자 할 때, 현지시장에 대한 정보가 부족하고 위험부담이 클 때 많이 활용하는 방법이다.

장점으로는 첫째, 새로운 투자에 대한 자금을 합작기업으로부터 일정부분을 조달할 수 있어 재정적인 부담이 줄어든다. 둘째, 진출하고자 하는 시장에 대한 정보를 합작기업으로부터 제공받을 수 있어, 진입단계에서부터 공장입지, 인허가등에 대한 부분을 어렵지 않게 처리할 수 있다. 또한 시장에서의 소비자 제품 취향 등에 대해서도 정보를 취득할 수 있는 등 정보획득에 대한 비용도 절감할 수 있다. 셋째, 현지시장에서의 마케팅 활동에도 많은 도움을 받을 수 있어, 기업의 이미지 형성이나 네트워크 형성에도 유리하다. 넷째, 현지국에서의 정치적 리스크(Risk)를 감소시킬 수 있다. 합작기업이 이미 현지시장에서의 정치적인 위험에 안정적 위치를 확보하고 있기 때문에 상대적으로 안정적인 상황을 지속할 수 있다는 것이다.

반면, 이러한 장점에도 불구하고 합작투자는 해당기업 간 경영방식 및 전략수립에 있어 서로 간 의견 차이를 보이면, 협의와 조정에 많은 시간과 비용이 발생할 수 있다. 이로 인해 협의가 안 될 경우에는 합작투자 자체가 진행될 수 없는 경우도 있고, 기술 이전 등에 대해서도 향후 문제가 될 수 있는 소지가 있다.

Joint Venture는 자본을 출자하여 기업을 설립하고, 규정에 의해 기업의 이익과 손실을 출자비율을 기준으로 분배, 분담하는 형태의 자산적 결합과 공동출자 없이 경영관리, 공학상 권리, 기술, 서비스, 특허권, 상표권 등을 계약이나 협정의 형태로 이루어지는 비자산적 결합이 있다.

3) 신설(단독)투자(Greenfield Investment)

신설투자는 기업이 단독으로 신규법인을 설립하고 투자 대상국의 용지를 직접 매입하여 공장이나 사업장을 짓는 방식의 투자를 말한다.

신설투자의 장점은 투자규모에 따라 생산설비 규모를 조절할 수 있고, 현지 인력을 고용하는데 있어 유리하며, 생산라인 배치 등에 있어서도 생산품목과 현지시장에 맞는 품목을 선택하여 조절할 수 있다.

그러나 단점은 새로운 신설투자에 따른 공장부지 확보, 각종 인허가, 건설 등에 있어 상당한 시간과 비용 등이 소요된다는 점이다. 또한 현지의 다양한 위험과 투자자금의 단독출자라는 부분도 부담으로 작용한다.

4) 인수합병(M&A : Mergers and Acquisitions)

M&A 란 두 개 이상의 기업이 통합으로 인하여 하나의 기업이 되는 기업합병(Mergers)과 인수기업이 인수대상기업의 주식이나 자산을 전부 또는 일부 매입함으로써 경영권을 획득하는 기업인수(Acquisition)의 개념이 결합된 것이라고 할 수 있다.

그러나 현재는 M&A의 개념을 기업에서의 경영권 획득을 목적으로 행해지는 모든 행위를 포괄적으로 인용하고 있다.

인수합병이란 해외 현지시장에 진입하는데 기존기업의 설비, 판매망, 인력 등을 그대로 이용할 수 있는 장점이 있는 반면, 현지기업의 인수에는 직접 생산설비를 설치하는 것보다 더 많은 자금을 필요로 하기 때문에 투자자금이 생각보다 많이 소요된다는 것이다.

또한 기업인수시에 기존 핵심인력들이 이탈할 경우 기술이전 등의 혜택을 받지 못할 수도 있기 때문에 이들을 어떻게 유지시키느냐가 투자의 성패를 좌우 할 수 있다. 따라서 인수합병 시에는 이러한 여러 가지 상황에 대비한 경영관리가 핵심이 될 수 있다.

3. 해외진출 기업의 유형별 비교

기업의 해외진출에 대한 단독투자, 합작투자와 M&A에 대한 투자 유형별

장 · 단점을 비교 분석해보면 다음과 같다.

〈표 6-1〉 단독투자의 장·단점

구분	단독투자(Green Field Investment)
장점	- 독립적 경영 가능, 독점적 권리 행사 - 자회사 통제용이, 통합비용이 필요 없음 - 경영자원의 내부화(기술, 브랜드 등), 사업실패 시 철수 용이
단점	- 피투자국 정부 및 경쟁업체 견제에 대해 자체 해결 - 단독투자 시 시장 적응력 문제 - 시행착오로 인한 비용 및 위험 증가

〈표 6-2〉 합작투자(JV)와 M&A(인수합병)의 장·단점

구분	합작투자(Joint Venture)	인수·합병(M&A)
장점	- 신규시장 적응력 빠름 - 모기업의 독립성 유지 - 파트너 변경용이,경쟁자와 동반 활동 - 규모의 경제 실현 가능 - 경영자원의 확보 가능(기술, 노하우) - 투자내용 협의로 리스크 제거 - 자금부족분에 대한 자금조달 가능 - 기업이미지 형성, 마케팅 활동 유리	- 파트너 기업자산에 대한 통제강화 - 경쟁업체 흡수 - 경영자원의 확보(능률 향상) - 신규시장 적응력 빠름 - 규모의 경제를 통한 시너지 효과 - 위험의 분산(투자) - 마케팅 믹스 변경 용이
단점	- 모기업의 통제력 약화 - 핵심 기술 및 노하우 등 유출 우려 - 경영전략 등 의견충돌 가능성	- 인수시 합병비용 발생 가능 - 직원간 문화적인 충돌 가능성 - 통합을 위한 노력이 필요함

제3절 해외직접투자 이론과 결정요인

1. 해외직접투자 이론

1) 더닝(J. H. Dunning)의 절충이론

기업들의 해외직접투자는 다국적 기업들이 활발하게 활동하는 1960년대 이후 많이 이루어졌다. 이에 대한 직접적인 연구는 더닝(J. H. Dunning)의 절충이론을 기본으로 설명하고 있으며, 더닝은 해외직접투자의 의사결정을 기업특유의 우위요소, 내부화 우위요소, 입지상의 우위요소 등으로 설명하고 있다.

(1) 기업특유의 우위요소(owner specific advantage)

기업특유의 이점이란 해외 진출하고자 하는 국가의 현지기업에 비해 불리한 여건을 극복하고 경쟁을 해 나갈 수 있는 외국기업만의 기술, 마케팅 경영능력, 규모의 경제 등을 말한다. 외국기업이 당면하는 불리한 여건 속의 어려움이란 현지 소비자의 기호, 법률규모, 사회적 관습의 차이, 지리적 거리비용 등이다.

(2) 내부화 우위요소(internalization advantage)

기업은 해외직접투자의 여러 가지 어려움에 대한 분석결과 기업특유의 경쟁우위 요소들이 상당부분 있어도 반드시 해외직접투자를 하지는 않는다. 왜냐하면 해외직접투자만이 좋은 결과를 가져오는 것이 아니기 때문이다. 수출이나 국제 라이선싱을 통해서도 기업이윤을 창출할 수 있다.

해외직접투자는 높은 관세 등으로 인해 시장 진입비용이 높거나 합작선의 기회주의적 행동이 의심스러울 때 행해지며, 내부화의 경쟁우위를 최대한 살려야 한다. 이러한 내부화의 경쟁우위는 문화나 언어의 동질성이 중요하고 동질성이 높을수록 기업특유의 우위를 좀 더 쉽게 국가 간에 이전할 수 있게 된다.

(3) 입지상의 우위요소(locational advantage)

기업특유의 우위와 내부화의 우위가 경제적으로 타당하다면 해외직접투자 지역을 선정한다. 이때는 투자지역의 입지적 이점을 고려하여, 기업의 경쟁 우위를 활용할 수 있는 지역인지의 여부와 생산 및 판매활동에 유리한 지역인지를 판단하여 결정하여야 한다. 예를 들면 판매시장의 규모, 인건비 수준, 인력의 질, 현지자금 조달 가능성, 소득세율, 외국인 직접투자 지원제도 등의 다양한 요인들이 이에 해당한다.

절충이론에 의하면 기업은 현지투자를 통해 소유경쟁우위를 높이고, 경영 노하우와 제품생산 기술력과 같은 기업특유의 우위를 통해 높은 내부화를 달성할 수 있다. 또한 입지우위를 통해 해외에서 생산되는 제품이 현지 저임금 노동력을 이용한 가격경쟁력을 갖게 함과 동시에 현지 소비자들에게 친숙한 이미지로 다가설 수 있다.

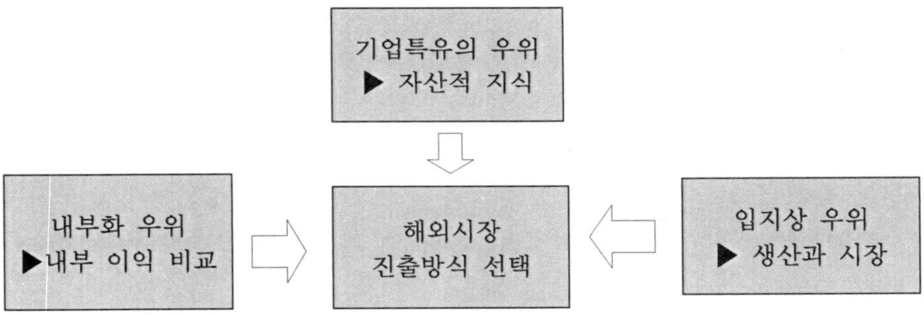

〈그림 6-1〉 더닝(J. H. Dunning)의 절충이론과 해외시장진출방식

이상과 같이 절충이론은 기업특유의 우위요소와 내부화 우위요소, 그리고 입지상의 우위요소가 모두 충족될 때 해외 직접투자가 이루어지게 된다. 그리고 기업특유의 우위요소와 내부화 우위요소만이 충족되는 경우에는 수출이 이루어지게 되고, 기업특유의 우위요소만이 충족되는 경우에는 라이선싱이 이루어지게 된다고 주장한다. 결국 이 이론은 상기 3가지 조건이 동시에 만족될 때 다국적 기업이 된다는 주장이다. 또한 독점적 우위요소를 가지고 있는 기업이 자국시장 바깥에서 이러한 독점적 우위요소를 보다 더 활용하고 이러한 우위요소를 내부화함으로써 이익을 극대화시키게 된다고 주장한다.

2) 독점적 경쟁우위론(Theory of Monopolistic Competition)[12)]

힘머(S. H. Hymer, 1939-1974)와 킨들버거(C. P. Kindleberger, 1910-2003)에 의한 독점적 경쟁우위 이론은 투자기업인 외국기업이 현지기업에 비해 현지의 제반 환경을 잘 알지 못하기 때문에 추가적인 비용을 부담하게 되는 등 여러 가지 불리함에도 불구하고 본래적인 우위를 가진 현지의 기업과 어떻게 성공적으로 경쟁할 수 있는가에 대해 초점을 맞춘 설명을 하고 있다. 여기에서 본래적 우위란 현지 소비자의 기호, 기업 활동에 대한 현지 법률적 · 제도적인 틀, 현지의 경영관습 등을 포함한다.

힘머는 해외직접투자요인을 설명하기 위해서는 외국 투자기업은 현지기업(Local Firms)이 보유하고 있는 갖가지 우위를 상쇄하고도 남을 만큼의 성공적인 투자를 수행할 만한 특정한 우위요소를 가져야 한다는 점과 이러한 우위요소를 현지기업에 판매할 수 있는 시장이 불완전하다는 점을 규명하여야 한다고 주장한다.

외국기업이 해외 현지에서 성공적으로 사업을 수행하기 위해서는 외국기업으로서의 불리한 점을 충분히 상쇄할 만한 능력을 가져야 하는데 이것이 기업특유의 독점적 우위요소이다. 이는 기업이 오랫동안의 투자를 통해 기업내부에 축적해 놓은 기업특유의 자산적 지식으로 생산기술, 마케팅 노하우, 경영관리 능력, 상표 및 특허권, 규모의 경제, 자본조달 및 관리능력, 수직적 통합의 경제성 등의 형태로 나타난다.

이러한 독점적 우위요소들은 기업내부에서 공공재(public goods)와 같은 성격을 갖기 때문에 해외에 소재하고 있는 자회사들은 모기업에 어떤 추가적인 대가 없이도 이용할 수 있다. 기업의 공공재로는 특별한 지식이나 기법, 제품 차별화 능력, R&D로부터의 지식이 가져다주는 우위 등을 들 수 있다.

현지기업이 이러한 기업특유의 우위요소를 획득하려면 많은 시간과 비용이 소요되기 때문에 외국기업은 이들 독점적 우위를 통하여 본국에서와 동일한 제품을 해외에서 생산하는 수평적 투자(horizontal direct investment)를 할 경우 제품을 차별화할 수 있다. 또한 과점적 형태의 산업구조로 추가적인 이익도 누릴 수 있게 된다. 이들 기업특유의 우위요소가 해외에서 충분히 활용되기 위해서는 기업내부에서 국경을 넘어 쉽게 이동이 가능해야 하는데 이는

---

12) 이천우(2016년), "해외투자론", p.52~57, 일부 인용.

기업내부에서는 제로(0)에 가까운 한계비용으로 이전되기 때문이다.

그러나 기업이 독점적 우위요소를 가지고 있다고 할지라도 바로 해외직접투자가 실행되지 않는다. 해외직접투자의 수익이 수출이나 라이선싱의 이익보다도 커야 해외직접투자가 가능해진다. 이는 시장의 불완전성으로 설명되며, 킨들버거도 외국인 직접투자가 가능하기 위해서는 기술을 포함한 재화 및 요소시장의 불완전성, 시장을 분리하는 정부나 기업의 간섭이 존재해야 한다고 주장하였다. 시장이 불완전하기 때문에 기업은 독점적 우위를 가지며, 이러한 독점적 우위를 이용하기 위해 직접투자를 한다는 것이다.

시장의 불완전성은

① 제품시장에서의 불완전경쟁요소(품질, 브랜드, 이미지),

② 요소시장에서의 불완전경쟁요소(비공개기술, 기술획득 및 조달상 우위),

③ 규모의 이점(규모의 경제, 수직적 통합),

④ 인위적 시장불완전성(수입규제)에 기인한다.

이러한 요소가 특정기업만의 특유한 우위이며, 해외시장 진입을 가능하게 한다.

기업의 독점적 우위요소에 관한 연구는 R&D 집중도, 광고비집중도, 물적 집중도를 중심으로 이루어졌으며, R&D 집중도는 기업의 해외직접투자를 결정하는 중요한 요인으로 간주된다.

R&D 집중도는 내생적 매몰비용과 연관 산업에 대한 과잉이윤을 창출하기 때문에 해외진출 기업에 대해서 긍정적인 효과와 부정적인 효과를 모두 가지고 있다. 투자기업이 독점적 우위요소를 가질 경우 해외직접투자 유입과 正(+)의 관계를, 그렇지 못할 경우 負(-)의 관계를 가질 것으로 생각할 수 있다.

독점적 지식의 중요성은 마케팅에서도 적용되는데, 차별화된 제품을 생산하는 기업일수록 광고를 통하여 제품의 특성을 소비자에게 알리는데 치중할 것이라는 가정 하에 광고 집중도는 제품차별화의 측정치로 사용되었다. 따라서 제품차별화가 높은 산업일수록 마케팅 분야에 독점적 지식을 보유하고 있다는 것을 의미하며, 해외직접투자의 중요한 요인으로 작용한다.

3) 제품수명주기 이론

버논(Raymond Vernon, 1913-1999)에 의해 제시된 이론으로서 제품의 각 수명주기단계에 따라 매출액과 수익, 경쟁 그리고 생산비 등이 변화해가는 현상을 가지고 해외직접투자를 설명한 것이다.

수명주기 이론에서는 수명주기를 신제품단계(new product stage), 성숙제품단계(maturing product stage), 표준화제품단계(standardized product stage)로 구분하고 있다.

① 신제품단계

신제품단계에서는 새로운 제품이나 새로운 비용절감형 공정 등이 미국과 같이 기술적으로 우위에 있고, 소득수준이 높으며, 시장규모가 충분한 경우 등 수요측면의 제반 여건이 잘 구비된 국가에서 가장 먼저 개발되는 경향이 있다. 개발된 제품들은 먼저 소득수준이 높은 선진국의 국내 고소득층에 의해 소비되고 국내수요가 어느 정도 충족됨과 동시에 점차 해외수요가 창출된다. 또한 선진국의 기술개발 기업은 기술상의 격차를 이용하여 처음에는 통신비용이 적게 들고, 경제, 문화, 소득 면에서 동질성이 가장 높은 유럽의 여러 선진국에 그 제품을 수출하게 된다. 이 단계에서는 시장에의 적응과 제품의 기술개선 등으로 제품의 표준화를 하지 못하며, 또한 생산과 마케팅 간 의사소통이 빈번히 이루어지기 때문에 시장과 가까운 곳에서 제품을 생산하는 것이 중요하다. 신제품 단계에서는 경쟁기업은 적지만 생산비는 약간 높은 것이 특징이다.

② 제품의 성숙단계

제품의 성숙단계에서는 생산 경험효과가 축적됨으로써 비효율적인 제품디자인이나 생산방법이 사라지고 융통성이 줄어들며 제품의 형태는 점차 안정이 된다. 또한 구매자의 지식 증가로 수요는 점차 가격 탄력적이 되어 생산비가 중요하게 된다. 이 단계에서는 기술은 안정화 되고, 소득 증가로 규모의 경제를 실현할 수 있는 기회가 나타난다. 예를 들면, 미국의 기술개발 혁신기업 이외의 다른 국내기업들도 점차 기술을 쉽게 이용하거나 모방할 수 있는 능력을 갖추게 되어 동일한 제품이나 유사한 제품을 생산하게 되면 시간이 흐름에 따라 신제품의 해외수요는 증대된다. 이와 더불어 유럽에서의 다른 선진국기업들도 해당 제품의 생산기술을 습득하고 동일한 제품을 생산하고, 그 제품을 자급자족하고 점진적인 기술개발과 수출시장의 확대, 규모의 경제를 통한 원가인하 등으로 점차 경쟁력을 갖추어 간다. 그 결과로 유럽 국가들에 대한 미국의 수출은 점차적으로 비교우위를 상실하게 된다.

더구나 자국의 유치산업을 보호하기 위하여 해외에서 수입되는 제품에 대해 관세 및 비관세장벽 등을 구축하게 되면 기술개발 혁신기업으로서는 수출이 점차 힘들게 된다. 따라서 원 혁신국의 입장에서는 본국과 해외 현지국과의 노동비용의 차이 등으로 인하여 해외직접투자를 하여 거기에서 제품을 생산하여 판매하는 것이 훨씬 더 유리하게 된다.

③ 표준화단계

표준화단계에서는 제품 및 생산기술이 전 세계 표준이 됨에 따라 가격경쟁이 격화되고 유럽선진국들도 후진국의 기술습득, 저임금, 수출드라이브 정책 등으로 인하여 점차 후진국과의 경쟁에서 뒤처지게 된다. 따라서 이 단계에서는 후진국에 대한 수출은 물론 유럽과 미국의 수출까지도 후진국에서 담당하게 된다.

그래서 원 혁신국 기업은 본국의 시장을 방어하고, 후진국이 원 혁신국에 역수출하기 이전에 생산비가 저렴한 후진국에 생산시설을 이전시켜 제품을 생산한 다음 이것을 역수입하는 방안을 강구하게 되면서 해외직접투자가 이루어지게 된다.

제품수명 주기이론은 제2차 세계대전이후 미국의 서유럽 직접투자를 기술과 임금격차로 설명한 이론으로 수출을 통해 해외진출이나 국제기업의 최종재 거래활동에 대해서는 설득력이 있으나, 기술격차에서 임금격차로 이행하는 과정이 불분명하고 자본집약적인 산업에는 적합하지 않은 이론이다.

4) 내부화이론

내부화이론은 버클리&카슨(Peter Buckley & Mark Casson)이 거래비용이론을 기초로 하여 시장의 불완전성 때문에 시장을 통하여 재화나 용역을 이전하기가 어려울 경우, 기업이 이전행위를 내부화함으로써 기업내부에 내부시장을 조성한다는 것이다. 이러한 내부화를 해외직접투자라고 설명한다.

경영자원 중 기술과 브랜드는 시장을 통한거래가 어려운 자원이고, 원자재의 해외구매 역시 가격, 품질, 납기일 측면에서 많은 불확실성이 존재하기 때문에 이런 거래를 기업내부거래로 내부화함으로써 시장거래비용을 줄이고 효율성을 높인다는 것이 이론의 핵심이다.

또한 버클리&카슨은 내부화 이익과 내부화 비용이 한계적으로 같아지는 수준까지 내부화가 계속된다고 주장한다.

내부화이론에 의하면 내부화에는 세 가지 패턴이 존재한다.

첫째는 중간재 시장의 내부화로 수직적 해외직접투자가 일어난다는 것이고, 둘째는 지식 및 기술시장의 내부화가 수평적 해외직접투자를 이끈다는 것이고, 마지막으로는 자본시장의 내부화가 다각적 해외직접투자를 이끈다는 것이다.

결국 내부화란 시장실패로 인하여 시장의 거래가 원활히 이루어지지 못할 때 그 거래를 기업내부로 대체하는 것이다. 내부화이론은 이러한 시장 대체로 해외직접투자를 설명한다.

시장내부화이론은 기업이 지식시장의 불완전성에 기초하여 정상적인 시장거래를 통해 이루어지는 여러 가지 외부시장 기능을 다국적기업 체계 내에서 내부화하여 내부시장을 창출하고 이를 통해 자사가 보유하고 있는 우위를 최대한 활용한다는 것이다.

내부화이론에 따르면, 특정기업에 조달해야 하는 기술・특허・인적자본과 같은 무형의 중간재와 부품・반제품과 같은 유형의 중간재가 거래되는 시장이 불완전할 경우 그러한 불완전성에서 비롯되는 거래비용과 조달 불확실성을 회피할 목적이나 기업 내 거래를 통하여 수행되는 외부시장 기능을 기업내로 내부화하여 국경을 초월한 내부시장을 창출하겠다고 결정하게 되면 해외직접투자가 이루어진다는 것이다.

예를 들어, 무형중간재의 하나인 기술을 보면 이는 하나의 상품으로서 매매가격 산정이 어렵고 판매자와 구매자 간의 기술 정보유통도 어렵다. 특히 특정기술이 첨단 신기술로서 독점적 경쟁우위를 확보할 수 있는 원천이 된다면 A기업은 특정기술을 판매하거나 해외 라이선싱을 통해 외부화시키는 것을 극도로 꺼릴 것이다. A기업으로서는 해외직접투자로 B기업을 매수하여 해외 현지 자회사로 만들어 수직적으로 통합된 자회사로서 생산 공정의 국제분업에 참여시키면서 국경을 초월한 기업 내 라이선싱・기술제휴 등의 계약을 통하여 로열티 등을 받으며 특정기술의 교역을 내부화시킬 수 있다. 이런 논리에 입각하여 특정기업이 국경을 초월한 무형중간재 내부시장 창조로 해외직접투자를 결정한다.

이는 기존의 이론이 생산기능을 중심으로 해외직접투자를 설명하였던데

반해 내부화이론은 지식이나 숙련과 같이 중간생산물의 흐름과 밀접한 관련이 있는 마케팅, 연구개발, 직업훈련, 경영진, 자금 확보 및 금융자산 관리 등의 중요성을 강조하고 있다. 특히 기업의 중간생산물은 특허나 인적자본 등에 체화된 지식형태를 취하는 경우가 많기 때문에 기업은 자사가 개발한 이러한 우위요소를 정상적인 시장거래를 통해서 활용하고자 하지만 현실세계에서는 시장불완전성으로 인하여 이를 활용할 수 없다는 것이다. 따라서 시장거래를 통해서 거래하기보다는 기업내부로 흡수하여 내부시장을 형성하여 활용하고자 한다는 것이다.

시장내부화이론은 이익의 극대화를 가능하게 하는 독점적 우위요소의 존재를 전제로 하고 있다. 기업은 자사가 소유하고 있는 독점적 우위요소를 오로지 해외직접투자만을 이용하여 활용한다. 독립적 기업 간의 거래비용은 동일기업 체계 내에서 이루어지는 이전비용보다 훨씬 더 높기 때문에 시장내부화가 이루어진다는 것이다. 이러한 측면에서 보면 시장내부화이론은 기업의 자산이 기술집약적일수록, 독점적 우위요소가 다른 요소보다 더 기업특유의 차별화 우위요소일수록 내부화하고자 하는 경향이 높다는 것이다.

그러나 내부화이론 역시 해외시장 진출동기가 불명확하고, 시장의 불완전성을 해외직접투자의 이유로 설명하는 것은 확대해석이라는 이론적 한계가 있다.

2. 해외직접투자를 위한 결정요인

1) 기업의 입지요인

이는 생산관련요인과 시장관련요인으로 구분할 수 있고, 생산관련요인은 임금, 생산성, 지대, 사회간접자본 등이 있고, 시장관련요인은 시장규모 문화적 차이, 경쟁상대 등이다.

2) 정부 정책과 조세 제도

해당국가의 정치적 위험이나 무역장벽 등 정부 정책도 큰 영향을 미칠 수 있다. 조세 제도의 경우에는 대체적으로 유입국의 조세가 높을수록 외국인 직접투자의 유입에 부정적인 영향을 미치는 것으로 볼 수 있다. 투자유치국의 법인세가 낮을수록 외국인 직접투자 유치가 증가하는 것은 당연하다.

3) 기타요인

시장규모와 성장률은 해외직접투자의 유입에 상당히 긍정적인 영향을 미친다. 무역거래를 위한 비용, 규모의 경제, 자본의 공급을 통한 이윤 창출 등을 생각할 수 있고, 이들과의 연결고리로 시장규모, 경제정책관련, 인프라, 생산요소의 부존 및 가치 등의 요인이 있다.

(1) 시장규모

기업들이 해외시장에 진출하고자 하는 가장 중요한 동기가 현지의 내수시장을 확보하고자 하는 것이라면 현지 시장의 규모는 해외시장 진출에 중요한 요인이 될 수 있다. 현지 시장의 규모는 해당국의 경제와 밀접한 관련이 있으며, 이는 해당국가의 GDP, 인구 1인당 소득, 중산층의 비율 등으로 측정할 수 있다.

투자대상국의 시장규모가 클수록 기업의 매출액과 수익성에 대한 잠재성이 크기 때문에 다국적 기업들은 더 큰 시장으로의 진출을 기대한다.

(2) 경제성장률 전망

기업들은 해외직접투자를 하고자 하는 현지 국가의 경제성장 전망이 양호할 것으로 예상되는 경우 보다 적극적으로 그 시장에 진출하고자 할 것이다. 다국적 기업의 경우 리스크가 많은 시장보다는 상대적으로 경제성장률이 높고, 경제적 변동이 크게 없는 안정적인 시장으로 진출하고자 한다.

(3) 노동비용 및 인적자원

기업들이 새로운 시장에 진출하기 위한 해외직접투자를 할 경우 상대적으로 낮은 비용으로 이익을 극대화하길 원한다. 비용 중 가장 중요한 것이 바로 인건비이다. 그래서 기업들은 인건비가 사고 노동력이 풍부한 곳으로 진출하고자 하는 것이다. 기업들이 현지시장에서 생산하고 이를 다시 자국 또는 제3국으로 수출하는 경우 인력 효율성이 매우 중요하다. 즉, 기업들은 상대적으로 저렴하면서도 숙련된 인력이 풍부한 지역에 투자를 더 많이 하게 된다. 해외직접투자를 결정하고자 할 때의 주요변수로는 노동 가능인구, 인건비 조정 등이 있다.

(4) 인프라 구축

기업은 현지국의 사회간접자본을 통한 인프라 구축이 양호한 지역을 선호한다. 특히 생산에 따른 제반 문제가 없도록 전력, 용수, 교통, 통신 등이 잘 갖추어진 지역이 있다면 기업들은 투자지역으로 더 선호하게 된다. 양질의 인프라는 기업들의 생산을 용이하게 하고, 물류비용 절감과 판매를 용이하게 한다. 따라서 다른 조건이 같다면 인프라 및 제반 시설이 양호한 지역을 선택하여 투자하게 된다. 인프라에 대한 변수로는 전력, 용수, 통신, 도로 등이 있다.

(5) 경제정책(개방화)

기업들이 현지시장에 진출하기 위해서는 외국기업들에 대해서 친화적이면서 규제가 적은 지역을 선호한다. 현지 생산 후 수출까지 할 수 있음을 고려한다면 정부의 개방화 정책이 잘되어 있는 지역으로 진출하려는 경향은 당연하다.

또한 무역에 대한 지원정책이 잘 되어 있고, 외국인을 위한 각종 혜택이 양호한 지역으로의 외국인 투자가 많이 이루어지는 것은 많은 연구에서도 잘 나타나 있다. 노무 정책 및 제품에 대한 규제가 낮은 지역이 상대적으로 해외직접투자를 더 많이 유인하게 된다. 이러한 시장 개방 정책에 대한 변수는 외국인 직접투자와 대외무역, 그리고 노무 정책 및 규제 등이 있다.

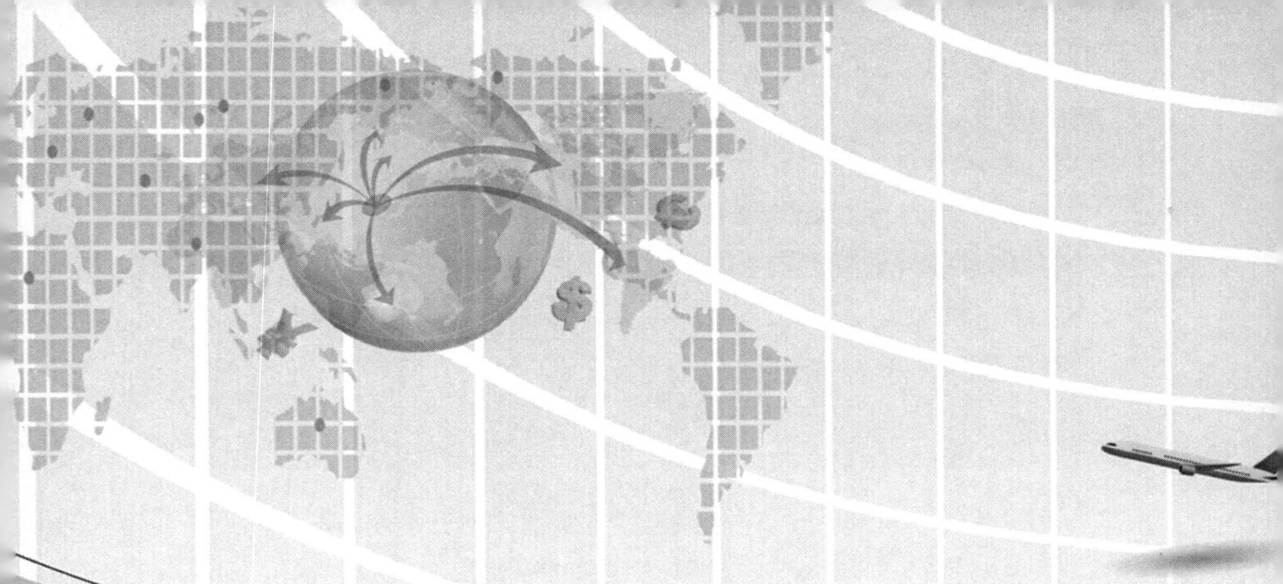

Chapter

07

글로벌 마케팅과 경영전략

제1절 글로벌 마케팅 관리

1. 글로벌 마케팅 관리의 개요

1) 글로벌 마케팅의 개념과 필요성

(1) 글로벌 마케팅의 개념

마케팅이란 본질적으로 구매자 또는 소비자들이 원하는 요구를 충족시킴으로써 이들 삶의 질을 향상시키고 궁극적으로는 인간의 행복을 증진시키는데 목적을 두고 있는 분야라고 할 수 있다.

미국의 마케팅학회(AMA)에서는 "마케팅이란 개인과 조직의 목표를 충족시키는 교환을 창출하기 위한 아이디어, 상품과 서비스의 개념, 가격책정, 촉진과 유통을 계획하고 실행하는 과정이다"라고 정의하였다. 이런 관점에서 현대적 마케팅의 관리이념을 정의하면 소비자 지향성, 기업 목적 지향성, 전사적 마케팅 지향성, 사회적 책임 지향성으로 요약된다.

한국마케팅학회(KMA)는 "마케팅이란 조직이나 개인이 자신의 목적을 달성시키는 교환을 창출하고 유지할 수 있도록 시장을 정의하고 관리하는 과정이다"라고 정의하고 있다.

마케팅에 대한 정의를 세계경제 시장에 도입시킨 것이 글로벌 마케팅이라 할 수 있으며, 이러한 글로벌 마케팅에 의해서 표준화와 통합의 개념이 더욱 더 나타나고 있는 실정이다.

(2) 글로벌 마케팅의 필요성

글로벌 마케팅은 해외시장에서의 마케팅 활동에 따라 수출마케팅, 해외마케팅, 다국적마케팅 등으로 불리고 있다. 따라서 해외시장은 범세계적인 마케팅을 통하여 하나의 통합된 시장의 개념으로 보고 마케팅 활동을 한다.

새로운 무역질서 속에 세계경제의 지역적 블록화와 미국을 비롯한 선진 국가들은 WTO 체제하에서 금융, 보험, 자본 상품에 대한 시장개방 압력과 국내 기업에 대한 보조금 및 국내 산업에 대한 세제 금융상 지원을 철폐하도록 요구하고 있다.

또한 최근의 세계경제 질서는 지역경제의 기존 블록화된 EU에서 영국의 탈퇴(Brexit), 미국의 TPP(환태평양 경제동반자협정)와 NAFTA(북미자유협정)에서의 탈퇴와 재협상 등을 통하여 자국의 이익만을 추구하는 보호무역주의로 가고 있어, 국제금융환경의 동태적 변화와 해외시장 위험 증가는 수출과 해외직접투자 등에 있어 새로운 글로벌 마케팅을 필요로 하고 있다.

2) 글로벌 마케팅의 유형

글로벌 마케팅은 한나라 이상의 국경을 넘어 소비자 또는 사용자에 이르기까지 상품 내지 서비스를 이동시키는 기업 활동의 수행이라고 할 수 있다. 글로벌 마케팅은 글로벌 기업의 대상시장, 마케팅 대상 및 전략, 경쟁대상 및 형태 등에 따른 활동범위와 이윤지향, 시장 확보, 고객지향, 통합적 관리추구 등 마케팅 목표 중 어느 부분에 집중하느냐에 따라 다양하게 구분된다.

(1) 수출마케팅(Export Marketing)

수출마케팅은 자국의 제품, 서비스를 원하는 전 세계 소비자에게 글로벌무역을 통하여 소유권 이전, 유통의 기능을 하는 기업 활동이며, 전 세계 어느 나라의 제품이든지 국내 소비자에게 이전, 유통 시켜주는 수출입의 기능을 동시에 감당할 수 있는 쌍방의 기업 활동이다. 따라서 단순 수출 마케팅과는 그 차원이 다르며, 수출마케팅은 완성품, 현지조립, 현지 제조 후 제3국 수출, 현지 생산 후 본국으로의 역수출 등 모든 마케팅의 개념을 포함하고 있다.

(2) 해외마케팅(Overseas Marketing)

해외마케팅은 수출마케팅에서 발전된 개념으로 국내 생산제품의 수출만을 위한 마케팅 활동이 아니고, 기술제휴나 합작투자, 현지생산, 현지판매 등을 위한 해외에서의 기업 활동을 해외마케팅이라 한다. 이는 글로벌 마케팅의 개념과 별반 다르지 않다. 다만 해외에서의 사업 활동 수행을 위한 기업 확대와 마케팅 활동이라는 점에서 해외마케팅이라 부른다.

(3) 다국적 마케팅(Multinational Marketing)

다국적 마케팅은 다국적 기업의 활동에서 그 의미와 내용을 파악할 수 있다. 다국적 마케팅은 복수의 해외시장에 자체에서 투자한 생산시설로 만든 제품을 가지고, 마케팅 활동을 하는 것으로 현지 소비자의 특성에 맞추어 여러 국가에서 운영하는 기업의 마케팅 활동이라고 볼 수 있다. 해외에서 광범위하게 자산을 확장하는 다국적 기업들은 해외 국가 및 시장에서 현지 기업과 동일하게 사업을 영위하면서, 특정 개별 국가의 현지시장에 맞추어 마케팅 활동을 차별화하면서 경쟁을 한다.

(4) 글로벌 마케팅(Global Marketing)

글로벌 마케팅이란 전 세계시장을 하나의 시장으로 보고, 이를 통합하거나 세분화하여 각국 시장 간의 시장 특성과 소비자의 행동 등을 비교 분석한 해외시장조사를 통하여 연결된 세계적인 관점에서의 마케팅 활동이다. 다국적 마케팅이 개별 국가 간 시장의 발전에 초점을 둔다면, 글로벌 마케팅은 개별 국가를 하나의 세분시장으로 보지 않고 여러 국가 간에 걸친 동질적 세분시장으로 본다. 따라서 세계화의 영향으로 표준화된 마케팅 전략을 중요시 한다.

2. 글로벌 마케팅의 성격과 변화

1) 글로벌 마케팅의 성격

세계화는 전 세계시장을 하나의 거대시장으로 바꾸어 놓았고, 인터넷의 개발과 운송수단의 발달 등으로 전 세계기업들이 국제교역을 통하여 국제화하면서 세계화를 이루어가고 있는 추세이다.

세계가 하나의 거대한 시장경제의 개념이 되어감에 따라 직접 국제경영에 관여하지 않았던 기업까지도 그 영향에서 벗어날 수가 없다. 세계화를 지향하는 기업 활동은 그 영역에서도 국제적이며, 재무, 기술, R&D, 투자, 생산설비, 마케팅 활동, 판매망 등 모든 기업의 활동은 국제화를 넘어 세계화로 나타나게 된다.

글로벌 마케팅을 대하는 접근방법은 상이한 환경에서의 경제적, 문화적, 사회적, 정치적 환경 등을 잘 이해하여 마케팅에서의 4P인 제품, 가격, 유통,

판매촉진 믹스 등을 다양한 전략으로 대응해야 한다. 예를 들면, 제품의 경우 비용 상의 문제나 해당 시장에서의 소비자 요구수준에 맞춘 표준화와 현지화를 결정해야 한다. 가격의 경우 고급제품은 표준화를 시행하지만 해당 국가의 소득수준이나 경쟁상황에 따라 현지화 정책을 시행하는 것이다. 유통 및 판매촉진의 경우 해당국가의 시장 상황과 유통구조 그리고 비용문제 및 문화적 성향에 많은 영향을 받게 된다.

2) 글로벌 마케팅의 변화

글로벌 마케팅의 변화단계는 수출마케팅(Export Marketing)에서 다국적마케팅(Multinational Marketing)으로 그리고 범세계적 마케팅인 글로벌마케팅(Global Marketing)으로 바뀌어 간다. 세계시장은 이러한 글로벌 마케팅을 통한 세계화의 영향으로 무한경쟁의 시장으로 변하고 있으며, 시장의 변화는 규모의 경제를 활용한 자본비용의 증가를 가져왔고, 국제 거래상 통상마찰을 줄이기 위해 해외직접 투자를 하였으며, 지역 경제통합체인 EU, NAFTA 등과 WTO 체제는 유럽 및 북미에 직접투자의 확대와 글로벌화를 촉진하는 계기가 되었다.

또한 교통과 정보통신의 발달은 각종 정보교환과 경영상 의사결정을 쉽고 빠르게 할 수 있도록 하였으며, 시장의 동질화 경향으로 표준화된 마케팅 전략을 수행하도록 했다.

그리고 기술혁신과 제품수명주기의 단축에 따른 연구개발(R&D)에 많은 비용이 들어가고, 이에 따라 매출액 확대가 필요하게 되어 해외시장 진출을 위한 현지국 기업과의 전략적 제휴가 많이 이루어지게 되었다.

(1) 시장확장

국제경영의 초기단계인 기업들과 중소수출업체들은 국내시장에서의 제품을 가지고 해외시장의 소비자를 만족시킬 수 있다고 생각한다. 해외시장을 잉여 생산물의 배출구나 국내 시장의 수급을 맞추는 수단, 규모의 경제를 달성하거나 이윤율을 높이는 수단으로 생각한다.

(2) 다수국가 시장

다수국가 시장의 기업 활동은 해외시장 진출을 이용하여 해외마케팅 활동과 경험을 통합하고 조정함으로써 좋은 성과를 올릴 수 있다고 본다. 여기에서의 마케팅 전략은 해외시장에서 필요로 하는 욕구와 시장조건에 맞는 전략을 수입하여야 하며, 각국의 지사들은 독립적으로 마케팅 계획을 수립하며, 그 외의 시장은 상호 관계없이 별개의 마케팅 믹스 전략을 수행한다.

(3) 범세계화 마케팅

범 세계기업으로 분류된 기업들이 마케팅 활동을 하는 것을 말한다. 세계화된 마케팅 기업들은 표준화된 제품을 개발하고 적정가격을 통한 판매를 함으로써 해외시장에서의 효율성을 추구한다. 전 세계를 하나의 시장으로 보고 기업은 범 세계전략을 세워서 대응하고자 한다.

제2절 글로벌 마케팅 전략

국경 없는 경영을 하는 글로벌 기업들의 시장 환경은 국가 간 무역장벽을 철폐하고, 통신 및 운송수단의 발달과 소비자들의 기호가 세계화로 인하여 유사한 상태가 되거나 통합이 되었다. 이러한 세계시장의 환경에 글로벌 마케팅을 도입하면서 무한경쟁의 시대를 맞게 되었다.

시장 글로벌화의 촉진사유는 소비자 기호의 통일 및 글로벌 브랜드 선호와 글로벌 마케팅을 도입한 기업의 경영전략에 있다는 것이다.

그에 따른 비용증가 요인은 규모의 경제와 기술혁신을 통한 글로벌 생산방식을 도입하면서 절감되었고, 정부요인에 의한 부분은 무역장벽의 해소로 인한 개방적 시장경제의 확산으로 글로벌 시장의 무한경쟁시대가 되었으며, 글로벌 마케팅의 도입으로 인하여 소비자들은 글로벌화가 되었다.

1. 글로벌 마케팅믹스의 개념과 적용

1) 글로벌 마케팅믹스의 개념

마케팅믹스는 기업이 목표시장에서 마케팅 목표를 달성하기 위해 사용하는 통제 가능한 마케팅 수단[13]의 집합이라고 정의할 수 있다. 마케팅믹스는 기업의 매출이나 수요자들의 반응을 위한 제품, 가격, 유통, 판매촉진으로 구성되어 있으며, 마케팅의 목표 달성을 위해 통제가 불가능한 마케팅 환경에도 적절히 대응할 수 있도록 최적의 마케팅믹스를 활용하는 것이다.

2) 글로벌 마케팅믹스의 적용

마케팅믹스의 표준화 및 현지화는 기업의 해외사업 활동과정에서 발생하는 여러 가지 형태의 전략과제 중 중요한 선택과제이며, 마케팅 관리자는 마케팅 활동 중에서 이에 대한 적용 문제를 적절히 선택하여 결정하도록 하여야 한다.

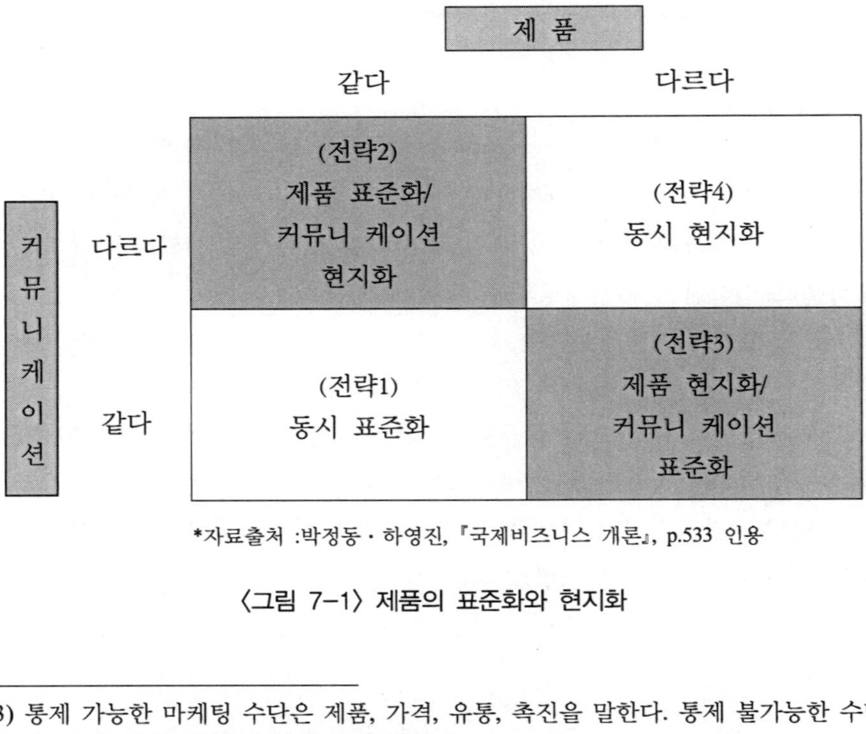

*자료출처 :박정동 · 하영진, 『국제비즈니스 개론』, p.533 인용

〈그림 7-1〉 제품의 표준화와 현지화

13) 통제 가능한 마케팅 수단은 제품, 가격, 유통, 촉진을 말한다. 통제 불가능한 수단은 정치, 법률, 문화적 환경 등을 말한다.

표준화는 국내시장의 마케팅믹스를 해외시장에서도 동일하게 적용하여 사용하는 전략이며, 현지화는 각국 현지시장에서의 상황과 여건에 맞게 수정하여 적응시키는 전략이라고 할 수 있다.

표준화 또는 현지화 전략의 활용에 있어서는 의견이 많다. 새로운 시장의 개척이나 확보는 규제에서부터 서로 다른 소비자의 기호까지 표준화의 이점을 상쇄하는 비용과 시간도 결코 무시할 수 없다. 표준화 전략을 활용한다 하더라도 현지국의 경제, 문화, 정치, 사회 등의 환경적 요인들에 대해 격차를 줄이면서 맞추어 나가는 것이 쉽지 않아 외부여건의 변화에 전략적 선택으로 현지화를 함께 고려하여 시행하는 것이다.

2. 글로벌 마케팅 제품전략

1) 글로벌 마케팅 제품전략

제품전략이란 마케팅믹스의 한 요소로 기업 입장에서 소비자들에게 무엇을 어떻게 제공할 것인가를 생각한다. 마케팅믹스의 제품전략으로는 소비자 가치, 고객의 비용, 편리성, 커뮤니케이션 등으로 요약되며, 고객중심의 제품을 통하여 고객 만족의 극대화를 추구한다. 글로벌 마케팅 제품 전략으로는 현지화, 표준화와 지역별 차별화 전략으로 구분할 수 있다.

① **현지적응전략** : 각 나라별 시장의 특성, 소비자의 기호, 법률적 규제, 표준규격, 기후, 경쟁상태 등에 맞추어 제품을 수정하여 공급함으로써 현지에 적응하는 것이다. 제품 수정 시에는 비용이 소요되지만, 현지국 소비자들의 자사제품 특성에 적응할 수 있도록 마케팅 전략을 잘 세우면 판매촉진 비용도 절감할 수 있고, 이로 인한 판매성과도 따라올 수 있다.

② **글로벌 표준화 전략** : 세계화의 영향으로 인하여 전 세계적으로 통일된 제품을 표준화 된 제품이라고 하면 기업에서는 이러한 제품을 개발, 진출시키는 전략이 필요하다. 표준화제품전략은 제품 수정 시 요구되는 비용을 절감하여 현지 소비자들의 자사제품 선호도를 높이는 효과를 발휘할 수 있다.

③ **지역별 차별화 전략** : 제품의 일부 속성에는 표준화 전략을, 또 다른 속성에는 현지화 전략을 통하여 현지시장의 소비자 요구와 표준화된 글

로벌 제품정책을 개발한 후 지역별 차별화로 현지시장에 적응해 나가는 전략이다.

2) 제품 포지셔닝(Product Postitioning)

제품 포지셔닝은 국가마다 상이한 소비자의 인식을 진출 국가별로 확실히 각인시키고, 시장 잠재력을 개발하고자 진출 제품의 특성을 결정짓는 작업이다.

제품 포지셔닝은 제품의 특성에 대한 분석이 우선되어야 하며, 제품의 특성은 크기, 색상, 상표, 품질, 가격, 기능, 재료, 형태, 수명 등으로 제품에 따라 우선 사항이 달라진다.

제품의 여러 특성 중 현지국의 잠재적 소비를 최우선으로 제품의 특성을 살려야 한다. 또한 자사제품의 특성을 근거로 하여 경쟁사의 비교 제품들도 시장에서의 위치를 살펴보아야 한다.

3) 제품 수명주기 전략

제품의 수명주기는 국제제품정책을 수립하는데 중요한 사항이다.

대체적으로 제품의 도입기⇒성장기⇒성숙기⇒쇠퇴기 단계로 이동한다.

(1) 도입기

제품 자체에 대한 수요자극과 가격전략으로 소비자들의 반응을 얻기 위해 노력한다. 처음에는 시장점유율 확보와 경쟁업체를 억제하기 위해 대부분 고가전략보다는 저가전략으로 판매 전략을 세우기도 한다. 도입기의 핵심적인 사항은 인지도를 높이는 것과 구매유인과 소비자가 사용을 할 수 있도록 제품을 선보이는 과정이라고 볼 수 있다.

(2) 성장기

제품의 판매가 급속히 증가하고 있는 추세로 소비자에게 인지된 제품 취급점이 늘어나고, 경쟁업체도 시장에 진입하여 치열한 경쟁이 예상된다. 그러나 마케팅 촉진과 제품 개선비용, 유통망 확보 등으로 비용 소요가 많아지나, 판매가 늘어나 대량생산에 의한 원가절감 효과와 이윤증대의 효과를 동시에 가져온다. 따라서 성장기에는 경쟁사와의 경쟁에서 뒤처지지 않기 위해 가격부분을 조정하여 가격을 낮추어 가면서 고객을 확보해 나가는 전략을 가져간다.

(3) 성숙기

제품을 개선하는 등 경영진의 다각적인 노력에도 불구하고 매출 성장율은 지속적으로 둔화되는 시점이다. 매출은 최고로 올라가지만 판매증가는 떨어지는 시점이다.

성숙기에는 가격과 우수제품의 개발 영향으로 경쟁에 취약한 경쟁사 제품들은 도태되기 시작하기 때문에 자사의 성숙기 마케팅전략수립 시 시장개발, 제품개선, 마케팅믹스의 수정을 통한 적극적인 전략대책으로 대응한다.

(4) 쇠퇴기

쇠퇴기에 나타나는 주요현상은 제품의 공급과잉 등에 의한 가격하락으로 기업이윤이 감소하게 된다.

이때에는 마케팅전략을 통한 신시장 개척이나 원가관리를 통한 비용절감 등으로 어려움을 극복하면서 신제품을 개발하여 적절한 시기에 신제품을 투입하는 전략을 시행한다.

4) 신제품 개발전략

신제품개발은 제품 수명주기와 밀접한 관련이 있다. 신제품을 투입하면 계속적인 시장과 고객은 확보되겠지만, 이로 인한 개발비, 연구비 등으로 기업이 막대한 손실을 입을 수도 있으며, 기업의 존재에도 커다란 위험이 발생할 수도 있다.

따라서 기업은 이러한 손실을 미연에 방지하고자 글로벌 마케팅 조사활동을 활성화 시켜 기업의 이미지와 새로운 아이디어의 신제품을 개발해야 한다. 신제품을 개발하는데 상당한 어려움이 있고, 제품개발에 성공했다고 하여도 시장에서 성공하리라는 보장이 없기 때문에 시장의 소비자에게 감동을 줄 수 있는 신제품 개발에 전력을 다하여야 한다.

특히 수출기업인 경우는 더욱 더 소비자들의 기호와 욕구에 맞는 신제품을 개발하는 것이 중요하다.

5) 품질의 표준화와 현지화 전략

세계화로 인한 시너지 효과와 규모의 경제를 가능하게 해주는 가장 큰 요인은 전 세계시장이 동질화, 표준화가 되어간다는 것이다. 또한 이들과 함께 기업들이 계속 성장을 위해 필요한 것이 현지화 전략이다. 현지화란 사회 환경에 따라 변화할 수도 있지만, 현지국 소비자의 특성을 고려하여야 한다는 것이다.

① 표준화란 시장 환경 차이에 관계없이 개발된 제품을 그대로 동일화된 상태로 현지국 시장에 판매하는 것을 말한다. 이는 기업의 통일된 이미지 제고와 소비자들의 상표에 대한 충성도를 최대한 활용하여 적극적인 마케팅을 할 수 있다는 것이다.

② 현지화란 현지시장의 기후, 사용조건, 제품 선호도 등의 차이가 존재할 경우 현지시장에 적합하게 수정 적응하는 것을 말한다. 제품의 현지화가 필요한 이유는 이러한 해외시장 간의 차이 때문이다. 이는 현지국의 환경요인과 소비자의 선호, 현지국의 유통시스템, 제품의 수명주기 등을 고려하여 선택하여야 한다. 현지의 조건과 소비자의 기호에 맞는 마케팅전략이 필요하며, 이러한 현지 적응화 전략은 표준화전략의 단점을 보완해 줄 수 있는 전략이라고 할 수 있다.

6) 제품 차별화 전략

차별화 전략이란 동일한 브랜드, 광고, 선전 등 자사제품의 홍보를 경쟁자의 동일제품과 이미지의 차별화(Differentiation)를 통하여 경쟁에서의 우위를 확보하고자 하는 전략이다.

글로벌 마케팅에서 차별화는 기업 가치에 대단한 영향을 미치기 때문에 기업관계자들이 이미지 관리를 위해 상당한 관심을 기울이고 있다. 차별화는 우수한 인력관리, 독립적인 A/S 장치, 신속하고 신뢰성 있는 운송 체계, 제조공정을 위한 최적의 생산요소 투입, 최고 경영자의 판매지원 등으로 경쟁우위를 위한 기업의 모든 활동이 동원된다.

차별화 전략은 홍보로 인하여 단시간에 얻을 수 없는 전략이지만 체계적인 관리를 통해 가치 중심의 경영으로 기업이미지를 제고하고자 하는 마케팅의 필수 전략이다. 왜냐하면 소비자들의 신뢰를 바탕으로 한 지속적인 거래형태로 기업의 자산 가치를 존속시키기 때문이다.

따라서 차별화 전략은 마케팅믹스 전략 중 중요한 전략이라고 할 수 있다.

7) 보증 및 서비스(A/S) 전략

제품의 보증 및 서비스 전략은 소비자들에게 자사제품을 선호할 수 있도록 유도하는데 목적이 있으며, 제품의 보증은 하자가 있을 경우 수리나 교환, 반품, 환불 등 대고객 서비스 차원에서 보증기간 이후라도 제품에 관한 서비스와 정보를 제공해 주는 것이 좋다.

또한 소비자의 현장에서 서비스 및 하자수리를 할 수 있는 체계적인 시스템을 갖추는 것도 소비자들의 선호도를 높일 수 있고, 제품에 대한 신뢰도는 물론 기업제품에 대한 이미지 제고에 매우 효과적이다.

3. 글로벌 마케팅 가격전략[14)]

글로벌 기업들은 운송비, 수요조건과 가격탄력성, 경쟁제품과 대체품의 가격, 관세 및 가격규제와 같은 요인들에 의해 각국별로 가격을 현지화, 차별화하는 전략을 시행한다.

여기에는 소득수준과 경쟁요소들을 보고, 가격탄력성이 높은 국가에는 가격을 낮게 책정하고, 가격탄력성이 낮은 국가에는 가격을 높게 책정하는 전략을 수행하고 있다. 그러나 높은 가격의 동일한 가격책정으로 표준화된 가격정책을 포지셔닝 하는 경우도 있다. 예를 들면, BMW와 벤츠 등은 고급자동차라는 이미지로 표준화 가격을 고수하는 경우이다.

1) 글로벌 가격전략

글로벌 가격전략은 해외시장의 진출상황이 국내시장과는 많이 다르기 때문에 현지국의 소비자들을 대상으로 현지화를 통해 시장수요와 경쟁력을 통한 점유율에 따라 가격전략을 결정하게 된다.

글로벌 가격전략은 해외시장의 다양한 환경요소 속에 경쟁자, 경쟁구도, 경쟁우위와 같은 여러 요인들을 국별로 파악하고 가격결정 전략에 활용하기 때문에 국내가격 책정보다는 복잡하고 어려운 사항이다.

---

14) 박승락, 성옥석(2016년), “세계화와 한국무역”, p.233.

2) 글로벌 가격전략의 목표

글로벌 가격전략의 목표는 투자수익, 시장안정, 시장점유율 확보 및 개선, 경쟁자와의 우위확보, 제품 차별화를 위한 토대를 마련하는 것이다.

초기 시장 진입 시에는 대량생산에 의한 저가전략으로 가격과 제품 수명주기를 고려하여 경쟁우위를 확보한다. 이후에도 저가전략을 계속 활용하는 이유는 빠른 현금 회수와 경쟁자의 신규진입 방지를 위한 조치를 통해 지속적인 경쟁우위 확보와 이윤획득을 유지하기 위한 조치라고 할 수 있다.

따라서 글로벌 마케팅 가격전략에 있어 가격 결정은 시장에서의 가격경쟁과 표준화 된 가격책정의 변화, 자사제품이 시장에서 경쟁우위를 가지고 있어 선두주자로 계속 갈 것인지와 제품수명주기를 고려하여 가격을 결정한다.

3) 글로벌 가격전략의 종류

글로벌 가격전략의 결정은 제품원가를 고려한 가격과 유사한 제품의 경쟁가격, 고객의 구매능력에 의한 최고가격 및 시장가격 등 수요와 공급에 의해서 결정되는 가격이며, 적정한 가격의 결정은 수요와 공급이 일치하는 시장가격이 적정가격(Optimum Price)이라고 할 수 있다.

(1) 초기전략

신제품을 시장에 출시하여 글로벌 시장가격보다 높은 가격으로 설정하여 고소득층 고객들을 초기에 흡수하려고 하는 전략으로, 이윤을 단시간 내 획득할 수 있다는 장점이 있다.

처음에는 고가정책을 쓰고, 시간이 지남에 따라 제품수명주기를 고려하여 중저가, 저가정책으로 변환함으로써 초과이윤을 얻게 된다. 이러한 전략은 신제품 개발과 출시를 통해 가격탄력성이 높은 소비자를 흡수하는 전략이지만, 품질이나 이미지가 소비자들의 반응과 수요의 가격탄력성이 낮은 경우와 소량생산과 대량생산간의 비용 차이가 크지 않은 경우 등 시장에서 충분한 경쟁우위가 있을 때 주로 사용한다.

(2) 개발가격 전략

개발가격전략이란 경쟁우위에 있는 타사기업 제품의 시장진입 시 우위를 확보하고자 고의로 낮은 가격으로 진출하는 것을 말한다. 이러한 개발가격전략은 단기적으로 많은 손실을 입게 되지만, 장기적으로는 개발효과가 충분하고 비용이 저렴하며, 실질 생산규모의 경제를 달성할 수 있다는 전제하에서 대량생산에 의한 대량판매를 통하여 경쟁자의 참여를 억제시키고자 하는데 있다.

(3) 경쟁 가격전략

경쟁적 가격전략이란 해외표적시장에서 경쟁자들의 가격과 조화를 맞춰나가는 전략이다. 이러한 가격전략은 소비자들이 현저하게 알아볼 수 있는 제품이어야 하며, 소비자들의 구매력에 맞추어야 되는 등 주로 경쟁자를 추격하기 위한 수단으로 활용하기도 한다. 경쟁적 가격전략은 경쟁적 입찰조건하에 정부기관과 주요 산업별 소비자에 대한 판매 시 활용하는 가격전략이다.

(4) 프리미엄 가격전략

자사제품의 품질, 브랜드 등 인지도가 높은 현지시장에서 가격탄력성이 낮은 경우 경쟁사보다 일정비율 높게 가격을 유지시켜 나가는 것을 말한다. 일종의 차별화 가격전략이라고도 할 수 있으며, 현지국의 소비자와 시장 동향에 따라 시장과 소비자에 따라 각각 다른 가격을 적용하는 가격전략이다.

해외시장에서의 고품질의 이미지 유지와 기업의 적극적인 마케팅 노력에 의해서만 가능한 전략이다.

(5) 차별화 가격전략

제품의 가격책정을 현지시장에서의 각각 다른 가격을 적용시키는 것을 차별화전략이라고 한다.

글로벌 마케팅의 가격전략에 있어 차별화 된 가격으로 효과를 보려면 세분화된 시장별로 가격탄력성이 달라야 하고, 저가시장에서 판매된 제품이 고가시장으로 재판매되는 일이 없어야 한다. 또한 자사제품이 고가격으로 판매되는 시장에서 경쟁사의 제품이 저가로 판매되는 일이 없어야 한다는 것이다.

4) 글로벌 가격결정의 요인

글로벌 가격결정 요인은 내부요인과 외부요인으로 분류한다.

① 내부요인은 마케팅목표, 마케팅믹스전략, 원가, 가격결정조직 등이다. 마케팅 목표는 가격결정의 기본사항으로 글로벌 기업이 해외시장에서 달성하고자 하는 목표가 무엇인지를 정확히 파악함에 따라 적정가격 산정이 가능하며, 이로 인해 필요한 기업의 전략적 의사결정을 할 수 있다.

마케팅믹스전략은 글로벌 기업이 마케팅 목표를 선정하기 위해 취하는 마케팅믹스 요소 중 하나로 가격결정이 글로벌 제품, 유통경로, 판매촉진 등의 요소와 조화를 이루어야 글로벌 마케팅 전략을 수립할 수 있게 된다.

② 외부요인으로는 수요, 경쟁, 법적규제, 환율, 인플레이션, 시장점유율 등이다. 수요는 글로벌 기업의 제품, 서비스에 대한 소비자들의 지급능력 및 가치와 연관성이 있고, 경쟁의 조건은 적정가격을 결정하도록 하는 기준을 보여주고 있으며, 법적규제는 현지국의 정부와 기업들의 무분별한 가격조정을 규제하는 법적 근거 이다. 특히 환율변동 문제는 가격에 직접적으로 영향을 주게 되는데 가격 상승이 소비자에게 부담을 주게 되면 이를 해소하기 위해 적정이윤에 대한 부분을 감안하여 어느 정도 선까지 가격을 양보할 것인지를 책정할 필요가 있다.

해외시장에서의 가격책정은 인플레이션으로 인한 원가의 상승요인으로 가격상승도 발생할 수 있기 때문에 이러한 여러 가지 요인들을 고려하여 해외시장에서의 적정이윤 확보와 시장유지에 전략적인 대처가 필요하다.

4. 글로벌 마케팅 촉진전략

1) 글로벌 마케팅 촉진전략

(1) 촉진(Promotion)활동의 개념

글로벌 마케팅의 전략적 수단은 제품(product), 가격(price), 촉진(promotion), 유통(place) 등의 계획과 관리를 말한다. 이들을 4P 기능 혹은 마케팅믹스 관리기능이라고 하며, 이중 촉진전략이란 잠재적 소비자를 대상으로 커뮤니케이션을 활용하여 구매자를 자극시켜 제품, 서비스에 관한 정보를 제공하는 마케팅믹스의 모든 수단을 포괄하는 활동이다. 제품에 관한 정보와 가치를 인지시켜 호의적인 태도를 가지게 하고 최종적으로는 제품을 구매하도록 하는 모든 활동 과정이다.

촉진활동의 주요내용은 광고와 인적판매, 홍보, 판매촉진 등의 활동이다.

(2) 촉진활동의 주요내용

① **광고** : 기업 등의 스폰서가 제품이나 서비스 또는 아이디어를 제시하거나 촉진하기 위해 비용을 지급하는 비개인적 형태의 커뮤니케이션을 말한다. 광고에도 인쇄 및 방송매체를 이용한 광고, 옥외광고 등의 다양한 유형이 존재한다.

② **인적판매** : 제품이나 서비스의 판매를 목적으로 하는 기존 또는 잠재고객에 대한 판매 프레젠테이션, 대화 등의 개인적 커뮤니케이션 등을 의미한다.

인적판매를 위해서는 판매 프레젠테이션이 주로 사용되지만, 전시회, 박람회 등을 이용하기도 한다.

③ **홍보**(PR: public relations) : 기업이 자사의 이미지를 제고하기 위해 혹은 자사의 호의적인 평판을 위해 비호의적인 평판을 제거 내지 완화시키려는 커뮤니케이션 활동을 벌이는 것을 통하여 기업과 직간접적으로 관련이 있는 여러 유형의 집단들과 좋은 관계를 유지해 나가는 것을 말한다.

④ **판매촉진**(sales promotion) : 제품이나 서비스의 구매를 촉진하기 위한 단기적인 동기부여 수단의 일체를 말한다. 판매촉진을 위한 수단에는 구매시점 진열, 가격할인, 쿠폰제공, 제품사용 시범 보이기 등이 있다.

2) 글로벌 광고 전략

(1) 글로벌 광고의 이해

글로벌 광고는 소비자 및 관련 이해당사자에게 기업의 아이디어, 제품 및 서비스에 관련된 각종 정보를 여러 가지 전달매체를 통하여 전달해 줌으로써 판매촉진을 유발하는 활동이다. 이러한 글로벌 광고 전략은 현지국의 다양한 사회 환경, 문화, 정치, 경제, 제도, 언어 등의 제요소를 고려하여 시행한다.

글로벌 광고란 수출광고, 해외광고, 다국적 광고 등을 총괄하는 의미이며,

수출광고는 수출상품과 서비스에 대한 광고만을 의미하며, 다국적 광고는 다국적 기업에 대한 의미로 사용한다. 흔히 해외광고를 글로벌 광고라고 하나 글로벌 광고는 단순한 해외시장이 아닌 좀 더 넓은 전 세계시장을 대상으로 한다는 것이다.

글로벌 광고의 유형은 개척광고, 경쟁광고, 재확인광고, 제품광고, 기업광고, 공익광고, 방송매체, 유통업자 광고, 소비자 광고 등이 있다.

(2) 글로벌 광고와 촉진전략

글로벌 광고 전략은 자국에서 사용하던 광고를 그대로 사용할 것인지, 아니면 현지국가에 맞는 새로운 광고로 갈 것인지, 혹은 완전히 새로운 광고의 콘셉트로 갈 것인가에 대한 결정이 필요하다.

글로벌 광고 촉진전략으로는 인적판매, 판매촉진, PR(Public Relations)[15] 등의 전략과 전시회·박람회를 통한 촉진전략도 있다. 인적판매는 기업전체의 차원에서 조정되는 통일된 접근방법이 필요하여 가격이 높은 경우에 이용된다. 판매촉진은 쿠폰이나 샘플, 경품, 소비자 참여교육 등을 통하여 저렴한 비용의 촉진활동을 할 수 있지만, 정부규제를 잘 살펴야 한다. PR(Public Relations)은 경제적 부담이 적고 신뢰도가 높은 메시지를 전달할 수 있어 다국적 기업이 많은 관심을 보이고 있는 분야다.

전시회 및 박람회를 통한 광고 활동은 업계의 최신동향과 추세에 관한 정보수집과 자사를 알릴 수 있는 좋은 기회이며, 자사제품의 전시로 고객, 유통업자, 관련기관 등에 제품을 설명할 수 있는 장소이다. 시간과 경비가 많이 소요되는 단점이 있지만, 관련 정보를 수집하거나 마케팅 활동을 기대할 수 있기 때문에 유통업체와 고객과의 접촉으로 시장조사의 좋은 기회가 될 수 있다.

(3) 글로벌 광고활동의 제약요인

글로벌 기업의 광고 전략은 자사 제품의 표준화와 현지화의 차원에서 결정되어야 한다. 글로벌 광고활동의 제약요인으로는 언어의 차이, 선호도 차이,

---

15) 공중관계라고 할 수 있으며, 공중의 이해관계자들과 관계를 관리하고 이를 바탕으로 현실적인 선에서의 이익 공유를 통해, 다양한 조직체계내의 일련의 대응활동을 총괄하는 것이 PR이다.

정부의 규제, 매체의 이용 가능성 등이며, 언어의 차이는 번역상의 오류나 어감상의 차이로 해석하는 오류를 인지해야 하며, 선호도 차이에 있어서는 각 나라별 선호 색깔 등 상징적인 의미를 잘 파악해야 한다. 정부의 규제는 전달 메시지를 제약하는 요소로 특정 제품, 비교 광고, 시간 배정, 특별세 등이 해당된다.

글로벌 광고는 자체가 서비스산업이기 때문에 전문성과 창조성을 가진 대행사들을 활용하는 방법도 있다. 그러나 브랜드 인지도와 구매 전 단계를 광고하기 때문에 매체선정이나 대행사 선정에 있어 세심한 주의와 선택이 필요하다.

5. 글로벌 마케팅 유통전략

1) 글로벌 유통전략의 개념

글로벌 유통전략은 기업이 제품과 서비스를 소비자에게 이동하는 과정에서 참여하는 개인이나 관련 조직들에 의해 발생하는 각종 금융, 운송, 보관 등의 상업적인 기능 조성을 위한 마케팅 촉진 활동 전략을 말한다. 유통은 생산자의 제품을 최종 소비자에게 전달해 주는 과정이며, 이 과정 속에서 발생하는 중간유통업자의 마케팅 촉진 활동이다.

글로벌 유통의 일반적인 개념으로는 한 국가의 생산자가 중간유통업자와 해외시장의 소비자에게 제품을 이전하는 모든 단계의 절차와 과정 들이다. 국내에서의 유통과 의미차이는 시장이 해외시장이라는 것과 다른 나라를 대상으로 한다는 점이 다르다는 것이다.

2) 글로벌 유통전략의 설계

글로벌 유통전략의 단계는 국가 간 경로로서 시장 진입방법인 수출, 현지 생산 및 판매, 제3국 수출, 라이선싱 등의 경로 설정과 현지 시장 내 상황에 맞는 유통경로를 선정하게 된다.

글로벌 유통전략의 설계는 우선 유통경로에 대한 상황을 분석한 후 경로의 목표를 설정한다. 상황분석은 고객의 구매행동, 서비스 요구에 따른 위치적 편리, 구매에 있어서 대기 및 전달 시간, 제품의 다양한 구색 등을 분석하고, 유통에 영향을 주는 경쟁사와 중간유통 업자에 관한 요인들을 사전에 분석한다. 상황분석을 바탕으로 경로목표를 설정하게 되는데, 경로목표는 서비스요구에 따른 수익률, 시장점유율, 매출성장률 등을 설정하게 된다.

경로설계의 요인으로 고객의 특성과 문화 및 경쟁, 기업의 목표, 소요자본과 비용을 고려한 시장진입의 범위, 통제, 연속성 및 커뮤니케이션에 이르는 다양한 요인에 관한 사항들을 경로설계 시 고려하여야 한다.

제3절 글로벌 경영전략

1. 글로벌 경영전략의 정의

기업들의 경영환경 변화는 빠르게 변화하고 있으며, 국경 없는 기업경영이 가능해짐에 따라 글로벌 경영을 추구하는 다국적 기업들은 세계시장에서 확실한 경쟁우위를 차지하기 위한 핵심역량을 갖추기 위해 지속적인 노력을 하고 있다.

글로벌 경영전략이란 경쟁우위를 점하기 위한 핵심 역량의 자원인 상품이나 서비스, 경영관리, 연구개발, 마케팅 등을 지역적인 경영 상태를 고려하여 적절한 자원 배분을 통해 기업의 목표인 이윤을 극대화하기 위한 계획을 말한다.

글로벌 경영전략은 다국적기업들이 생존하는데 필수적인 것으로, 대부분의 상품시장과 요소시장이 국경을 초월하여 확장되어 있고, 경쟁도 한나라의 시장에 국한되어 있지 않아 세계시장에서 살아남기 위한 글로벌 경영전략을 국내외적인 위험과 기회를 포함하여 수립해야 한다.

2. 글로벌 경영전략의 유형

오늘날의 전 세계시장은 글로벌 기업들 간의 치열한 생존경쟁 속에서 범세계적인 통합 압력과 보호무역주의를 강화하는 등 국가 간에도 서로 상반된 정책으로 인하여 기업들이 글로벌 경영전략을 수립하는데 어려움에 직면해 있다.

글로벌 기업들의 투자수익률을 높이고, 산업내 자신의 위치를 지키면서 경쟁기업을 누르는 등 생존을 위한 본원적 경영전략에는 원가우위전략과 차별화전략이 있으며, 이들은 서로 상반된 특성을 가지고 있다.

1) 본원적 경영전략

(1) 원가우위전략

원가우위전략을 위해서는 가장 낮은 비용으로 생산시설을 집중하고 규모의 경제를 이용하여 대량 생산을 하여 대량 판매할 수 있도록 대규모의 투자가 선행되어야 한다. 이를 위해서는 생산시 전 세계에서 가장 낮은 비용으로 생산할 수 있는 입지에 위치하여야 하고, 규모의 경제를 활용하기 위하여 전 세계 소비자들의 수요가 동질적인 것으로 보고 표준화된 상품을 생산하여 판매하는 전략이 필요하다.

(2) 차별화전략

차별화전략은 기업이 제공하는 제품이나 서비스를 차별화함으로써 산업전반에 걸쳐서 그 기업이 독특하다는 인식이 될 수 있는 것을 창출하는 것이다. 차별화 방법으로는 서비스, 디자인, 상표 이미지와 기술 등 여러 가지 방법이 있을 수 있다. 차별화전략의 장점으로는 고객들의 상표충성도(Brand royalty)와 가격의 비 탄력성으로 경쟁에 시달리지 않고 이윤을 증대시키므로, 낮은 원가체계가 없어도 된다는 것이다. 경쟁기업들도 고객 충성도 및 차별화 된 기존 산업의 특성을 극복하는 것이 쉽지 않기 때문에 진입장벽도 높아진다.

코카콜라와 같이 세계적인 통합에 초점을 두고 표준화 전략을 통한 원가우위전략을 추구해야 하는 경우도 있고, 네슬레(Nestle)와 같이 지역의 요구에 부응해 지역별 차별화 전략에 중점을 두는 경우도 있다.

이러한 원가우위전략과 차별화전략은 서로 상반되는 성격을 지니기 때문에 기업은 상반된 두 가지 방식 간에 어떻게 적절한 조화를 이룰 것인가를 고려하여 전략을 수립해야 한다.

따라서 글로벌경영전략이란 현지국별 사업의 공유(sharing) 및 통합(integration)

을 통해서 세계적 사업성과의 극대화를 추구하는 전략이며, 특정국가에서의 경쟁우위, 판매, 이윤 극대화를 추구하는 다국적 전략과는 차이점이 있다. 즉, 특정국을 대상으로 사업전개를 생각하는 것이 아니라, 전 세계적 관점에서 세계시장에서의 사업전개를 통해 기업의 글로벌화를 통한 이익의 최대화를 목적으로 한다.

해외진출 기업들이 추구하는 글로벌 전략을 원가우위전략과 차별화전략의 정도를 기준으로 글로벌 기업의 경영전략을 구분해 보면 국제화 전략, 글로벌 전략, 현지화전략, 초국가적 전략의 유형으로 구분해 볼 수 있다.

2) 글로벌 경영전략

(1) 국제적 전략(International strategy)

국제적 전략(International strategy)은 기업의 가치사슬활동 대부분을 국내에서 수행하고 생산된 제품을 해외에 수출하는 전략을 말한다. 국제적 전략을 추구하는 기업들의 공통점은 국내에서 가치사슬을 수행해도 충분히 가격경쟁력이나 차별화가 달성될 수 있는 제품을 공급하는 기업들이 추구하는 전략이다. 예를 들면 패션의류 및 악세사리를 제조하는 유럽의 명품회사들은 자국에서의 생산방식을 고수하고 있으며, 해외시장의 제품은 수출을 통해서 공급하고 있다.

이와 같이 국제적 전략이란 대부분의 가치사슬활동은 자국 내에서 이루어지고, 해외시장은 수출방식을 통해서 진출하는 경영전략을 말한다.

(2) 글로벌전략(Global strategy)

글로벌전략은 국가별 시장의 차별성보다는 동질성에 초점을 맞춘다. 소비자의 기호와 동질화에 맞추어 범세계적으로 표준화된 상품(global product)을 개발하고 이를 전 세계에서 가장 싸게 생산할 수 있는 지역에서 대량생산하여 가장 많이 판매할 수 있는 시장에 제품을 출시하는 것이다. 코카콜라나 나이키와 같은 기업이 대표적인 예라고 할 수 있다. 이와 같은 글로벌 전략의 장점은 원가 우위 면에서 경쟁력이 탁월하다는 점이며, 기업의 가치 사슬활동을 전 세계적으로 최적의 입지에 대규모로 분산 배치함으로써 국가 간 비교우위 및 규모의 경제효과를 달성할 수 있다.

(3) 현지화 전략(Multi-domestic strategy)

현지화 전략(Multi-domestic strategy)은 현지 소비자의 욕구를 파악하고, 이에 가장 부합하는 가치 창출을 통해 이익을 추구하는 경쟁전략이다. 이 전략을 추구하는 기업들의 의사결정은 대부분 자회사에 분권화되어 있으며, 가치사슬활동도 현지시장에 국한되어 집중적으로 배치되어 있다. 제품과 서비스도 현지 소비자의 욕구에 맞추어 현지화된 제품이라는 특징을 지닌다.

글로벌 시장은 빠르게 변화하고 있으며, 다양한 문화와 경제, 정치적 변화의 환경 속에 놓여있다. 국가 간에 서로 다른 문화적 차이로 인해 표준화된 제품의 경우 국내 혹은 특정국가에서 성공한 제품이라고 하여 반드시 진출대상국의 시장에서 성공하리라는 보장은 없으며, 글로벌 기업이 현지 시장에서 성공하기 위해서는 현지 소비자의 욕구를 파악하고 이를 만족시킬 수 있는 현지화 전략이 전제되어야 한다.

현지화 전략은 현지 소비자의 욕구에 적합한 제품이나 서비스를 제공함으로 인하여 생산원가가 높고, 따라서 가격이 높이 책정되는 단점이 있지만 소비자들에게 높은 가격을 지불하고서도 아깝지 않을 만큼의 차별화 된 가치를 제공할 수 있다. 이처럼 현지화 전략은 현지화를 통한 더 높은 가치 창출이 핵심 목표라고 할 수 있다.

또한 글로벌 기업이 현지화 전략을 해야 하는 필요성은 환율변동으로 인한 국제 경쟁력을 피하기 위해서이며, 아무리 소비자의 수요가 동질화되고 무역장벽이 철폐되어도 환율이 급변하는 경우에는 한 지역에 생산시설을 집중하여 규모의 경제를 활용하려는 글로벌 경영전략은 위험한 전략이 된다. 현재와 같이 각국 간 무역 분쟁의 발생가능성과 자국우선 보호무역주의를 주장하는 세계정세를 보면 해외 각지에 생산기지를 두는 현지화 전략으로 근본적인 대책을 세워야 할 것이다.

글로벌 전략은 원가우위전략을 기본으로 제품 가격이 저렴하기 때문에 표준화된 제품만을 시장에 공급할 수밖에 없어, 현지의 독특한 수요나 요구조건에 부응하기가 어려운 한계를 지닌다. 그러나 현지화 전략은 생산원가가 높고 가격 또한 높다는 단점이 있지만 현지소비자의 욕구에 적합한 제품이나 서비스를 제공한다는 점에서 차이가 있다.

(4) 초국가적 전략(Transnational strategy)

글로벌 경쟁으로 인한 기업의 생존요건은 더욱 가혹해지고 있다. 과거에는 기업들이 생존하기 위해서는 원가우위(표준화)전략 혹은 현지화 전략 중 한 가지만 확보해도 생존할 수 있었다. 그러나 최근 글로벌 기업들은 원가우위와 현지화를 동시에 추구하고 있으며, 이들을 동시에 추구하는 전략이 초국가적 전략이다.

예를 들면, 기업의 가치사슬활동 중에서도 연구개발이나 생산 등의 상위기능은 원가 우위 전략을 추진하고, 마케팅과 같은 하위 기능은 현지화에 무게를 두고자 한다. 고객으로부터 멀리 있는 것은 비용 측면을 고려하여 원가우위에 집중하는 것이 좋고, 시장마다 다른 소비자의 욕구를 충족시키기 위해서는 가까운 거리의 마케팅은 현지화하는 것이 좋다는 것이다.

생산 활동의 경우 원가 우위 전략과 현지화 전략을 절충시켜 나갈 수 있는데, 자동차산업의 경우 기본구조(platform)인 새시, 엔진, 트랜스미션 등은 규모의 경제를 얻기 위해 동일하게 생산하고, 문화적 요소가 강한 외부디자인의 경우는 현지화 전략을 쓰는 것이다.

기본구조를 통일하는 것은 서비스 산업에서도 찾아볼 수 있는데, 서비스를 제공하는 기본적인 절차는 동일하게 하되 서비스의 내용은 현지에 맞추어 조정하는 것이다. 예를 들면 맥도날드나 스타벅스(Starbucks)와 같은 세계적 프랜차이즈 기업은 상점의 외양이나 내부구조 및 서비스는 세계 어디에서나 동일하지만 제공하는 음식은 현지의 기호에 따라 조금씩 차이가 있다.

그러나 표준화와 현지화를 동시에 추진하는 초국가적 전략은 실제로 실행하는데 있어서 많은 어려움이 발생되는 것은 사실이다. 초국가적 전략이 성공하기 위해서는 무엇보다 조직이 현지에서의 최적지를 찾아 활동하되 본사 및 다른 조직단위와 정보를 교환하면서 서로 간에 업무를 조정할 수 있어야 한다. 즉, 범세계적인 관점 및 국지적 관점에서 종합적으로 분석하여 전략을 수립하고 실행과정에서 상황의 변화를 신축적으로 수정 및 조정이 수행될 수 있어야 한다. 이러한 전략을 무리없이 수행하기 위해서는 조직구성원들이 뚜렷한 목표의식과 정보 및 지식을 공유하며 서로 협조한다는 기본자세를 갖추어야 한다.

초국적기업의 승패는 기업문화에 달려있다. 세계적인 경영자문회사인 맥킨지(Mckinsey), 전기 및 자동화시설 생산업체인 ABB(Asea Brown Boveri) 등은 전형적인 네트워크 조직으로서 새로운 아이디어의 도출 및 기업혁신에 뛰어난 것으로 알려져 있다.

조직단위의 독립성과 연계성을 유지하는 초국가적 전략을 성공적으로 수행하기 위해서는 본사와 자회사간의 관계는 네트워크 형식이 될 수밖에 없으며, 이러한 네트워크를 통하여 단위간의 정보와 지식의 교환이 활발히 이루어지며, 상호학습과 기업혁신이 촉진될 수 있다. 기업이 경영목표를 달성하기 위해서는 조직 구성원들이 동일한 가치관을 가질 수 있도록 하는 경영진의 리더십이 중요한 핵심 요구사항이 된다.

〈그림 7-2〉 글로벌 경영전략의 유형

3. 글로벌 경영전략의 수립과 선택

1) 글로벌 경영전략의 수립 과정

글로벌 경영전략의 수립과정을 살펴보면, 전략수행기간의 설정, 상품과 서비스 수요에 대한 국가별 예측, 기업의 경쟁상 우위평가, 국가별 경쟁시장 상황을 평가하고, 국가별 판매량의 목표를 설정, 판매목표를 달성할 수 있는 국가의 우선순위 결정, 경제적인 생산국의 우선순위 결정, 하부구조에 대한 투자비용 견적, 적절한 로지스틱스(Logistics)[16] 유형 평가, 국가별 위험(Country

16) 로지스틱스(Logistics) : 물류와 동의적인 의미를 갖고 있으나 일반적으로 이들이 물류보다 더 광의적으로 해석되고 있음. 조달, 생산, 판매, 유통, 소비, 폐기, 환원, 회수 등 전 분야를 포함.

risk) 평가, 매년 추가투자에 대한 일정 수립, 자금흐름과 현재 순가치의 계산, 투자의 한계 고려, 투자계획과 판매량 목표 일치 등에 대한 전략을 수립한다.

(1) 전략수행기간의 설정

전략수행기간의 설정은 의사결정자가 선택하는데 투자가 경직되는 경우에는 단기계획이 유리하다. 장기간에 걸쳐 전략을 수행하는 경우에는 중간이윤이 불투명해지고 시장상황도 변동할 가능성이 있어 의사결정의 결과도 예측하기가 어렵게 된다. 따라서 기간을 4년 내지 5년으로 설정한다.

(2) 시장수용의 판단

시장수용의 평가는 개별시장에 대한 목표를 설정하면서 시작되고 이러한 목표를 달성하기 위한 투자와 활동을 개시함으로써 시행된다. 목표 설정 시장에 대해서는 수요와 경쟁을 예측하여야 하고 시장 성장에 대한 정확한 예측기법이 필요하다. 이와 관련한 자료는 지난날의 실질적인 수요와 수요의 결정요인이 포함되어, 이를 바탕으로 장래의 수요를 판단하게 된다.

(3) 경쟁력의 평가

글로벌 전략의 가장 중요한 핵심은 경쟁력이다. 경쟁 상대자보다 항상 경쟁상의 우위를 확보하도록 계획을 세워야 하며, 경쟁상대가 없는 곳에 우선순위를 두는 전략도 필요하다.

(4) 시장의 구분

시장수용의판단과 경쟁력에 대한 평가가 이루어지면 다음 단계는 각 시장에 대한 침투규칙을 정해야 한다. 이는 판매량 목표에 따른 각 나라별 시장을 구분하여 구분된 시장에 판매량을 할당하는 것으로 시장의 특성과 시장에서 기업이 처한 상황에 따라 다르게 설정된다.

(5) 공급, 생산 및 투자지역의 선정

현지국에서의 생산을 위한 원자재 공급 체계는 비용을 최소화 하도록 하는 전략이 필요하다. 그러나 시장 접근을 규제하기 위한 현지국에서의 사정으로 라이선싱을 요구하는 경우도 있다.

(6) 컨트리 리스크(country risk)의 고려

현지국에 따라서는 외국인의 자산에 대한 강제수용(expropriation)이나 제한(restriction)을 하는 경우와 수익 감소를 위한 규제조치를 취하는 경우에는, 경영전략 수립과정에서 국가별 위험(country risk)에 대한 고려가 필요하다.

(7) 자금흐름(cash flow)의 비교

경영전략 수립과정의 마지막은 컨트리 리스크를 감안하고 투자 전략을 고려한 자금흐름을 비교하는 것이다. 자금흐름은 전략 수행기간의 전 기간에 걸쳐 비교하고, 이를 통해 현재가치가 가장 높은 계획이 선정된다.

2) 글로벌경영전략의 선택

점진적이고 단계적인 국제화는 위험을 점차적으로 안고 가면서 경영활동 수행을 할 수 있다는 장점이 있는 반면 급변하는 국제환경에 신속하게 대응하기가 어렵다는 한계가 있다. 기업이 내부여건을 충분히 검토하지 않고, 현지시장의 환경과 자신들의 역량에 대한 판단 없이 해외진출을 시도할 경우 현지 사업성과는 물론 본사 국에 막대한 영향을 미친다.

따라서 해외시장 진출시장과 경로를 선택하는데 있어 전략적인 접근이 필요하며, 이러한 전략적 결정이 이루어지기 위해서는 먼저, 기업의 내부요인과 외부요인을 선별하여야 한다.

외부요인은 기회(opportunity)요인과 위협(threat)요인을 파악하고, 내부요인은 기업의 강점(strength)과 약점(weakness)을 파악하여야 한다.

(1) 기업 내부역량

기업의 해외진출경로 선택은 기업의 내부역량과 관련이 있다. 해외진출기업은 현지기업에 비해 높은 외국인비용을 지급해야 하고, 현지 시장에서의 치열한 경쟁에서 살아남기 위해서는 현지기업이나 경쟁기업이 보유하지 못한 핵심역량을 가지고 있어야만 한다.

현지기업들과 격차가 있는 기술과 브랜드, 경영노하우 등을 보유한 글로벌 기업들은 합작투자나 라이선싱 보다 전체 소유권을 가진 자회사를 선호한다. 그러나 해외사업의 경험이 부족하거나 투자자금이 부족한 중소기업들은 수출이나 합작투자와 같은 해외진출방식을 선호한다.

(2) 현지의 경쟁업체와 소비자구조 분석

해외진출기업들의 외부환경 중 현지 소비자 및 경쟁자환경을 파악하는 것은 매우 중요하다.

현지 시장에서 기존 경쟁기업간의 경쟁강도, 신규 경쟁자의 진입위협 정도, 구매자와 소비자의 위협정도, 대체품 출현 가능성 정도 등을 조사하여 시장의 기회와 위협요인을 분석한다.

(3) 현지의 거시환경 분석

해외진출기업들이 직면하는 기회와 위협요인은 현지 문화, 정치, 경제 등 거시적인 환경의 변화에 의해 영향을 받는다. 즉, 진출국가의 문화, 정치, 경제 등이 변동성이 클수록 해외투자에 대한 위험부담은 커지게 된다. 또한 가치관이나, 언어, 사회구조, 생활양식 등 사회문화적 환경이 본국과 매우 다를 경우, 현지에서 경영활동을 직접 영위하는 것은 사실상 어려우므로 직접투자보다는 수출이나 라이선싱과 같은 비 지분 투자방식을 선호한다.

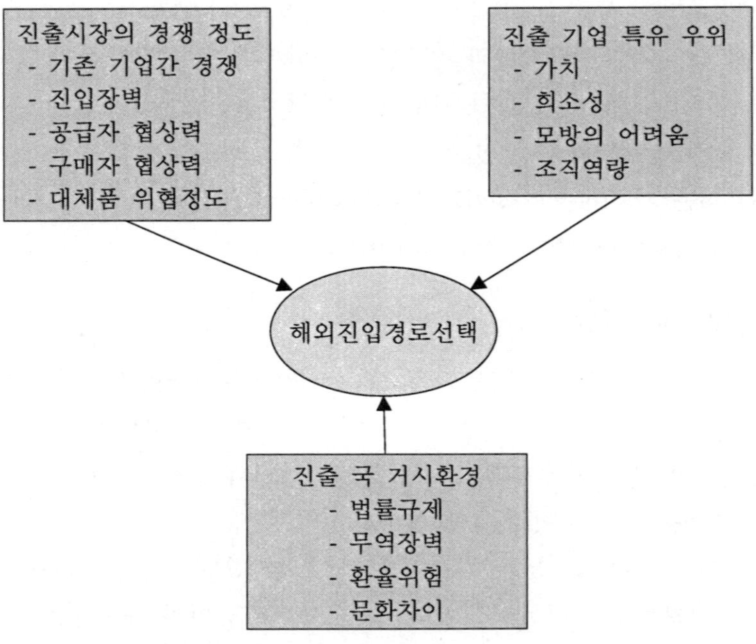

* 자료출처 : 김경민 외, 『글로벌 비즈니스의 이해』, p.81.

〈그림 7-3〉 전략적 접근방식

Chapter

08

환율과 국제수지

제1절 환율

1. 환율의 의미와 표시방법

1) 환율(Exchange rate)의 의미

환율이란 자국화폐와 외국화폐가 교환되는 비율을 말한다. 환율은 주로 기축통화를 중심으로 표시되는데, 기축통화란 국제사회에서 외환을 포함한 재화와 서비스의 국가 간 거래에서 주로 사용되는 기본적인 통화로 국가 간 통화의 교환비율의 근거가 되는 중심화폐를 말한다. 미국의 달러화, 유럽연합의 유로화, 영국의 파운드화, 일본의 엔화, 최근 급부상한 중국의 위안화가 기축통화로 자리 잡고 있지만, 아직까지 환율 표시는 미국의 달러화가 대표 기축통화로 군림하고 있다.

2) 환율의 표시방법

환율은 표시방법에 따라 직접표시(자국통화)와 간접표시(외국통화) 방법으로 구분할 수 있다.

(1) 자국통화 표시방법 : (1$ = 1,150원)

달러화를 기준으로 할 때 1달러에 1,150원으로 표시하는 경우이다.

(2) 외국통화 표시방법 : (1원 = 0.001달러)

원화를 기준으로 1원에 0.001달러로 표시하는 경우이다.

2. 환율의 결정

1) 환율의 평가

환율은 외환시장의 상황에 따라 수시로 오르내린다. 환율의 상승(평가절하)과 환율의 하락(평가절상)은 여러 가지 국제경제 상황에 대한 각국의 경제 상황과 맞물려 계속적으로 변한다.

(1) 환율상승이란?

자국화폐의 대외가치가 하락하는 것을 평가절하(devaluation)라고 하며, 환율은 상승한다. 예를 들면, 1달러가 1,000원에서 1달러가 1,200원으로 환율이 상승했다면 원화가치는 하락했다는 것을 말한다.

> 환율상승 = 자국 화폐가치하락 = 평가절하(depreciation)
> 예 $1 = ₩/1,000 ⇒ $1 = ₩/1,200 환율상승

(2) 환율하락이란?

자국화폐의 대외가치가 상승하는 것을 평가절상(revaluation)이라고 하며, 환율은 하락한다. 예를 들면, 1달러가 1,200원에서 1,000원으로 환율이 하락했다면 원화가치는 상승했다는 것을 말한다.

> 환율하락 = 자국 화폐가치상승 = 평가절상(appreciation)
> 예 : $1 = ₩/1,200 ⇒ $1 = ₩/1,000 환율하락

> • 강세통화(bullish currency) : 가치가 상승하는 화폐
> • 약세통화(bearish currency) : 가치가 하락하는 화폐

2) 환율의 결정

외환도 다른 모든 재화와 같이 외환시장에서 외환에 대한 수요와 공급에 의해 결정된다. 여기에는 자본의 이동에 따른 외환의 수급도 있지만, 재화 및 서비스의 수출입이 외환의 수요와 공급에 미치는 가장 중요한 요인이라 할 수 있다.

일반적으로 환율이 상승하면 수입(외환의 수요)이 감소하고, 수출(외환의 공급)이 증가하므로 외환의 수요곡선은 우 하향하고, 외환의 공급곡선은 우 상향한다.

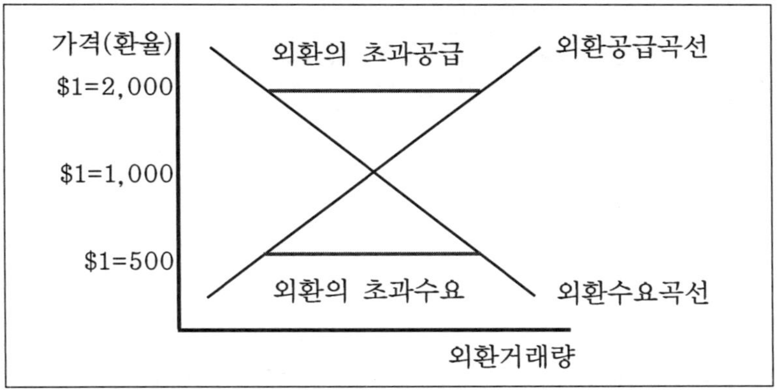

〈그림 8-1〉 외환시장의 균형

(1) 균형 환율

위 그림에서 1달러에 2,000원이 되면 수출이 수입을 초과하여 외환의 초과공급이 발생하고, 환율은 하락할 것이다.

반면에 환율이 1달러에 500원이 되면 수입이 수출을 초과하여 외환의 초과수요가 발생하고 환율은 상승할 것이다.

이와 같이 환율의 변동에 의해 외환의 초과공급과 초과수요가 반복되다 보면 수요와 공급이 일치하는 1달러 = 1,000원으로 환율은 균형을 이루게 될 것이다.

외환의 수요곡선과 공급곡선이 주어지면, 두 곡선이 만나는 점에서 균형 환율이 결정된다. 위 그림에서는 균형 환율이 1달러 = 1,000원으로 결정된다.

(2) 환율과 수출(수입)과의 관계

① 환율이 오르면(원화가치 하락) 수출품가격이 하락하게 되어, 수출이 증가하고, 수입은 감소(수입품 가격 상승)하므로, 경상수지는 개선되는 것이 일반적이다.

② 환율이 하락하면(원화가치 상승) 수출품가격이 상승하게 되어, 수출이 감소하고, 수입은 증가(수입품가격 하락)하기 때문에 경상수지가 악화되는 것이 일반적이다.

〈표 8-1〉 환율과 수출(수입)과의 관계

제품명	환율 상승	수출가격	비고
A 제품	$1=₩1,000	제품당 $1	환율 상승으로 수출단가 하락(수출증가)
	$1=₩2,000	제품당 $0.5	

3. 환율제도

환율은 외화에 대한 수요와 공급에 따라서 변동하고 균형을 이루어 간다. 이러한 환율 변동에 중앙은행이나 정부가 개입하여 환율을 고정시키는 제도를 고정환율제라 하고, 일체의 개입이 없이 자유로이 변동할 수 있는 제도를 변동환율제라 한다. 환율제도는 중앙은행이나 정부의 개입여부에 따라 고정환율제도와 변동환율제도로 구분한다.

1) 고정환율제도

중앙은행이나 정부가 환율을 일정한 수준으로 정해놓고 외환시장에 개입하여 환율을 유지하는 제도이다.

① 고정환율제도의 장점으로는 환율의 고정으로 환율변동에 따른 환리스크를 감소시킬 수 있고 장기적인 경제정책을 세우는 데도 유리하다. 환율변동에 대한 불확실성이 없으므로 국제무역과 국제간 자본거래가 활발하여 국제시장 확대에 도움을 준다. 특히 환투기를 노린 국제간 단기자본이동이 감소한다.

② 고정환율제도의 단점으로는 국제수지 불균형을 자동적으로 조정할 능력이 없다는 단점이 있어, 고정환율제도하에서는 충분한 외환준비금이 필요하다. 환율 이외의 방법으로 국제수지를 조정하려면 긴축정책으로 국민소득을 감소시키고 물가를 안정내지는 하락시킴으로써 수입수요를 감소시키는 방법과 수입을 줄이기 위해 각종 통제를 가하는 방법이 있으나, 자칫 국내 경제의 불황과 실업난을 가중시키는 불안요인으로 작용할 수 있다는 어려움이 있다.

2) 변동환율제도

외환시장의 수요와 공급에 따라 환율이 자유로이 변동하는 제도이다.

① 변동환율제도의 장점으로는 국제수지 불균형이 환율변동에 의하여 자동으로 조정된다는 점이다.

② 변동환율제도의 단점으로는 환율변동에 따른 환리스크로 인하여 국제무역과 국제투자를 저해할 우려가 있다는 점이 최대의 약점이다. 환의 자유로운 변동은 환리스크를 야기 시키고, 개방경제체제 하에서는 환투기로 인한 단기자본의 이동이 많다.

3) 복수통화바스켓제도

주요 교역상대국의 통화나 외환시장에서 자주 거래되는 몇몇 국가의 통화를 하나의 바스켓(바구니)에 넣어 통화군(群)을 구성하고, 경제적 연관성이나 중요도에 따라 각 통화의 시세에 가중치를 매겨 이를 평균한 다음, 자국의 물가상승률과 금리, 외환시장 전망 등 경제여건을 감안하여 환율을 결정하는 제도이다. 복수통화연동제도라고도 한다.

4) 시장평균환율제도

외환시장의 수요와 공급에 따라 환율이 결정되는 제도이다. 우리나라는 1980년 2월부터 도입해온 복수통화 바스켓 제도를 폐지하고 1990년 3월부터 이 제도에 따라 환율을 결정했으나 1997년 12월 16일 정부가 1일 변동제한폭을 폐지함에 따라 실질적으로는 변동환율제도로 바뀌었다. 시장 평균 환율이란 현재 한국은행이 고시하는 집중기준율과 같이 은행과 고객의 외환거래나 은행과 은행 간 외환거래의 기준이 되는 환율이다. 이는 전날 은행들이 은행 간 외환시장에서 다른 은행들과 거래한 환율을 거래량으로 가중 평균해 결정한다.

5) 자유변동환율제도

환율의 변동을 외환시장에 맡기고, 외환시장에서의 균형적인 환율을 통해 외환의 수요와 공급을 일치시켜 주는 환율을 결정하는 방식을 자유변동 환율제도라 한다.

그리고 이 제도 하에서 균형을 이루게 된 환율 수준에서는 국제수지의 불균형이 존재하지 않는다. 이처럼 자유변동 환율제도는 국제수지의 균형을 자동적으로 이루어나가는 장점을 가지는 대신에 단점도 있다. 예를 들면 단기에 있어서는 환율이 너무 불안정하게 움직일 수 있으며, 아래위로 오르내리는 환율의 불안정성은 국제거래에서의 비용을 증가시키며, 세계무역에 참여하려는 많은 국가들의 진입에 장애가 될 수 있다.

이러한 자유변동 환율제도에 대하여 현실적으로 많은 국가들은 환율을 외환시장에 모두 맡기기보다는 어느 정도 통제하는 경우가 많다. 왜냐하면 환율이 생산, 실업, 물가 등 여타의 중요한 국민경제의 지표에 커다란 영향을 미치기 때문이다.

우리나라에 있어서도 현재 어느 정도 외환시장의 수요와 공급을 반영하면서 정부가 일정 부분 개입할 수 있는 '시장평균 환율제도'라는 환율 제도를 택하고 있다.

〈표 8-2〉 우리나라의 환율제도 변경내용

년 도	환율제도	비 고
1964년 이전	고정 환율제도	1948년 10월: 공정환율 1달러당 450원으로 고정
1964.03.22	단일변동 환율제도	1980년 1월: 1달러당 580원으로 환율인상 (평가절하)
1980.02.27	복수통화 바스켓제도	SDR바스켓과 독자 바스켓에 의해 결정
1990.03.02	시장평균 환율제도	외환시장의 외환 수요와 공급에 의해 결정
1997.12.16	자유변동 환율제도	1997년 외환위기 이후 시장 메커니즘에 의해 반영되도록 자유변동 환율제 이행

4. 외환시장(Foreign Exchange Market)

1) 외환시장의 구성

외환시장이란 다수의 외환수요자와 공급자들 간 이종통화의 매매거래를 매개시켜주는 시장구조를 말한다. 구성원들은 우리나라의 경우 외국환은행을 중심으로 수출업자 등 외국환 은행의 고객, 외환브로커, 중앙은행(또는 정부) 등이 참가하여 이루어진다. 외환시장은 시장 참가자가 누구냐에 따라 은행 간 거래와 개인, 기업 등 고객과 은행 사이에 거래가 이루어지는 대고객시장으로 나누어지는데 보통 외환시장이라고 하면 은행 간 시장을 의미한다.

2)외환시장의 특징

(1) 하루 종일 종장 없이 24시간 시장이 거래된다.

(2) 범세계적인 시장으로 일정한 장소 유무와 관계없이 외환시장이 성립될 수 있다.

(3) 외환시장 내 외환거래자들의 거래결과는 기본적으로 제로섬성격을 가진다.

3) 외환시장의 거래형태

외환시장에서의 거래는 대 고객거래와는 달리 모든 거래에 전신환이 사용되며, 거래형태는 현물환, 선물환, 스왑거래가 있다.

(1) **현물환** : 매매계약과 동시에 결제가 이루어지는 거래를 말한다.

(2) **선물환** : 미래 특정시점에 정해진 환율로 특정통화를 사고팔기로 매매계약을 체결하고, 그 약정에 따라 결제가 이루어지는 거래를 말한다. 이러한 선물환 거래는 무역업자가 수출입 계약 시부터 대금결제 시 까지 발생할 수 있는 환 리스크를 예방할 수 있어, 무역업자들이 환 헤지(Hedge)를 위하여 활용한다.

(3) **스왑(swap)거래** : 미래 특정시점에 재매입 또는 재매도 한다는 조건 하에 현재 시점에서 외화를 매입 또는 매도하는 거래이다. 이는 포지션(외환재고량 : position)의 변동을 가져오지 않고 자금조정을 하는 경우에 이용되고 있다. 또한 복수거래 참가자의 상호채무 교환 거래 시에도 활용되고 있다.

J커브 효과

1. 용어 정리

환율 상승 직후에는 국제수지 흑자가 오히려 줄어들고,
상당한 시간이 지나서야 늘기 시작하는 현상을 J커브 효과라고 한다.

2. J커브 현상 이유

환율이 상승하면 수출입 가격변화는 즉시 일어나지만 이에 따른 수출이나 수입 물량의 변화는 시간을 두고 일어나기 때문이다.

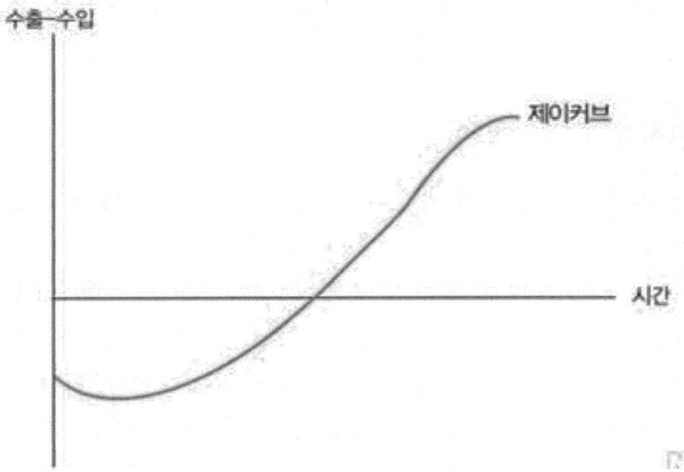

(1) 환율이 상승하더라도 이미 체결한 계약에 따라 수출입이 진행되므로 수량 변화가 크지 않을 수 있고, 소비자들도 가격 변화에 따른 소비습관을 바꾸는데 상당한 시간이 필요하기 때문이다.

(2) 환율의 변화가 수입품 가격에 즉각적으로 반영되지 않기 때문이다. 예를 들면 환율이 10% 올랐다고 수입되는 미국의 자동차 가격이 10% 오르지는 않는다. 오히려 매출 감소를 우려해 달러표시 수출가격을 내릴 수도 있다. 그러나 이런 상황이 계속되면 이윤의 압박을 느낄 때 수출가격을 원 수준으로 되돌리고 수입품의 국내가격이 환율 상승 가격으로 올라가게 된다(10% 수준).

엔 캐리 트레이드(Yencarry trade)

금리가 낮은 엔화를 빌려 금리가 높은 국가의 자산에 투자하는 행위를 가리킨다.

▶ 저금리 통화를 빌려 고금리 통화에 투자하는 것을 캐리 트레이드(carrytrade)라 하고, 엔화를 빌려 타국 자산에 투자할 경우 엔(Yen) 캐리 트레이드, 미 달러화를 빌려 타국 자산에 투자할 경우 달러(Dollar) 캐리 트레이드라 한다.

▶ 엔 캐리 트레이드는 제로금리(실질금리가 0%에 육박하는 금리)의 엔화를 빌려 상대적으로 금리가 높은 엔화 이외의 통화와 차익거래가 가능한 모든 수익자산(주식, 채권, 부동산 등)에 투자하는 것(일반적으로 글로벌 헤지펀드에 의해 수행).

▶ 엔 캐리 트레이드를 통해 국가 간 금리 또는 수익률 격차에 의한 고수익을 기대할 수 있지만 투자수익률보다 환율로 인한 손실(엔화를 빌릴 때보다 갚을 때에 환율이 높으면 손해가 발생할 수 있음)이 클 수 있어 투자 위험성 역시 큰 편이다.

환율조작국과 관찰대상국(Monitoring List)

미 재무부가 발표한 4월 환율보고서(2017.4.16)에서 한국, 독일, 일본, 중국, 대만, 스위스 등 6개국의 '관찰대상국'(monitoring list) 지위를 유지했다.

미 재무부는 종합무역법과 교역촉진법에 따라 매년 4월과 10월 환율보고서를 발표한다.

▲ 현저한 대(對)미 무역흑자(200억 달러 초과)
▲ 상당한 경상흑자(국내총생산(GDP) 3% 초과)
▲ 지속적 · 일방향 시장 개입(GDP 2% 초과+8개월 이상 순매수) 등
세 가지 요건에 모두 해당하면 환율조작국(심층분석 대상국)으로 지정해 관세 등 교역상 불이익을 부과한다.

두 가지 요건에 해당되면 관찰대상국으로 지정하는데, 2016년 10월 관찰대상국이었던 6개국의 지위가 그대로 유지됐다.

▲ 한국은 대미 무역흑자 277억 달러(200억 달러 초과),
▲ 경상흑자 GDP 대비 7%(3% 초과)로 두 가지 요건에 해당.
▲ 시장 개입은 순매수가 GDP의 -0.5%로 해당되지 않음.
▶ 미 재무부는 "경상흑자는 높은 수준이나 서비스수지 적자 확대와 상품수지 흑자 감소로 전년 대비 다소 줄었다"면서 "지난해 전체적으로 과도한 환율 상승에 대응해 매도 개입을 실시했다. 과거 수년간 환율 하락 방지를 위한 비대칭 개입과 상당히 대조적"이라고 밝혔다.

제2절 국제수지

1. 국제수지의 개념과 균형

1) 국제수지의 개념

국제수지(Balance of payments)란 일정 기간 내에 한나라의 거주자와 외국의 거주자 사이에 이루어진 모든 경제적 거래를 체계적으로 기록한 통계를 말한다. 즉, 국제수지표는 일정한 기간에 있어서 국제거래에 따라 발생한 자금의 흐름을 나타내는 표이다. 일정한 기간이란 국제수지가 플로우(Flow) 개

념을 가지고 있어 보통 1년을 말한다. 거주자란 국적과는 관계없이 그 나라에 거주하는 사람을 가리키며, 경제적 거래란 한나라의 국민경제에 영향을 미치는 모든 상품, 용역 및 자산의 이동을 의미한다. 따라서 유상거래뿐만 아니라 증여나 무상원조와 같은 무상거래까지도 포함된다. 국제수지표는 가계의 가계부나 기업의 회계장부와 같은 의미이다.

2) 국제수지의 균형과 불균형

국제수지는 균형을 이루는 것이 가장 바람직하다. 국제수지는 외화를 벌어들이는 항목과 외화를 지출하는 항목으로 구성되어 있는데, 이것은 항상 일치되어야 한다. 하지만 현실적으로 외환의 수취와 지급은 일치하는 경우가 거의 없다. 외환의 수취가 지급보다 많은 경우를 국제수지 흑자, 그 반대의 경우를 국제수지 적자라 한다. 국제수지의 불균형이란 외환의 수취 또는 지급의 초과를 의미한다.

국제수지가 지속적으로 적자상태인 경우 외채가 늘어나 원금 상환과 이자를 갚지 못하게 되고 신용이 떨어져 빚을 얻기조차 힘들어 지게 된다. 이러한 예는 브라질, 아르헨티나 등 채무 디폴트 선언을 한 남미 주요국가의 사례에서 찾아 볼 수 있다.

국제수지 흑자가 반드시 좋다고만 할 수 없다. 국제수지 흑자는 국내통화를 증가시켜 물가상승을 초래할 우려가 있기 때문이다. 1986년 이후 우리나라가 지속적인 국제수지 흑자를 기록하면서 국내물가 상승요인 되고 있는 것을 보면 알 수 있다. 국제수지는 이와 같이 두 가지 측면을 살펴보면서 관리하여야 하며, 적절한 국제수지의 균형은 경제정책의 주요 목표이다.

2. 국제수지의 구성

국제수지는 경상수지, 자본수지, 준비자산 증감, 오차 및 누락으로 구성되어 있으며, 경상수지는 상품수지, 서비스수지, 소득수지, 경상이전수지로 이루어진다. 상품수지는 수출과 수입의 차이를 말하며, 소득과 직접 관련 있고, 수지가 양(+)이면 흑자이고, 음(-)이면 적자라 한다. 그리고 자본수지는 투자수지와 기타자본수지로 구성되어 있다.

1) 경상수지

경상수지란 상품수지와 서비스수지, 소득수지, 경상이전수지를 합한 것으로서 한나라의 국제경쟁력을 파악하는 척도가 된다.

(1) 상품수지란 가공용 상품과 운수조달 상품 및 상품수리, 비화폐용 금, 일반상품 등이다. 상품의 수출입액과 관련된 기록이며, 수출입액과의 차이로도 국제수지 균형여부를 판가름하기도 한다.

(2) 서비스수지는 눈으로 볼 수 없는 운수, 여행, 통신서비스, 보험서비스, 특허권 등의 사용료, 사업서비스, 정부서비스, 기타 서비스거래에 따른 수지를 말하며, 금융, 오락, 정부, 건설 등 8개 항목으로 세분한다.

(3) 소득수지는 거주자가 외국에 나가 일해서 벌어들인 돈과 외국인 근로자가 우리나라에서 일을 해서 벌어가는 돈과의 차이를 나타낸다. 소득수지는 급료 및 임금수지, 거주자가 외국에 투자하여 벌어들이는 배당금과 이자, 비거주자가 국내에 투자한 대가로 지급한 배당금과 이자의 차이를 나타내는 투자소득수지로 구성된다. 거주자가 외국에 투자하여 받은 배당금, 이자와 비거주자의 국내투자 대가로 지급한 배당금과 이자와의 차이인 투자 소득수지를 포함한다.

(4) 경상이전수지는 수혜자에게 아무런 조건 없이 제공되는 송금, 구호식량, 의약품 등의 무상원조와 국제기구 출연금 등의 무상거래 내역을 기록한다. 즉, 반대급부가 따르지 않는 상품, 서비스 등의 국제경쟁력을 표시한다.

2) 자본수지

자본수지는 민간기업, 금융기관, 정부 등이 외국으로부터 차입 등의 방식으로 돈을 빌리거나, 이와 반대로 외국에 신용공여 등의 방식으로 돈을 빌려줌으로써 발생하는 외화유출입의 차이를 나타낸다. 자본수지는 투자수지와 기타자본수지로 구분된다.

(1) 투자수지는 직접투자(Direct investment), 증권투자(Portfolio investment), 기타투자(Other investment)로 구분된다.

(2) 해외이주자가 외국에 이주할 때 가지고 가는 해외이주비와 투자보조금 지급 중 고정자산 취득을 목적으로 지출된 자본이전수지와 특허권, 저

작권, 상표권 등 비생산 무형자산 및 토지, 지하자원 등 을 사고파는 거래 시 발생하는 기타자산거래로 표시되는 기타자본수지가 있다. 이때 들어온 돈이 나간 돈보다 많을 때 자본수지는 플러스(+)가 되고, 반대의 경우는 마이너스(-)가 된다.

3) 준비자산 증감

일정기간 동안 기업이나 정부가 상품과 서비스를 수출하고 수입하는 과정에서 적자가 생겼을 경우 이 적자를 외국으로부터 자본을 도입하여 메우지 않으면, 부족한 외화는 통화당국이 보유하고 있는 외환보유액에서 충당하게 된다.

또한 경상수지와 자본수지 흑자로 대규모의 외화가 일시에 유입되어 환율의 급격한 변동이 예상 될 경우 통화당국에서는 환율의 안정을 위해 외화를 사들이기도 하는데 이때 외환보유액이 증가하게 된다.

이같이 매일 발생하는 대외거래는 경상수지와 자본수지가 모두 반영되면서 외화보유액의 변동을 가져오기도 한다. 국제수지표에서 이처럼 거래에서 발생한 외환보유액의 변동을 준비자산증감이라는 항목으로 표시하고 있다.

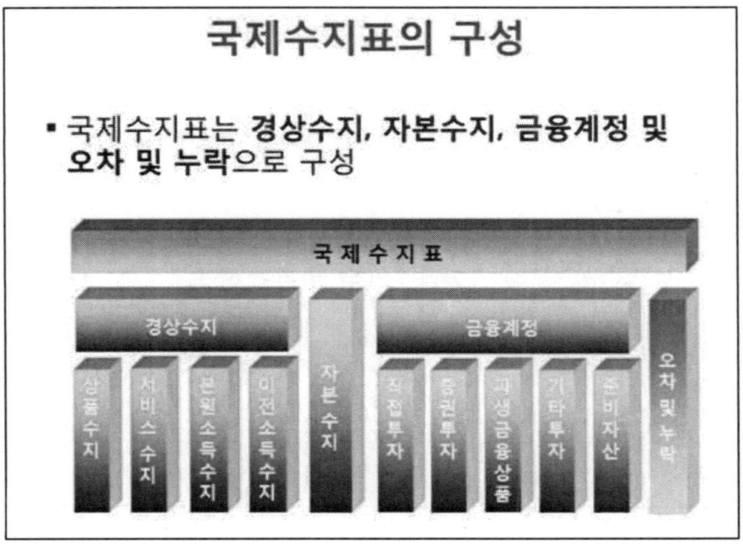

〈그림 8-2〉 국제수지표의 구성

4) 오차 및 누락

국제수지표를 작성하다보면 경상수지, 자본수지 및 준비자산증감의 합계는 영(0)이 안 되는 경우, 이것을 오차 및 누락이라는 조정항목으로 조정하게 된다. 이와 같이 오차 및 누락이 생기는 것은 국제수지표가 여러 기관에서 각기 다른 목적으로 작성된 많은 기초통계로 작성되기 때문에 계상시점 및 평가방법상의 차이로 국제수지 통계표 작성에 오류로 야기되기 때문이다.

〈표 8-3〉 국제수지표 구성 항목

대분류	소분류	내용
경상수지 (경상계정)	상품수지 (재화수지)	재화수출액과 재화수입액의 차이로 가장 중요한 항목이다.
	서비스수지	운수, 여행, 통신 서비스, 특허권 등의 사용료, 보험 서비스, 금융 서비스
	소득수지	우리나라 사람이 외국에 나가서 일하거나 투자해서 얻은 소득과 외국인이 우리나라에 와서 일하거나 투자해서 얻은 소득과의 차이로 급료, 증권투자 등에 따른 투자소득(이자+배당) 등을 포함한다.
	경상이전수지	국가 간 무상원조, 국제기구 출연금, 해외교포의 국내 송금 등
자본수지 (자본계정)	투자수지	직접투자(해외기업에 투자), 증권투자(주식, 채권), 기타투자(대출 및 차입, 예금) 등에 따른 자본의 이동
	기타자본수지	해외이주비, 토지 및 지하자원, 특허권 상표권 등의 거래에 따른 자본이동
준비자산 증감 (공적결제계정)		중앙은행이 국제수지 불균형을 해소하기 위한 대외자산의 증감을 계상(화폐용 금, 특별인출권, IMF 리저브포지션, 외환자산 등)
오차 및 누락		

〈표 8-4〉 한국의 국제수지 현황(2016. 08월 현재)

항목	금액	비고
(경상수지)		
상품수지	73억 달러	흑자
서비스수지	14.5억 달러	적자
소득수지	6.1억 달러	흑자
경상이전수지	9.4억 달러	적자
(자본(금융)수지)		
직접투자(외국인)	16.6억 달러	증가
증권투자(외국인)	16.2억 달러	증가
기타투자(자산)	18.4억 달러	증가

3. 국제수지의 관리

국제수지 관리의 목적은 주로 한 나라의 대외적 자금의 수급 상황을 밝히기 위해 작성하며, 경상수지는 한나라의 국가경제에 대한 건강상태를 보여주기 때문에 국제수지를 관리한다는 것은 매우 중요하다.

1) 경상수지 관리

(1) 경상수지가 흑자를 나타내면

우리가 상품 및 서비스를 생산하여 외국에 수출하면 수출 전보다 더 많이 생산하여 판매하므로 일자리가 늘어나고, 소득도 증대된다. 하지만, 반대의 경우에는 생산도 줄어들고, 일거리도 줄어 월급을 내리든지 일자리를 줄여야 한다. 따라서 수출을 통해 늘어나는 소득과 일자리가 수입을 통해 줄어드는 소득과 일자리보다 커야 전체적으로 국민소득이 늘어나고 고용이 확대된다. 이와 같이 상품 및 서비스 수지는 소득 및 고용과 직접적으로 관련이 있다. 또한 경상수지의 흑자로 벌어들인 외화로 외국으로부터 빌려온 부채를 갚아나갈 수 있게 되어 외채가 줄어들 뿐 아니라 무역마찰을 피하기 위해 해외 직접투자도 늘려 나갈 수 있다는 것이다.

그러나 경상수지 흑자가 마냥 좋은 것만은 아니다. 이는 흑자로 인하여 국내통화량이 늘어 통화관리를 해야 하고, 교역상대국들로부터 우리나라의 수출품에 대해 수입규제를 유발시키는 등 무역마찰을 초래할 수 있기 때문이다. 또한 통화량의 증가와 경기과열로 인플레이션이 유발된다.

(2) 경상수지가 그 반대로 적자를 나타내면

수출보다 수입이 증가하고, 소득은 줄고 실업이 늘어남과 동시에 외국 빚이 늘어나 원금 상환과 이자부담이 커지며, 나중에는 빚을 얻기도 힘들게 된다.

경상수지적자는 국내 기업의 생산이 감소하면서 실업이 증가하고, 이는 국민들의 소득 감소로 이어지며, 경기 침체로 이어질 가능성이 있다. 늘어난 수입품에 대한 대금을 지불하기 위해 외채 증가 가능성도 있다.

우리나라의 경우에는 경제가 해외에 크게 의존하고 있기 때문에 국민소득을 증대시키고, 국내 고용을 증가시키기 위해서, 또한 외채상환을 위해서는 적정한 경상수지 흑자유지가 필요하다.

경상수지는 단기적으로는 흑자가 좋을 수도 있지만 장기적 관점에서는 대체적으로 균형을 유지하는 것이 바람직하다.

매일경제

2016년 10월 05일 수요일 A01면 종합

경고등 켜진 무역한국
불황형 흑자마저 위태

경상수지 두달째 급속 악화

서울경제

2016년 10월 05일 수요일 A08면 종합

수입 23개월만에 늘어 경상흑자 두달째↓

〈그림 8-3〉 경상수지관련 기사자료(매일경제 : 2016.10.05.)

2) 국제수지표 작성 및 조정

(1) 국제수지표 작성

국제통화기금(IMF)이 발간한 국제수지통계의 포괄 범위, 분류, 평가 등에 대해 정해놓은 국제기준인 국제수지매뉴얼에 의해 작성한다. 국제수지매뉴얼은 1948년 최초 발간된 이후 대외거래 환경 변화 등을 반영하여 5차례 개정되었으며, 현재 우리나라는 2010년에 개정된 국제수지매뉴얼 제6판(BPM 6 : Balance Payments and international investment Position Manual, 6th edition)에 준거하여 작성하고 있다.

(2) 국제수지의 균형

국제수지는 자동적으로 이루어지는 것이 아니라 금융 면(가격조정)과 실물 면에 의한 조정으로 해결될 수 있다. 금융 면에 의한 조정은 재정 · 금융에 의한 정책과 외환정책이 있고, 실물 면에서는 직접적인 무역통제에 의한 방법이 있다.

① 재정 · 금융정책에 의한 조정

국제수지가 적자인 경우 금융정책면에서 이자율을 올린다든지 대출을 억제하여 금융긴축을 통하여 기업지출의 유효수요를 감축하는 방법, 재정면에서는 재정지출의 삭감으로 정부지출의 유효수요를 감축시키는 방법이 있다. 이들 정책들을 통해 가격 및 임금율의 하락은 수출의 상품가격 하락으로 이어져 소득수준 하락으로 수입을 억제하는 작용을 한다.

② 외환정책에 의한 조정

외환시세 조정은 가격변동에 관한 것으로 이론적으로는 가장 먼저 고려되는 수단이나 실제적으로는 최후에 취할 조치이다. 조정수단이 간단하고 통화당국이 외환시세의 수준을 책정하여 변경 실시하면 그 즉시 수출입가격에 영향을 미친다. 최근의 국제경제에 대한 각국의 대처는 선진국에서부터 자국우선의 보호무역주의 정책을 취하고 있으며, 이로 인하여 만약 환율 변동에 대하여 정부 개입 시 환율조작국으로 지정하고, 규제를 가하는 등 환율에 대한 정부개입에 상당한 포커스(Focus)를 맞추기 때문에 신중한 정책 결정이 필요하다.

③ 무역정책에 의한 직접통제 조정

이는 국제수지 불균형에 대한 근본적인 해결책은 아니고 일시적인 조치에 불과하다. 무역정책에는 수입제한과 수출장려가 있으며, 수입제한에는 관세, 수입할당, 수입금지의 수단과 수출장려에는 수출장려금, 금융우대의 수단이 있다. 이러한 행정조치들은 직접통제를 가하는 경우 그 효과는 직접적으로 나타난다는 이점이 있다. 이는 개발도상국이 자주 사용하는 국제수지의 주요 조정수단이다.

〈표 8-5〉 한국의 국제수지 추이

연 도 별	내 용
1950 ~ 1960년대 초	한국의 국제수지는 만성적자였으며, 무상 원조로 균형을 유지하는 정도였음.
1960 ~ 이후	경제개발계획 실시로 자본재, 시설기자재의 수입증가 급속한 수출증가에도 불구하고 적자가 계속됨.
1986 ~ 이후	대외경제여건이 호전되고 한국기업의 수출경쟁력 향상으로 경상 수지 흑자 기조가 이루어짐.
1990 ~ 이후	경기 불황으로 다시 경상수지가 적자로 바뀜.
2000년대 중반 이후	꾸준한 경상수지 흑자 기조를 이루어 오고 있음.

이러한 국제수지 조정은 재정·금융정책과 같이 지출축소로 수요를 억제하는 수요 감축 정책과 외환·무역정책과 같이 국내생산의 증대에 따른 외국 상품에서 국내 상품으로의 수요조절 관점에서의 수요전환정책이 있다.

국제수지조정을 위한 조정수단은 신중하게 검토하여 실시되어야 하며, 국제수지 조정수단이 실시될 경우에는 개별적으로 채택할 것이 아니라 복합적으로 채택하고 실시되어야 한다.

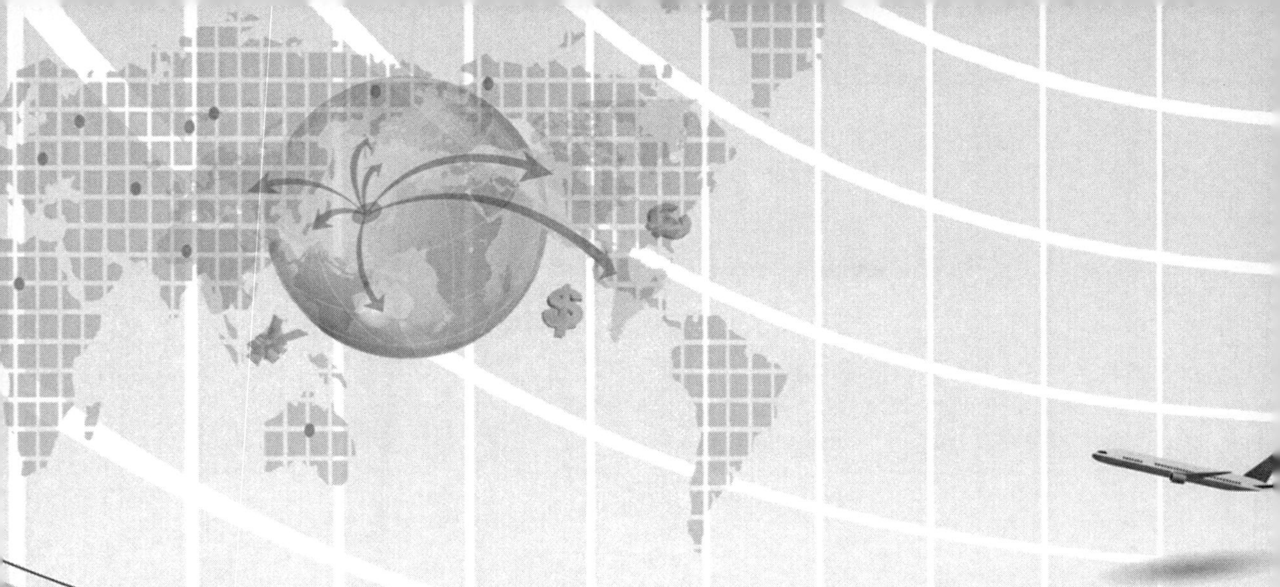

Chapter 09

MICE 산업

제1절 MICE 산업의 개요

1. MICE산업이란?

1) MICE 산업의 개념(Meeting · Incentives·Convention · Events and Exhibition)

MICE는 회의(Meeting), 포상관광(Incentives Tours), 컨벤션(Convention), 이벤트와 전시(Events & Exhibition)를 융합한 새로운 산업을 말한다. MICE산업의 용어는 1990년대 후반 싱가포르, 홍콩, 말레이시아 등의 동남아시아 지역 국가가 컨벤션 산업을 계기로 경제 도약의 전기를 맞이하면서 등장한 것으로 보인다.

컨벤션 산업은 국제회의 자체를 뜻하는 '컨벤션'으로서의 개념인 국제회의, 박람회, 전시회 등 각종 국제행사를 유치함으로써 부가이익을 창출하는 산업을 말하며, 이에 비해 MICE 산업은 국제회의, 인센티브 관광 및 각종 전시 · 박람회와 이벤트 등 융복합적인 산업의 의미로 해석되면서 생겨난 개념이다.

즉, MICE 산업은 대규모 회의장이나 전시장 등 전문시설을 갖추고 국제회의 및 전시회, 인센티브 투어와 이벤트를 유치하여 회의진행 관련 및 서비스를 제공함으로써 경제적 이익을 실현하는 산업으로 숙박, 교통, 관광, 유통 등 관련 산업과 유기적으로 결합되어 있는 고부가가치 산업이다. 또한 컨벤션 산업의 넓은 의미로 전시 컨벤션 산업과 관광이벤트 사업을 아우르는 개념의 산업으로 볼 수 있다. 마이스(MICE) 산업은 새로운 일자리 창출과 부가가치 유발, 대외수지 적자 만회 등을 가져온다는 점에서 많은 관심을 받고 있다.

2009년 1월 정부는 국가경쟁력 제고를 위하여 3대 분야 17개 산업을 국가 신(新)성장 동력으로 결정했다. 그중 고부가가치 서비스산업 분야의 국가 신성장동력으로서 콘텐츠, 소프트웨어, 관광산업 등과 더불어 MICE 산업이 결정되었다.

2) MICE 산업의 현황

한국관광공사 조사에 따르면, MICE 참가자들의 1인당 평균 소비액은 일반 관광객의 3.1배, 체류 기간은 1.4배에 달한다. MICE 산업 자체에서 발생하는 부가가치도 크지만, 행사를 주최하는 단체·기획사·개최지·숙박업체·음식점 등 다양한 산업과 전후방으로 연계되며 발생하는 부가가치가 더 크기 때문이다.

이에 MICE 산업은 '황금 알을 낳는 거위', '굴뚝 없는 황금 산업'으로 불리며 새로운 산업의 핵심 군으로 떠오르고 있다. 가시적 경제 효과 외에도 성공적인 국제회의 개최를 통해 사회 인프라 구축, 국가 이미지 제고, 정치적 위상 증대, 사회·문화 교류 등의 긍정적 효과가 발생한다.

싱가포르와 홍콩은 오래전부터 각종 국제회의와 기업 인센티브 여행, 컨벤션과 국제 전시회를 합해 하나의 산업으로 육성해 왔다.

(1) 한국의 MICE 산업현황

MICE 산업의 중요성과 달리 한국의 마이스 산업은 선진국과 비교할 때 양적으로나 질적으로나 아직 발전해야만 하는 것이 많은 산업부문이다.

2011년 대비 4년간 마이스(MICE) 목적 외래객수 61만 명 증가, 1인당 소비액 542달러의 지속적 증가 및 국제회의 개최 순위 세계 2위/아시아 1위(지난 2015년, UIA 기준)를 달성하는 등 양적으로 크게 성장했다.

〈표 9-1〉 한국의 마이스(MICE) 산업 현황(2015년 기준)

구 분	2011년	2015년	증가
MICE 목적 외래방문객수(명)	95만 명	156만 명	61만 명
방문 1인당 소비액	2,585달러	3,127달러	542달러
국제회의 개최 순위		세계 2위/ 아시아 1위	

(2) 해외의 마이스(MICE) 산업과 우리나라의 대응

마이스 산업이 관광산업뿐만 아니라 유관산업에 파급효과가 큰 신 성장 동력으로 높이 평가받으면서 주요 경쟁국들은 경쟁적으로 마이스 산업을 집중 육성하고 있다.

지난 2014년까지 국제회의 개최 순위 1위였던 싱가포르는 디자인, 교육, 헬스케어 & 바이오의학 등 10대 핵심 산업과 연계된 마이스 유치 정책을 집중적으로 추진하고 있다.

태국은 2004년부터 태국 컨벤션 전시국(TCEB)을 설립하여 정부에 의해 운영되고 있는 등 국가에서 마이스 산업을 자국 경제회복의 4대 주요산업으로 선정하고, 중장기 로드맵(2016년부터 오는 2020년까지)을 수립하여 시행하고 있으며, 일본도 지난 2015년에 마이스 분야의 지원계획을 발표한 바 있다.

문체부는 이에 대응해 기존 국제회의 산업(Convention) 중심의 정책으로는 종합적인 발전대책 수립에 한계가 있음을 인식하고 2016년 7월부터 '민·관·학 마이스(MICE) 정책 협의체'를 구성했다.

민·관·학 마이스(MICE) 정책 협의체는 산업진단, 아이디어 도출, 의견수렴 등을 통해 정책을 수립하고 마이스 산업 관계자가 한 자리에 모인 '2016 코리아 마이스 얼라인스(Korea MICE Alliance) 총회'(2016년 12월) 등을 통해 추가적으로 의견을 수렴해 마이스 산업 발전방안을 수립하여 발표했다.

구분			
목표	마이스 목적 외래객 '15년 157만 명 → '17년 180만 명	마이스 산업규모 '15년 5조 원 → '17년 5조 5천억 원	
3대 전략	마이스 산업 발전기반 조성	마이스 산업 육성 및 고도화	글로벌 경쟁력 강화
7대 과제	① 동반성장 여건 마련 ② 지역 육성 체계 개선	③ 업계 지원 확대 ④ 인력 양성 및 창업 활성화 ⑤ 유관 산업 경제적 파급효과 제고	⑥ 해외 마케팅 역량 강화 ⑦ 글로벌 네트워크 체계적 관리

※자료출처 : 문체부 보도자료(2017.02.02.), "한국의 마이스 산업 발전방안"

〈그림 9-1〉 한국의 마이스 산업 발전 방안의 목표와 추진전략, 추진과제

2. MICE산업의 분류17)

MICE 산업의 범위를 살펴보면 먼저 MICE 산업의 구성요소인 MICE 공급

17) 김성혁·오재경 공저, 「MICE 산업론」, 백산출판사, (2011), pp.18-24.

자, 주최자, 수요자가 있다. 또한 각종 전시회와 회의를 주관하는 전시컨벤션 산업과 이들과 연계역할을 하면서 중요한 구성요소인 관광이벤트 산업까지 포함하여 MICE 산업의 범위는 매우 넓다.

MICE 산업은 산업구조 측면에서는 관광산업과 유사하다고 할 수 있다.

1) MICE 산업의 구성요소

MICE 산업을 구성하는 3요소는 공급자, 주최자, 최종 수요자이다. 그리고 공급자와 주최자를 연결해주는 MICE 중개인이 있다.

(1) MICE 공급자

MICE 공급자는 MICE 산업을 주최하고 기획하고 운영하고 지원하는 산업이다. MICE 공급자는 MICE를 개최하는데 필요한 시설과 서비스를 제공하는 산업으로 그 역할에 따라 시설 산업, 운영 산업, 지원 산업으로 나눌 수 있다.

시설산업은 MICE를 개최하는데 있어 필요한 장소나 시설을 제공하는 산업이다. 시설산업은 MICE를 개최하는데 있어 필수적이고 기본적인 부분이다.

운영산업은 MICE를 운영하는 부분으로서 회의나 전시회의 프로그램을 기획하는 부분이다. 프로그램은 참가자를 위해 기획된 모든 행위를 포함한다.

지원 산업은 MICE가 개최되고 진행되는데 없어서는 안 될 간접적 지원 산업이라고 할 수 있으며, 대표적인 것이 교통산업이다.

이와 같이 MICE 공급자는 MICE가 원활하게 진행될 수 있도록 여러 부분에 신경을 써야 한다. MICE산업과 같이 다른 산업과의 구조적 연관성이 많은 산업의 경우에는 공급의 역할이 제대로 이루어져야 수요를 촉진하고 그 산업의 발전을 도모할 수 있을 것이다.

(2) MICE 주최자

MICE 주최자는 MICE를 실제적으로 계획하고 주관하는 정부나 기업, 협회, 비영리 단체 등이 될 수 있다. MICE 공급자가 판매자라면 MICE 주최자들은 구매자 즉, 1차 고객이라고 볼 수 있다. 이들은 MICE 공급자를 활용하여 MICE를 개최하고 여기에 참가하는 참가자들로부터 수익을 얻는다. 여기 참여자들은 2차 고객이며, 최종 소비자이다. 따라서 MICE 공급자들은 MICE 산업의 1, 2차 고객들의 욕구와 특성을 잘 파악하는 것이 무엇보다 중요하다.

(3) 최종 수요자 : MICE 참가자를 말한다.

(4) MICE 중개인 : CVB

MICE 중개인이라 함은 MICE 공급자와 MICE 주최자를 연결해 주는 역할을 하는 컨벤션뷰로(Convention & Visitors Bureau : CVB)와 여행사를 말한다. 컨벤션뷰로는 컨벤션 개최를 희망하는 지역과 컨벤션주최자의 중간에서 서로에 대한 정보제공과 기획, 관리에 관한 전문적인 지식을 제공하여 컨벤션이 성공적으로 개최될 수 있도록 하는 역할을 담당하고 있다.

MICE 중개자로서 중요한 역할을 하는 또 다른 것이 여행사이다. 여행사는 관광산업에서와 마찬가지로 MICE산업에서도 공급자와 수요자인 참가자 등을 연결해주는 역할을 한다. 즉, 컨벤션 기획가나 개최자가 기획한 회의나 전시회 같은 상품을 참가자에게 연결시켜주는 역할을 수행한다.

2) 전시컨벤션 산업

(1) 전시산업이란 기업의 제품, 기술, 서비스를 특정의 전문 전시장에서 일정기간동안 판매, 홍보와 아울러 마케팅 활동을 하는 것을 말한다. 제품을 판매하거나 상거래를 위한 기업들이 정보를 교환하고, 자신들의 경제적 목적을 달성하기 위해 경제활동을 하기 위한 장소로, 전시회나 이와 관련된 국내외 행사들을 기획 · 개최 · 운영하는 전문 전시장을 이용하여 관련된 물품 및 장치를 제작, 설치하거나 관련된 용역 등을 제공하는 산업을 말한다.

(2) 컨벤션(convention)은 'con(함께, 같이)'과 'vene(만나다)'가 합해진 단어로, 산업, 학술, 정치, 문화, 종교 등 다양한 분야에서 정보교환을 목적으로 하는 각종 집회, 회의, 연구회, 전시회, 문화 예술 공연, 체육행사 등의 행위를 말한다.

컨벤션 산업은 전시와 국제회의에 관광과 이벤트까지 포함된 복합적 산업이라고 할 수 있다. 컨벤션 산업은 먼저 컨벤션센터의 운영과 관련된 설비 및 서비스 관련 산업, 전시 관련 산업만을 지칭하나, 다양한 산업과 연계된 효과를 가지고 있어 경제적 파급효과가 큰 종합산업이자 지식 · 정보의 생산과 유통을 촉진하는 지식기반산업이다.

컨벤션 산업은 개최 자체의 경제적 효과 이외에도 부수적으로 창출되는 파급효과가 매우 크다. 주최 측은 인쇄출판, 회의장 임차, 기자재 임대, 우편통신, 인건비, 교통비, 초청비, 식음료비 등의 지출을 하게 되고, 참가자인 수요자들은 문화 활동, 쇼핑, 관광 등 컨벤션 참가 이외의 목적에도 지출하기 때문에 소비유발이 큰 산업이다.

이외에도 성공적 국제회의 개최 과정 속에 형성된 사회 인프라 구축, 국가이미지 제고, 정치적 위상 증대, 사회 및 문화의 교류 등을 감안하면 그 효과는 매우 크다.

3) 관광이벤트 산업

전시 컨벤션에 참여하는 참가자들에게 전·후 관광을 통하여 국내 또는 지역의 문화와 전통, 풍습 등에 관련된 관광 상품 및 지역의 새로운 상품 등을 소개하는 기회를 통하여 지역 관광산업을 활성화할 수 있다. 또한 전시 컨벤션 참가 외래객은 숙박, 쇼핑, 관광 등 부수적인 활동에도 관심이 있기 때문에 이들의 소비지출이 지역경제를 활성화시킬 수 있다.

특히 국제회의 활성화는 교통, 숙박, 식·음료, 관광 상품 등의 활성화로 이어질 뿐 만 아니라, 이들 참가자들은 항공등의 교통수단 이용과 숙박과 식·음료 등의 해결을 위해 관광 관련 산업인 호텔 및 외식산업의 활성화로 이어질 수 있다.

컨벤션에 참가하는 사람들은 일반 관광객들에 비해 교육수준과 사회적 지위가 높다고 할 수 있어 보다 차별화된 관광 상품의 개발과 서비스 향상이라는 측면에서 관광산업의 고급화 및 다양화를 통한 질적 발전을 가져 올 수 있다.

〈표 9-2〉 참고자료 - 국가 신성장 동력 산업 : 2009년 1월 13일

3대 분야	17개 신 성장동력
녹색기술산업 (6)	신재생에너지, 탄소저감 에너지, 고도 물처리, LED 응용, 그린수송시스템, 첨단 그린도시 첨단융합산업
첨단융합사업 (6)	방송통신융합산업, IT융합시스템, 로봇 응용, 신소재-나노 융합, 바이오제약(자원)-의료기기, 고부가 식품산업 고부가 가치 서비스 산업
고부가 가치 서비스 산업 (5)	글로벌 헬스 케어, 글로벌 교육 서비스, 녹색 금융, 콘텐츠·소프트웨어, MICE*·관광

제2절 전시컨벤션 산업과 MICE 산업

1. 전시 컨벤션 산업이란?

1) 전시산업의 개념 및 특성

(1) 전시산업의 개념

전시산업이란 기업의 제품, 기술, 서비스를 특정의 전문 전시장에서 일정기간동안 판매, 홍보와 아울러 마케팅 활동을 하는 것을 말한다. 한국은 각종 전시관련 정보를 한국전시산업진흥회(AKEI)를 통해서 정보를 취득할 수 있다.

(2) 전시산업의 특성

전시회는 커뮤니케이션의 매체라 할 수 있으며, 기업의 전반적인 마케팅 프로그램으로서 활용하는데 유용한 수단이 될 수 있다. 전시부스를 통해 판매직원과 고객 간의 직접적인 접촉, 제품 진열, 홍보자료 제공 등을 통해 현재의 고객은 물론 잠재고객에게도 기업의 메시지를 전달하는 좋은 기회가 된다.

(3) 전시회의 기능

① 판매와 판매촉진(Promotion)수단으로서의 기능

유망 잠재고객의 확인 및 새로운 시장을 개척하기 위한 수단이 되며, 기존고객과 잠재고객의 핵심의사 결정권자와의 접촉 기회를 확보하고, 제품 및 서비스 등에 관한 정보를 전파하는 수단과 현장에서의 실질적인 제품판매도 할 수 있다.

② 커뮤니케이션으로서의 기능

기업이미지를 제고할 수 있으며, 경쟁기업에 대한 정보수집과 고객으로부터의 신제품 평가 및 기능 보완의 기회가 되며, 신제품 테스트 및 직원 사기진작효과도 있다.

〈그림 9-2〉 한국전시산업진흥회(AKEI) 홈페이지

2) 컨벤션 산업

(1) 컨벤션 산업의 개념 및 특성

① 컨벤션 산업의 개념

컨벤션이란 다수의 사람들이 어떤 목적을 가지고 특정한 활동을 하거나, 사람을 중심으로 물자나 지식, 정보 등을 협의하기 위해 한 장소에 모이는 회의(meeting)와 같은 의미라 할 수 있으며 전시회를 포함하는 좀 더 포괄적인 의미로 쓰이기도 한다. 콘퍼런스(Conference)라고도 한다. 회의의 주제·진행방법·참가 인원 등에 따라 다양한 형태를 갖는다. 컨벤션은 국내뿐만 아니라 해외에서도 학술대회, 전시회, 공영 등이 수반되는 행사를 의미한다.

1차적으로 컨벤션과 관련된 센터운영, 설비 서비스 관련 산업을 가리키지만 관광·숙박·레저·유흥·식음료·교통·통신 등 관련 산업에까지 강력한 영향을 미치며 지식과 정보의 생산과 유통을 촉진하고 국내 이미지를 높이고 홍보할 수 있는 지식기반 산업이자 환경 비용이 거의 들지 않는 고부가 가치 산업이다.

② 컨벤션의 특성

컨벤션 산업의 특성은 공공성, 영리성, 복합성, 전문성, 전체성 등으로 구분할 수 있다.

첫째, 공공성이다. 컨벤션 산업은 국가 간 모임과 만남을 통하여 정보를 공유하거나, 상호간 의사소통의 장을 마련하는 공익적 기능을 가진다.

둘째, 영리성이다. 컨벤션 산업은 국가와 기업의 참여로 이루어지기 때문에 공공성도 있으나, 기업의 이윤추구도 무시할 수 없다. 따라서 공공성과 더불어 영리성도 가지고 있다.

셋째, 복합성으로 컨벤션 산업은 국제회의를 기획하는 업체는 물론 호텔, 여행사 등이 핵심적인 역할을 하고 있으며, 항공사, 쇼핑, 관광, 시설관련 업체들에 의해 복합적으로 운영되고 있다. 또한 출판, 공원, 박물관, 미술관 등도 자체적인 영업활동은 물론 컨벤션 산업과 직·간접적으로 관련을 맺고 있는 등 여러 분야의 다양한 업체들이 능률적이고 효과적인 업무수행을 위해 상호 복합성을 가지고 있다.

넷째, 전문성이다. 컨벤션 산업은 여러 분야에서 필요한 종합적인 지식은 물론 참가자들의 문화적인 특성과 요구를 충족시키기 위해서 고도의 전문성을 필요로 한다.

다섯째, 전체성(全體性)으로 컨벤션 산업은 이를 유치함으로써 얻게 되는 경제적 파급 효과는 물론 사회적, 문화적 효과 등에도 영향을 준다. 개최국의 세계화 및 국제적 위상을 높이는 효과는 경제적 이익만큼이나 중요하다고 할 것이다.

(2) 컨벤션 산업의 기능

컨벤션 산업은 서비스 산업으로서 고용을 창출하고 지역경제를 활성화 시키며, 외화획득과 세수증대를 가져오는 무공해 산업이란 순기능을 하며, 고부가가치 산업이다.

특히 개최지역을 국제적으로 알려 지역사회의 이미지 개선과 지역발전에 순기능의 역할을 할 수 있다. 산업구조 측면에서는 국제회의 용역업, 호텔, 항공사, 여행사, 회의관련 기타산업 등 서비스를 주된 상품으로 하는 3차 산업의 발달을 가져올 수 있다.

컨벤션 시장은 1980년대부터 확대되어 1995년에 이미 국제회의 참가자가 세계적으로 4,900만 명을 기록했다. 이는 전 세계 총 해외관광객수의 약 15%를 차지하고 있다.

1999년 우리나라는 국제회의 개최를 통해 3억 달러의 수입을 올렸지만 국제회의를 가장 많이 개최하는 미국은 이 수입이 매년 1,000억 달러에 이른다.

이에 국내에서도 2000년 '국제회의 산업육성에 관한 법률'을 제정하는 등 새로운 관광산업으로 국제회의산업을 육성하고 있다.

세계 각국에서는 컨벤션의 중요성을 인식하여 대형화와 전문성을 갖춘 컨벤션 센터를 건립하여 컨벤션 산업의 환경에 적극적으로 투자하고 있다.

최근 컨벤션 산업의 형태는 단순한 국제회의 개최를 넘어 각종 전시회, 스포츠 행사, 문화예술 행사, 인센티브 관광등과 함께 다양한 형태로 개최되고 있는 추세이다.

컨벤션을 포함한 다양한 국제회의 유치는 물론 각종 행사 유치를 위한 전략, 이를 성공적으로 수행하기 위한 전문적이고 실질적으로 필요한 것이 무엇인지에 대한 대책과 컨벤션을 유치하려는 마케팅 전략 수립 등이 지속적으로 필요하다.

2. MICE 산업의 연계역할

1) MICE 산업의 역할

MICE 산업은 먼저 전시컨벤션센터의 건립과 운영에 관련된 산업, 전시회와 컨벤션 산업에의 파급효과가 있으며, 전시 컨벤션 및 관련 활동이 이루어지는 공간과 직접 관련이 있는 호텔, 레스토랑 등의 산업에도 영향을 미친다.

또한 MICE 산업은 주변 지역과 도시의 관광산업과 서비스산업의 활성화를 촉진시키는 역할을 한다.

2) MICE 산업과의 연관 산업

(1) MICE 산업과 직접적으로 관련된 산업으로는 회의 및 전시기획을 담당하는 회사, 운송업, 숙박업, 식·음료업, 도소매업 등이 있다.

(2) 관련 서비스 산업으로는 소프트웨어, 정보 제공서비스 산업, 인테리어 디자인 회사, 경영 컨설팅 회사, 기계설비 산업 등의 지식 관련 산업, 상품 검사업 등이 있다.

(3) 이벤트성 기업체 직원들의 방문을 위한 호텔, 식·음료, 관광 상품 연계 주변 관광지 등으로의 관광산업에도 연관이 있다.

이상과 같은 측면을 고려해보면, MICE 산업은 국가 전체의 산업 활성화는 물론 지역경제 활성화와 관광산업에도 크게 기여하는바 지역 발전을 위해 중요한 경제활동을 도모하는 도시 서비스 산업중의 하나임은 분명하다.

3. MICE 산업의 파급효과

MICE 산업은 국내 · 외 회의 및 전시회를 통한 기업홍보와 수출 마케팅 수단으로 활용되는 중요한 산업이다. 또한 중소기업의 다국적 기업으로의 국제화 촉진, 행사 주최자의 투자효율 증진, 지역경제 활성화 등 경제, 산업, 문화, 관광, 건설업 등 다양한 분야에서 파급효과가 큰 산업이다.

1) 경제적 효과

직접적인 효과는 컨벤션 관련 참가자 및 주최자가 지출하는 소비금액이 미치는 경제승수(multiplier effect) 효과이고, 간접적인 효과는 세수증대, 고용창출, 생산유발, 소득 창출 효과 등으로 구분된다.

또한 컨벤션 산업의 참여로 인하여 국가 간 이해부족에서 발생하는 통상마찰 등도 해소할 수 있고, 최신 정보와 기술의 교환 등을 통하여 참여국가의 노하우를 전수 받을 수 있어 관련 분야의 국제경쟁력을 강화하는 등 산업 전반 및 지역 경제에 미치는 효과가 크다.

2) 관광산업 효과

컨벤션 관광객의 경우 일반 관광객보다 체류기간이 1.4배나 많으며 지출액도 3.1배에 달하기 때문에 컨벤션 산업은 '굴뚝 없는 황금산업', '서비스산업의 꽃'으로 불린다.

3) 사회 · 문화 측면의 효과

컨벤션은 일정한 기간 내 대규모의 참가자가 유입되므로 이에 대한 사회 · 문화 적인 영향이 크다. 많은 국가에서 온 참가자들의 다양한 문화와 지역민들의 문화가 함께 혼합됨으로 인하여 상호 외부 문화에 대한 긍정적인 인식 및 지역민들의 의식이 향상되는 효과가 있다. 또한 국내외 많은 사람들이 모이는 회의에 직접적인 시설은 물론 회의 개최지로서의 편의시설이 조성되고,

전시컨벤션과 관련된 문화, 상업, 교통시설 등 사회간접자본에의 투자 증대는 물론 관계시설의 설치 및 정비를 촉진시키는 효과가 있다.

4) 정치효과

국제적 전시컨벤션 개최는 해당 국가나 도시의 국제적 위상 부각과 지명도가 높아지는 것은 물론 이미지를 개선하는 효과를 가진다. 국제회의 개최는 수십 개국의 정상이나 각료 등 영향력 있는 고위 지도자급 인사들이 참가하므로 국가 홍보는 물론 미수교 국가들과도 교류기반 확대 및 분위기 조성도 기대할 수 있다.

개최국의 국제적 지위향상과 함께 민간차원의 외교 등에서도 다각적인 효과를 거둘 수 있다.

〈표 9-3〉 세계 주요 컨벤션시설 현황

국가	명칭	소재지	수용능력 (대회의장 기준)	설립 연도
홍콩	Convention & Exhibition Center	홍콩	2,600(이동식)	1989
일본	Pacirico Yokohama	요코하마	5,000명(고정식)	1993
싱가포르	International Convention Exhibition Center	싱가포르	12,000명(이동식)	1995
말레이시아	Putra World Trade Center	쿠알라 룸푸르	3,500명(이동식, 고정식 겸용)	1985
태국	Queen Sirikit	방콕	5,700명(이동식)	1991
대만	국제컨벤션센터	타이페이	3,100명(고정식)	1990
독일	International Congress Center	베를린	5,000명(고정식)	1979
프랑스	아크로폴리스컨벤션센터	니스	2,500명	1985
필리핀	Philippine International Convention Center(PICC)	마닐라	4,000명	1976
미국	Jacob K. Javits 컨벤션센터 McCormic Place Complex	뉴욕 시카고	3,600명 3,000명	1986 1960

5) 환경효과

컨벤션 산업은 지역의 자연환경에 의존한 다른 관광 상품에 비해 환경에 대한 피해와 부정적인 영향을 극소화할 수 있는 관광 상품이다. 컨벤션 참가자들은 주로 회의 개최시설에 집중되어 일반 관광객들에 비해 지역의 환경에 직접적으로 접촉하는 빈도가 제한되기 때문에 지역에 대한 환경적 피해를 극소화하는 동시에 경제적 효과를 극대화하는 대안 관광 상품으로 인식할 수 있다.

4. 글로벌 MICE 산업전망[18)]

1) 회의 개최 규모 전망

(1) 회의 유형별 개최건수

글로벌 MICE 산업전망에 대한 조사 결과 북미와 유럽에서는 2017년도 회의 개최건수가 작년과 같은 수준을 유지하거나 감소할 것이라고 전망한다. 중남미의 경우도 대부분의 회의가 감소할 것으로 예측하나, 영업/마케팅과 트레이닝 관련 회의 개최는 증가할 것으로 전망한다. 개최 감소의 주요 원인으로는 높아지는 호텔요금과 항공료 때문으로 보인다고 밝혔다.

그러나 이와 달리 아시아 · 태평양 지역 2017년 회의 개최 전망은 매우 양호(11.5% 성장)할 것으로 전망한다. 이들 지역은 영업/마케팅 미팅, 제품출시 미팅, 컨퍼런스/트레이드 쇼(trade show)가 크게 성장할 것으로 전망한다.

(2) 회의 유형별 참가자수

2017년도 전망조사에서는 회의 개최건수 전망과 마찬가지로 아시아 · 태평양 지역을 제외한 타 지역은 보수적인 응답이 많았다. 특히 중남미 지역은 보수적인 응답이 많았으며, 영업/마케팅 미팅, 내부 팀 미팅, 제품 출시 미팅 분야의 참가자 수는 작년 수준이겠지만, 다른 분야는 20% 이상 감소할 것으로 전망한다. 반면 아시아 · 태평양 지역은 대부분 전년보다 20% 이상 증가할 것으로 전망한다.

---

18) AMEX사의 2017년 「글로벌 회의 · 이벤트 산업전망」 분석보고서의 내용을 인용.

(3) 회의 개최일수

회의 개최일수는 작년과 비슷할 것으로 전망하고, "과거에는 회의가 보통 4일정도 진행되었는데, 요즘은 회의개최기간이 3일정도로 줄어든 대신 보다 혁신적이고 창의적인 요소에 집중하고 있다"고 밝혔다.

회의 개최비용은 점점 증가하는 반면, 예산은 삭감되는 상황이 지속되면서 회의주최자들은 어떤 참가자를 행사에 초청할 것인지 보다 신중하게 고려하여 선정하게 되는데, 이는 회의 참가자 규모가 작아지거나 개최기간이 짧아질 수 있음을 의미한다.

2) 회의예산과 기획전망

(1) 회의 주최기관 지출액

2017년도 예측조사에서 전년보다 다소 감소한 1% 정도의 예산증가를 전망하였으며, 아시아・태평양 지역에서는 회의예산이 큰 변동이 없을 것으로 전망한다.

(2) 회의 참가자 당 투자비용

회의 기획자들은 지역에 관계없이 모두 인센티브와 이벤트 행사에 가장 많은 1인당 비용을 투자한다고 밝혔다. 이는 기업들이 사원들의 업무성과에 대한 보상으로 '좋은 경험'을 제공하기 위해 충분한 노력과 투자를 하고 있음을 보여준다. 그 다음으로는 컨퍼런스와 트레이드 쇼였으며, 가장 적은 비용을 들이는 회의는 내부 팀 미팅과 트레이닝 미팅으로 나타났다.

전반적으로 북미와 유럽과 아시아 태평양 지역에서 개최되는 회의 참가자 투입 예산은 비슷한 수준으로 나타났으며, 중남미 지역은 모든 회의유형에서 참가자 투자예산이 상대적으로 높았다.

안전문제에 대한 관심과 투자비용은 대부분의 기업들이 참가자들의 안전이 가장 중요한 이슈이기 때문에 보다 안전한 회의 운영을 위해 기꺼이 돈을 더 지불할 의향이 있다고 밝혔다.

(3) 리드타임

지역과 유형에 따라 차이는 있지만, 2017년에도 다른 때와 마찬가지로 리드타임이 매우 빠듯할 것으로 전망하였다.

내부 팀 미팅은 짧은 시간 내에 준비하지만, 제품 출시 미팅과 트레이드쇼와 같이 상대적으로 규모가 큰 행사는 시간이 많이 소요될 것으로 전망했다.

3) 호텔 요금 전망

올해도 작년과 마찬가지로 1.2%에서 3.7% 수준으로 계속 증가할 것으로 전망되었다. 유럽과 아시아태평양 지역에서는 작은 폭의 증가를 예측한 반면, 북미와 중남미 지역은 3.7% 정도의 요금증가가 있을 것으로 전망했다.

4) 회의 시설 공급 및 수요전망

(1) 호텔유형별 수요

중간급 호텔의 회의시설 수요는 6년째 가장 높은 수준의 증가 가 예상된다고 전망했다. 전 지역에 걸쳐 중간급 호텔에 대한 수요가 45% 정도를 차지할 것으로 전망되었으며, 특히 유럽은 63%로 가장 높은 비율을 보였다.

2017년 호텔 수요가 3% 대 성장을 보일 것으로 예측되면서, 회의 및 행사 주최자들은 일반 여행객들과 함께 중간급 호텔 확보를 위해 경쟁해야 할 것으로 보인다.

2017년에 개관하는 호텔들 중에서는 중간급 호텔시설이 많은 것으로 나타났는데, 이는 중간급 호텔에 대한 수요가 증가하는 현 상황을 반영한 것으로 보인다. 럭셔리 호텔과 리조트에 대한 선호도는 2016년과 비슷한 수준으로 전망된다.

(2) 지역별 호텔 개관 및 건립동향

2016년부터 2017년까지 중남미를 제외한 모든 지역에서 4스타, 5스타 호텔 준공이 증가할 것으로 전망되며, 2016년에는 1,070개에서 2017년에는 1,409개의 호텔이 개관을 준비하는 것으로 집계되었다. 이러한 증가세는 유럽의 호텔산업이 침체기에서 벗어나 본격적인 회복단계에 접어들었음을 보여주는 것이다.

〈표 9-4〉 2017년 개관 신규호텔 기준 세계 상위 10대 도시

연번	도 시 명	개 수
1	두바이(아랍에미리트)	39
2	뉴욕(미국)	24
3	런던(영국)	24
4	상하이(중국)	23
5	리야드(사우디아라비아)	20
6	도하(카타르)	16
7	함부르크(독일)	16
8	산야(중국)	13
9	시카고(미국)	12
10	무스카트(오만)	12

세계 상위 도시들에서는 2017년에 보다 많은 수의 호텔이 새로 개관할 것으로 전망되었다. 특히 두바이는 새로 개관을 준비하는 호텔 숫자가 2016년 25개에서 2017년에는 39개로 크게 증가할 것으로 보인다. 작년과 마찬가지로 신규 개관 호텔 수 기준 세계 상위 4대 도시는 두바이, 뉴욕, 런던, 상하이가 차지하였으며, 이외에 리야드, 도하, 함부르크 등이 상위권을 장식하고 있다.

호텔 요금 증가세에도 불구하고 세계 상위 도시들은 호텔수요가 계속 증가하고 있음을 시사한다.

5) 단체(그룹) 항공 트렌드 전망

(1) 단체 항공요금

계속적으로 인상되는 추세이며 2017년 단체 항공요금은 지역에 따라 1.4%에서 4.3% 정도 증가한 것으로 전망된다.

중남미가 가장 높은 인상폭을 보일 것으로 전망되고, 유럽은 인상폭이 가장 적을 것으로 예상된다.

단체 항공요금이 회의 지역을 결정하는데 어떤 영향을 미치는 가는 지역에 따라 차이가 있는 것으로 나타났다. 북미와 아시아태평양에서는 50%이상의

기획자들이 단체 항공요금이 회의개최지 선정에 영향을 미친다고 밝혔으며, 유럽에서는 35%가 단체항공요금이 개최지 선정에 전혀 영향을 미치지 않는다고 밝혔다.

비용이 증가하고 예산이 빠듯해지는 상황에서 항공료를 절약하고 회의 프로그램에 대한 투자를 늘리려는 시도가 증가할 것으로 예상된다.

(2) 항공 수용 능력

2017년에도 전 지역에 걸쳐 항공 운항편수와 좌석 수는 지속적으로 증가할 것으로 전망된다.

올해 아시아와 동남아시아에서 최소 5% 대의 가장 큰 항공 운항편수가 증가 예상되며, 북미와 중남미는 2.8%와 3.2% 각각 증가할 것으로 전망된다. 지속적인 성장 추세에 맞추어 항공사들은 새로운 항공노선을 추가하거나 출항 도시를 늘리고 있다.

한편 항공 좌석수도 전 지역에 걸쳐 증가할 것으로 예상되는데, 아시아와 동남아시아에서 최소 4.7%, 북미와 남미에서는 최소 5% 증가할 것으로 전망된다.

제3절 전시컨벤션 산업의 현황

1. 국내 전시컨벤션 산업의 현황

1) 전시회 개최현황

(1) 국내전시장 가용면적 및 개최건수

국내 전시산업은 양적 측면에서는 상당한 성장을 기록하였으나, 질적인 측면에서는 주요한 경쟁국들에 비해 낙후되어있다.

전시면적은 약 8.5배, 전시회 개최건수는 약 6배 증가 등 외형 면에서는 성장하였으나, 질적으로는 국제적 경쟁력 있는 글로벌 브랜드 전시회, 전시 전문 인력 및 해외 바이어 숫자가 타국에 비해 다소 부족한 것이 현실이다. 이는 결국 국내전시회 인지도와 해외바이어 미 참여로 이어져, 전시회 경쟁력 수준 저조 및 수익성 악화 등으로 악순환이 반복된다.

〈표 9-5〉 국내전시장 가용면적 및 전시회 개최건수 비교

구 분	1991년	2007년	2008년
전시장 면적	20,736 ㎡	166,554㎡	177,490㎡
전시회 개최건수	66회	354회	409회

출처 : 한국전시산업진흥회, "2008년 국내 전시산업통계", 2009.

〈표 9-6〉 국내 전시장 면적 현황(2009년 ~ 2012년)

구 분	2006-7년	2009	2010	2011	2012
전시장 면적(㎡)	166,554	177,905	177,906	243,773	266,231
갯수	10개	12	12	12	12

출처 : 2006-2011 국내전시산업통계(한국전시산업진흥회 발간), 2012 국내전시산업 통계(한국전시산업진흥회 발간)

〈표 9-7〉 아시아 주요국의 전시컨벤션센터 면적 현황

구분	중국	일본	인도	태국	한국	싱가포르
면적	2,516,581㎡	403,636㎡	238,899㎡	179,771㎡	159,898㎡	153,674㎡
비중	9.0%	1.5%	0.9%	0.7%	0.6%	0.6%

*중국은 홍콩, 마카오, 대만 포함
*출처 : The World Map of Exhibition Venue and trend, UFI(2007.10)

(2) 국제전시회 개최건수

국내에서 개최된 국제전시회 개최건수를 보면, 2001년을 기준으로 2004년 개최건수 300건과 비교하면 약 36% 증가, 2007년 354회, 2008년 409회로 약 85%의 성장률을 기록하였는데, 이는 2000년 이후 전시장 확장 및 신규 전시장 건립 등에 따른 전시장 가용면적 대폭 증가와 함께 신규, 유사 전시회 개최의 가속화로 전시회 개최 건수가 크게 증가하였다.

〈표 9-8〉 2001~2008년 국제 전시회 개최 건수

연 도	2001년	2002	2003	2004	2005	2006	2007	2008년
개최건수	221	248	268	300	336	353	354	409
증가율(%)	67.4	12.2	8.1	11.9	12.0	5.1	0.3	15.5

출처 : 한국전시산업진흥회, "2008년 국내 전시산업 통계", 2009.

〈표 9-9〉 최근 5년간 국제 전시회 개최 건 수(2008년 ~ 2012년)

구 분	2008	2009	2010	2011	2012
개최건수(건)	409	422	479	552	560
성장률(%)	15.5	3.2	13.5	15.2	0.1

출처 : 2012 국내전시산업 통계(한국전시산업진흥회 발간)

2) 한국전시산업의 발달 및 관련 산업에 미치는 영향[19)]

우리나라는 1979년 국내 최초의 전문 전시시설인 한국종합전시장 개장으로 시작하여 2001년에는 대구컨벤션센터와 부산컨벤션 센터가 개장됨으로써 지방전시회 시대가 열리게 된다.

〈표 9-10〉 융합관광 산업별 중요도 평가 - MICE 관광의 평가

구분	의료관광	MICE관광	농촌관광	음식관광	산업관광	해양관광	레져관광	영상관광	복합리조트	스마트관광	한류관광	교육관광	공연관광	웨니스관광
산업 중요도	4.3	4.3	3.6	3.9	3.6	4.0	3.3	3.8	3.8	3.7	4.3	3.8	3.7	3.6
산업 역량	4.1	4.0	3.0	3.4	3.4	2.9	3.3	3.5	3.1	3.9	4.2	3.3	3.4	3.2
미래 유망 산업	4.5	4.4	3.5	4.3	3.9	4.3	4.4	3.5	4.1	4.0	4.0	4.1	3.7	4.3
평균	4.3	4.3	3.4	3.9	3.6	3.7	3.9	3.4	3.6	3.9	4.2	3.8	3.6	3.7

출처 : 창조경제시대 산업간 융합을 통한 관광산업 발전 방안(한국문화관광연구원 2013)

19) 산업뉴스, 기획특집-1(2014.03.11), "전시산업의 현황에서 인용"

이에 정부는 2008년에 '전시 산업법'을 제정하고, 2009년에 융합관광 산업에서 MICE 산업의 중요성을 인식하고 MICE산업을 '신성장 동력산업'으로 선정하였고, 최근 정부는 '국제회의산업 육성 기본계획(2014년~2018년)을 발표하며 MICE 산업을 지식기반산업 성장 전략에 포함하였다. 또한 MICE산업은 <표 9-9>과 같이 융합관광의 중심화로, 회의산업은 <표 9-11>와 같이 MICE산업의 핵심 산업이 된다고 볼 수 있다.

〈표 9-11〉 유형별 MICE 개최 현황

구 분	개최건수	전체참가자수	참가자수 (외국인)	참가자수 (내국인)
Meeting(회의)	109,587	11,652,106	46,369	11,605,737
Convention(컨벤션)	1,537	1,215,682	342,823	872,759
Exhibition(전시회)	553	13,599,855	200,488	13,399367

출처 : 2011 MICE 산업 통계 조사 연구(한국관광공사, 2012)

융합관광 및 MICE 산업에서 중요한 역할을 하는 전시산업은 무역 인프라의 확충을 통한 수출기반을 강화, 교역 및 투자증진, 국가 이미지 제고, 관광동기 부여, 컨벤션의 발전 등 국가경제에 크게 기여하고 있다.

또한 전시회는 거래기능, 신소재 소개기능, 미디어홍보 확산기능, 주요산업정보 획득, 최신 산업발전 및 동향 파악, 동종 유사업종 간 네트워킹 및 문제점 해소 등의 기능을 통하여 우리나라 산업 전반에 중요한 윤활유 역할을 하고 있는 것이다.

2007년 정부(산업통상자원부)는 한국표준산업분류(KSIC)에 유망 지식 서비스 업종 중 전시산업을 처음으로 분류하고, '산업발전 법'에 지식 서비스업종 중 '전시 및 행사 대행업'을 두게 된다. 제9차 한국표준산업분류에서는 "전시 및 행사 대행업(75992)"으로 정하고 지식기반 서비스 산업에 포함하였다.

이후 국내에서 개최된 국제전시회는 <표 9-9>에서와 같이 2008년에 409건의 전시회가 2012년 560건의 전시회가 개최되는 등 최근 5년간 151건의 전시회가 증가되었음을 알 수 있다.

전시회의 증가, 즉 전시산업 성장은 위에서 보는 바와 같이 연관 산업의 발전과 성장, 곧 한국 산업 경제 및 무역전반에 걸쳐 큰 기여를 하였음을 알 수 있다.

2008년부터 전시산업발전법이 발효된 이후 전시산업은 크게 발전되었다. 이제는 100년이 넘은 미국과 유럽의 선진전시산업의 제도와 문화를 도입하여야 할 것이다. 그러기 위해서 정부는 관련 전문가들을 통하여 선진 전시산업에 관한 연구는 물론, 국내에서 전시산업의 직접적 관련 산업 분야 인 전시장치 및 전시디자인, 부대서비스 분야 등의 세부산업분야에도 많은 관심과 지원을 아끼지 말아야 할 것이다.

3) 국내 전시산업의 발전 현황[20)]

우리나라 전시산업의 발전은 전시회 개최의 증가와 전시장 규모의 증가를 가져왔다. 전시회 개최 건수는 2008년 409건 → 2012년 560건으로 151건이 증가하였고, 전시장 규모는 2009년 177,906㎡ → 2012년 266,231㎡으로 88,325㎡이 넓어졌다.

또한 전시회의 증가는 <표 9-12>에서와 같이 전시회 참관객이 2008년 약 13백만 명 → 2012년도에 약 18백만 명으로 약 5백만 명이 증가하였는데, 그 중 외국인 참관객이 2008년 약 31만 명 → 2012년 약 34만 명으로 증가하였고, 해외 거래의 계약액이 2008년 약 140억 원 → 2012년도에 약 465억 원으로 크게 증가하였다.

이러한 전시산업의 발전은 외국인의 한국 방문은 물론, 경제적 측면에서 교역의 증가로 국가경제에 기여하고 있으며, 또한 전시회를 통하여 국내 기업의 성장과 더불어 기업의 국제화로 수출증대를 이루는데 일조를 하고 있다.

20) 산업뉴스, 기획특집-1(2014.03.24), "전시산업의 현황에서 인용"

〈표 9-12〉 국내 전시회 개최 및 참가자 및 참관객 현황(2008년 ~ 2012년)

<table>
<tr><th colspan="3">구 분</th><th>2008</th><th>2009</th><th>2010</th><th>2011</th><th>2012</th></tr>
<tr><td colspan="3">개최건수(건)</td><td>409</td><td>422</td><td>479</td><td>552</td><td>560</td></tr>
<tr><td colspan="3">성장률(%)</td><td>15.5</td><td>3.2</td><td>13.5</td><td>15.2</td><td>0.1</td></tr>
<tr><td colspan="3">전시회 평균면적(㎡)</td><td>9,728</td><td>8,277</td><td>9,350</td><td>9,246</td><td>9,511</td></tr>
<tr><td rowspan="13">전시회별 평 균</td><td colspan="2">참가업체(개)</td><td>161</td><td>161</td><td>159</td><td>167</td><td>171</td></tr>
<tr><td colspan="2">국내참가업체수(개)</td><td>124</td><td>130</td><td>139</td><td>135</td><td>138</td></tr>
<tr><td colspan="2">해외참가업체수(개)</td><td>42</td><td>25</td><td>24</td><td>32</td><td>33</td></tr>
<tr><td colspan="2">참관객 수(명)</td><td>32,297</td><td>31,120</td><td>31,603</td><td>32,651</td><td>32,328</td></tr>
<tr><td colspan="2">국내 참관객</td><td>32,329</td><td>27,807</td><td>31,765</td><td>32,045</td><td>31,723</td></tr>
<tr><td colspan="2">해외 참관객</td><td>767</td><td>598</td><td>660</td><td>606</td><td>605</td></tr>
<tr><td colspan="2">조립부스(만원)</td><td>191</td><td>212</td><td>251</td><td>212</td><td>227</td></tr>
<tr><td colspan="2">독립부스(만원)</td><td>162</td><td>174</td><td>173</td><td>186</td><td>185</td></tr>
<tr><td rowspan="2">국내 거래액 (백만원)</td><td>상담액</td><td>82,885</td><td>154,042</td><td>120,250</td><td>143,258</td><td>137,142</td></tr>
<tr><td>계약액</td><td>11,624</td><td>43,332</td><td>18,617</td><td>42,071</td><td>38,587</td></tr>
<tr><td rowspan="2">해외 거래액 (백만원)</td><td>상담액</td><td>818</td><td>903</td><td>1,013</td><td>1,634</td><td>1,573</td></tr>
<tr><td>계약액</td><td>34</td><td>83</td><td>84</td><td>86</td><td>83</td></tr>
</table>

출처 : 2006-2011 국내전시산업통계(한국전시산업진흥회 발간), 2012 국내전시산업 통계(한국전시산업진흥회 발간)

4) 국내 전시산업의 문제점

전시산업의 발달은 수출증대를 통한 경제성장과 외국인 관광객의 유치 등의 긍정적 측면과 달리 전시산업 직접적 관련자들의 애로사항이 발생하게 된다.

국내 전시장별 전시회는 <표 9-11>에 의하면 10월과 11월에 합계 182건의 전시회가 진행된 반면, 1월과 2월에는 36건의 전시회가 있었고, 수도권 전시회가 전체의 65%를 차지하는 등의 집중화 현상이 나타났다.

〈표 9-13〉 월별 / 전시장별 전시회 개최 현황

(단위 :건)

센터명	계	1월	2월	3월	4월	5월	6월	7월	8월	9월	10월	11월	12월
aT센타	34	2	1	3	2	5	6	-	-	4	2	7	2
세텍(SETEC)	61	4	3	2	3	4	3	5	1	2	6	6	-
코엑스 (COEX)	165	4	5	4	13	18	22	13	12	15	26	18	15
킨텍스 (KINTEX)	90	-	5	7	3	8	8	1	9	10	18	18	3
송도 컨벤시아	9	-	-	1	-	-	1	-	-	-	4	3	-
대전컨벤션 센타(DCC)	33	2	2	3	4	2	4	4	2	2	2	5	1
대전무역전 시관(KOREX)	7	-	-	1	2	1	-	-	-	-	2	1	-
김대중 컨벤션센타	38	2	-	2	1	5	3	2	2	5	7	6	3
엑스코 (EXCO)	42	2	-	3	4	5	4	3	2	3	3	12	1
구미코 (GUMICO)	4	-	-	1	-	-	-	-	-	2	1	-	-
벡스코 (BEXCO)	61	1	2	4	4	2	9	3	2	9	12	11	2
창원컨벤션 센타(CECO)	32	-	1	2	4	4	3	2	-	4	5	4	3
제주국제 컨벤션센타	1	-	-	-	-	1	-	-	-	-	-	-	-
총 계	560	17	19	33	41	56	63	33	30	56	91	91	30

출처 : 2012 국내전시산업 통계(한국전시산업진흥회 발간)

즉, 1년 중 6월, 10월, 11월에 560건의 전시회 중 3개월간 진행 된 전시회 수는 245건으로 전체의 약 44%를 차지함으로써 전시장치 사업자들이 인력수급의 문제로 완성되지 못한 상태로 전시회 개장이 되고 있는 경우도 있다고 한다.

○ 전시장 정보

전시장	기본정보				
aT Center	주 소	(06774) 서울특별시 서초구 강남대로 27			▸ 자세히 보기
	TEL	02-6300-1923	FAX	02-6300-1611	
	Web	www.atcenter.at.or.kr			
	건립주체	농수산물유통공사	운영주체	코엑스	
BEXCO	주 소	(48060) 부산광역시 해운대구 APEC로 55			▸ 자세히 보기
	TEL	051-740-7300	FAX	051-740-7320	
	Web	www.bexco.co.kr			
	건립주체	벡스코	운영주체	벡스코	
CECO	주 소	(51408) 경상남도 창원시 의창구 원이대로 362			▸ 자세히 보기
	TEL	055-212-1000	FAX	055-212-1200	
	Web	www.ceco.co.kr			
	건립주체	경상남도, 창원시	운영주체	코엑스	
COEX	주 소	(06164) 서울특별시 강남구 영동대로 513			▸ 자세히 보기
	TEL	02-6000-0114	FAX	02-6000-1303	
	Web	www.coex.co.kr			
	건립주체	한국무역협회	운영주체	코엑스	
DCC	주 소	(34125) 대전광역시 유성구 엑스포로 107			▸ 자세히 보기
	TEL	042-250-1100	FAX	042-250-1299	
	Web	www.dcckorea.or.kr, www.kortex.com			
	건립주체	대전광역시	운영주체	대전컨벤션센터	
EXCO	주 소	(41515) 대구광역시 북구 유통단지로 90			▸ 자세히 보기
	TEL	053-601-5000	FAX	053-601-5059	
	Web	www.exco.co.kr			
	건립주체	대구광역시	운영주체	엑스코	
GUMICO	주 소	(39171) 경상북도 구미시 산동면 첨단기업1로 49			▸ 자세히 보기
	TEL	054-477-8100	FAX	054-477-8199	
	Web	www.gumico.com			
	건립주체	구미시	운영주체	엑스코	
GSCO	주 소	(54004) 전라북도 군산시 새만금북로 437			▸ 자세히 보기
	TEL	063-468-1880	FAX	063-468-4265	
	Web	www.gsco.kr			
	건립주체	전라북도	운영주체	군산새만금컨벤션센터	
HICO	주 소	(38116) 경상북도 경주시 보문로 507			▸ 자세히 보기
	TEL	054-702-1000	FAX	054-702-1029	
	Web	www.hicocity.kr			
	건립주체	경상북도	운영주체	경주화백컨벤션센터	
ICC JEJU	주 소	(63547) 제주특별자치도 서귀포시 중문관광로 224			▸ 자세히 보기
	TEL	064-735-1000	FAX	064-738-8986	
	Web	www.iccjeju.co.kr			
	건립주체	제주특별자치도	운영주체	제주국제컨벤션센터	
김대중컨벤션센터	주 소	(61958) 광주광역시 서구 상무누리로 30			▸ 자세히 보기
	TEL	062-611-2000	FAX	062-611-2009	
	Web	www.kdjcenter.or.kr			
	건립주체	광주광역시	운영주체	김대중컨벤션센터	
KINTEX	주 소	(10390) 경기도 고양시 일산서구 한류월드로 408			▸ 자세히 보기
	TEL	031-810-8114	FAX	031-810-8033	
	Web	www.kintex.com			
	건립주체	경기도, 고양시, KOTRA	운영주체	KINTEX	
SETEC	주 소	(06287) 서울특별시 강남구 남부순환로 3104			▸ 자세히 보기
	TEL	02-2222-3800	FAX	02-2222-3820	
	Web	www.setec.or.kr			
	건립주체	KOTRA	운영주체	서울산업진흥원	
songdo convensia	주 소	(21998) 인천광역시 연수구 센트럴로 123			▸ 자세히 보기
	TEL	032-210-1114~5	FAX	032-210-1005~6	
	Web	www.songdoconvensia.com			
	건립주체	인천광역시	운영주체	인천관광공사	

자료출처 : 산업통상자원부

〈그림 9-3〉 국내 전시장 현황

특히, 전시장치 사업자는 2012년 인증전시회의 평균 순 전시면적이 5,729㎡에 전시부스, 전기, 통신, 바닥, 가스, 배관 등의 시설 공사를 2일 만에 설치하고, 1일 만에 해체한다. 이렇게 단기간에 실시되는 설치・해체공사에서 안전사고가 발생하지만 무려 90%가 산재보험에 의한 처리가 아닌 회사 실비용으로 처리한다. 그 이유는 전시 주최자 및 전시장 시설 사업자와 협력업체 등록을 통한 계약 조건에 '안전사고 발생 시 협력업체 등록 무효화는 물론 재계약이 없음'이라는 내용이 포함되어 있기 때문이라고 설문조사에서 확인한 바가 있다.

전시면적 5,729㎡을 2일 만에 설치하고 1일 만에 해체해야 하는 열악한 작업환경과 전시회 일정 기간에의 집중화 등은 당연히 안전사고가 항상 노출될 수밖에 없다.

따라서 이러한 현실적 문제를 해결해야 전시산업이 국제화에 맞추어 선진 전시문화가 정착될 수 있을 뿐 아니라, 다양한 전시디자인이 세계무대에서 한국의 위상을 높일 수 있을 것이다.

2. 해외 전시컨벤션 산업의 현황

1) 해외 전시산업 현황

(1) 세계 전시회 개최 현황

전 세계적으로 매년 1만 5천회 이상 각종 전시회가 개최되고 있고, 이중 유럽이 5,820회, 북미가 4,578회이다. 유럽과 북미를 합치면 1만 398회로 세계 전체 전시회의 약 70%를 차지하고 있다.

아시아 지역에서는 전 세계 전시회의 25%인 3,750회의 전시회가 개최되고 있으며, 이중 중국은 1,684회로 11.2%를 점유하고 있고, 우리나라는 262회로 1.7%의 점유율을 보이고 있다.

(2) 세계전시회 품목

전시회 품목별로는 스포츠・레저, 자동차・기계, 전기전자・정보통신, 의류・패션, 가구・가정용품, 건설・건축, 환경기술, 유통 상거래, 식품・음료, 과학・기술, 선물・소비재・포장 등의 전시회가 주종을 이루고 있으며, 매년 새로운 산업분야의 전시회가 나타나고 있다.

2) 해외 컨벤션산업 현황

해외컨벤션 산업은 각국에서 성장산업으로서 인식하고 향후의 성장성을 보고 선·후진국을 막론하고 대부분의 국가에서 관광산업과 연계하여 컨벤션산업을 적극 육성하고 있다.

국제회의연합(UIA)에 의하면 2008년도에 전 세계적으로 개최된 국제회의는 총 11,085건으로 전년(2007년 10,318건) 대비 7.47% 증가한 것으로 나타났다.

(1) 대륙별 국제회의 개최현황

2008년 기준 대륙별 개최순위는 유럽, 아시아, 아메리카, 아프리카, 오세아니아 순으로 유럽에서 개최된 국제회의는 총 5,846건으로 전체의 약 52.74%를 차지하여 전년(2007년 53.77%) 대비하여 약간 감소하였으며, 아시아의 개최건수는 전년 대비 17.06% 증가한 2,402건으로 매년 성장세를 보이고 있다.

(2) 국가별 개최 현황

2008년 기준 국가별 국제회의 개최건수 순위는 미국이 1,079건(9.73%)으로 1위, 프랑스가 797건(7.19%)으로 2위를 차지하는 등 세계 1, 2위는 2002년 이후 변함이 없는 것으로 나타났다.

〈표 9-14〉 국가별 국제회의 개최 현황

순 위	연 도	국 가 별	건 수	비 율
1위	2008년	미 국	1,079건	9.7%
2위		프랑스	797건	7.19%
3위		싱가포르	637건	5.75%
4위		일 본	575건	5.19%
5위		독 일	440건	3.97%
6위		네덜란드	428건	3.86%
7위		이탈리아	413건	3.73%
8위		벨기에	383건	3.46%
9위		영 국	349건	3.15%

최근 국제회의 개최건수와 관련하여 주목할 내용은 아시아지역의 꾸준한 성장세를 들 수 있다. 지난 5년간 아시아 지역의 국제회의 개최건수는 1,366건에서 2,402건으로 75.84%의 성장세를 보이고 있으며, 전체 국제회의에서의 구성 비율도 14.91%에서 21.67%로 점차 증가하고 있는 추세이다. 특히 괄목할 만한 성장을 보인 나라는 싱가포르와 일본이며, 싱가포르는 2008년 637건을 개최 전년도 466건 대비 36.75% 증가하였다. 일본의 경우 2008년 575건의 국제회의를 개최하여 전년도(448건) 대비 28.35% 증가하였다.

〈표 9-15〉 세계의 전시장 현황(2011년 기준)

구분	시설수		공급면적	
	개수(개)	비중(%)	면적(만㎡)	비중(%)
유럽	496	41	1,560	48
북미	389	32	790	24
아시아	184	15	660	20
남미	70	6	130	4
중동	33	3	80	2
아프리카	25	2	50	2
세계전체	1,197	100%	3,260	100%

(3) 아시아 지역 국제회의 개최 현황

〈표 9-16〉 국가별 개최 현황

구분	1위	2위	3위	4위
2008년	싱가포르	일본	한국	중국
	637건	575건	293건	216건

〈표 9-17〉 도시별 개최 현황

구분	1위	2위	3위	4위
2008년	싱가포르	도쿄	서울	베이징
	637건(26.52%)	150건(6.24%)	125건(5.20%)	75건(3.12%)

부 록

▶ **해외시장조사보고서 사례**

– 태국의 신발시장 조사 –

▶ **KOTRA – 해외시장조사보고서(샘플)**

▣ 맞춤형 시장조사 보고서(샘플)

▣ 원부자재공급선조사 보고서(샘플)

사례 해외시장조사보고서 (태국의 신발시장 조사)

- 시장조사 보고서(태국의 신발시장) -

국가명	태국
기업체명	○○○ 세라믹스
품목명	○○○ 신발(브랜드 명)

1. 해외시장보고서

1) 진출기업 정보

(1) 개요

① 업체명: ○○○ 세라믹스
② 설립년도: ○○○○년 ○○월 ○○일
③ 대표이사: ○○○
④ 종업원: ○○명
⑤ 사업내용: 무기화학물질, 신발
⑥ 주소: 부산 ○○구 ○○동 ○○○로 ○○길
⑦ 홈페이지: www.○○○.com
⑧ 매출액 및 자본금: ○○○
⑨ 주요제품: 미끄럼방지기술이 적용된 아웃 솔을 접목시킨 기능성 제품

(2) 강·약점 파악(SWOT 분석)

SO전략과 WT전략을 결합하여 식품박람회에서 각종 이벤트를 통해 관람객의 이목을 집중시키는 것과 동시에 동사의 제품이 기존업체의 제품보다 더 강한 미끄럼 방지기능을 가진다는 것을 체험하게 할 수 있는 일거양득의 전략을 펼치는 것이 적합한 것으로 보인다.

Strength (내부환경) 강점	- 높은 미끄럼 방지성능 - 미끄럼 방지 강도 - 조절가능 - 가벼운 무게 - 적극적인 해외 진출 전략	Opportunity (외부환경) 기회	- 태국 외식업의 증가 - 국내 경쟁사가 없음 - 많은 해외 에이전시가격과 기술력 모두 중시
Weakness (내부환경) 약점	- 비싼 가격 - 국내에 한정된 인지도	Threat (외부환경) 위협	- 기술유출의 위험 - 높은 인건비 - 동남아 시장의 안전성에 대한 인식 부족 - 태국 내 수입 규제 - 독자적 인증제도로 인한 중복 시험

태국의 관광산업 및 외식산업의 부흥에 힘입어 대량판매를 위하여 식품 공장 및 각종 브랜드를 우선적으로 공략하는 것 또한 SO 전략과 WT 전략을 활용하는 방법이다.

구분		내적요소	
		강점(S)	약점(W)
외부요인	기회(O)	1) 식품박람회를 통해 물과 기름에 미끄러지지 않는 미끄럼 방지화인 ○○○의 저력을 보여 줄 수 있다. 2) 태국은 국제시장의 허브로 관광산업 및 외식 산업의 부흥으로 각종 호텔 및 레스토랑의 비중이 높으며 외국 제품의 의존성이 높음으로 수출시장으로 적합하다.	1) 인지도를 높이기 위해 SATRA 멤버쉽과 CE인증을 토대로 홍보 한다. 전 세계적으로 통용되는 인증 이므로 품질을 보증할 수 있다. 2) 식품박람회 중 가장 큰 B2B 박람회로 아웃솔의 기능을 인지한 고객은 다시 찾을 수 있도록 유통망 확보를 위해 박람회에서 바이어 발굴을 목표로 홍보한다.
		SO 전략	WO 전략
		ST 전략	WT 전략
	위협(T)	1) 동남아 시장의 값싼 제품과 안전성에 대한 인식부족 으로 ○○○제품의 구매 욕구를 위한 인식개선이 필수적이다. 2) 국제적인 조리화 업체들과 경쟁하기 위해 ○○이 부착된 ○○시리즈, ○○부츠를 주력 상품으로 한다.	1) 동남아 시장의 정기적 수출을 위해 대량 판매를 위한 식품 공장 및 브랜드를 우선적으로 공략한다. 2) 기존업체와의 경쟁을 위해 이벤트를 통한 관람객의 이목을 집중시킬 요소가 필요하다.

2) 태국시장 진출

(1) 진출대상국가 현황

가) 진출대상국가 개요

태국 (Thailand)	
인구	약 65,730,000명(2015)
민족	순수 태국계(75%), 중국계(14%), 말레이계(11%)
면적	51만 3,000㎢(한반도의 약 2.3배)
주요도시	Bangkok(570만 명), Nakhon Ratchasima(263만 명), Ubon Ratchathani(186만 명), Khon Kaen(180만 명), Chiang Mai(173만 명),
GDP	3,952억 달러(2015년)
1인당 GDP	5,878달러(2015년)
경제 성장률	0.1%(2011년), 6.5%(2012년), 2.9%(2013년), 0.8%(2014년), 2.8%(2015년), 3.2%(2016년 1분기)
기후	열대 몬순 기후로 3계절로 구분 - 건기: 11월 초~2월 말(섭씨 18~32도) - 여름: 3월 초~5월 말(4월이 가장 더움, 28~36도) - 우기: 6월 초~10월 말(소나기 단시간 집중, 25~32도)

나) 진출대상국가 현황

① 태국 경제 개관

태국은 1997년 외환위기 이전까지 연평균 경제성장률 8%의 높은 성장을 유지하였으나, 1997년 외환위기를 맞아 이를 극복한 이후부터는 연평균 5%의 비교적 양호한 성장을 지속하여 왔다. 그러나 2013년 이후 성장률은 3%미만을 기록하고 있다. 주요산업은 외국인투자가 주축을 이루는 제조업, 노동인구의 절반이 종사하는 농업, 그리고 관광산업이 주축이 되는 서비스업으로 구성되어 있다.

태국의 경쟁력으로는 개방성, 동남아 중심의 전략적 위치, 발달된 사회간접 자본, 그리고 안정된 사업 환경을 들 수 있다. 그리고 태국의 한계성으로는 외국기업에 대한 의존도 심화, 정치 불안정, 중진국 함정, 자연재해를 꼽을 수 있다.

② 경제성장률

태국 경제는 세계금융위기로 경제성장이 동반 하락한 이후 2010년에 다시 회복되었으나, 2011년 하반기 우기를 맞아 70년 이래 최대 규모의 홍수사태가 벌어져 전체 경제성장이 0.1%에 그쳤다. 하지만 태국정부의 복구 노력 및 발 빠른 공공투자로 2012년 성공적인 경제회복(GDP 성장률 6.5%)을 달성하였다. 2013년에는 바트화가 초강세를 보이는 등 수출 가격경쟁력 저하로 수출이 하락하고, 2012년 생애 첫차 구매 세금감면 등 수요촉진 정책 등이 종료되면서 경제성장이 더디게(GDP 성장률 2.9%) 되었다.

2015년 3분기에는 제조업 생산 재개와 서비스 관련 산업의 성장에 힘입어 전 분기 대비 0.1%가 오른 2.9% 성장률을 보였다. 수요측면에서 민간 소비 지출과 정부 최종소비 지출은 각각 1.7%와 1.0% 성장했지만, 생산주체에 의한 자본재 구입을 말하는 총고정자본형성 비율은 1.2%가 감소하였다. 이는 건설기계 장비류에 대한 공공투자가 줄어들었기 때문이다. 정부는 인프라 투자 확충, 민간투자 증대, 정부 예산지출 확대, 저소득층 지원과 수출 확대 계획을 강조하여 경제 성장을 꾀하고 있다.

2016년 1분기 태국 경제 성장률은 3.2%로 지난 3년 분기 성장률 최대치를 달성하였다. 이는 2015년 9월부터 적극적으로 실시된 정부의 각종 경기부양 책과 관광산업의 성장에 힘입은 바 크다.

③ 지리적 위치(아세안의 교두보)

태국은 인도차이나 반도의 중심에 위치해 있고 라오스, 말레이시아, 미얀마, 베트남, 캄보디아와 국경을 접하고 있다. 해운물류의 허브로 불리는 싱가포르와도 인접해 있어 싱가포르를 이용한 물류 정책을 펼 수 있다는 지리적 이점이 있어, "아세안의 물류허브"로 거듭나고 있으며 아세안의 교두보 역할을 할 수 있다.

또한 아세안 10개국이 참여하는 AEC(아세안경제공동체)의 구축으로 아세안 국가들에서 상품과 서비스 등이 자유롭게 이동할 수 있으므로 태국의 가치는 더욱 높아질 것이다.

〈한-태국 교역동향〉

한-태국 수출입 및 무역수지 현황

(단위: 백만 달러)

연도	2012		2013		2014		2015		2016.1Q	
	금액	증감률	금액	증감률	금액	증감률	금액	증감률	금액	증감률
수출	8,221	-2.8	8,072	-1.8	7,599	-5.9	6,360	-16.3	1,450	-12.4
수입	5,353	-1.1	5,231	-2.3	5,345	2.2	4,855	-9.2	1,078	-13.6
수지	2,868	-5.8	2,841	-0.8	2,254	-20.7	1,505	-33.23	372	-8.82

자료원 : KITA

(2) 기업 제품 요약과 진출제품

〈진출제품〉

구분	사진	모델	규격	특징	소비자가격
장화	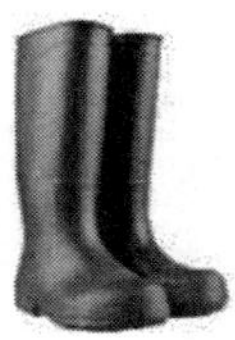	WBM-12	KR:240~280 (PER 10units) US: 6~11, 5~8 UK: 5.5~10.5 4.5~7.5 EU: 37~45, 36~40	- 자체개발 신소재 세라믹 적용 아웃솔 - 물과 기름 바닥에서 미끄럼 방지기능 - 친환경 소재 EVA 발포 소재로 가볍고 무취 EVA upper 사용 - Nylon TOECAP	₩○○○
안전화	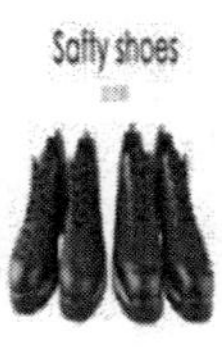	WSS-100	KR:230~290 (PER 5units) US:5~11 EU:36.5~44.5	- 은나노 깔창 - 자체개발 신소재 세라믹 적용 아웃솔 - 방탄 소재 - 샌드위치 메쉬의 안감 - 미끄럼 방지 - 충격 흡수	₩○○○

3) 현지 소비자 분석

(1) 수요 동향

태국은 정치 및 경제 상황이 태국 소비자 구매 행동에 직접적인 영향을 미치는 경향이 매우 크다. 한 예로 태국 국왕의 경제 철학(Sufficiency Economy)이 정책적으로 적용되며 소비자 개개인의 경제 활동에 큰 영향을 주고 있다.

가) 소비자 구매 동기

가격은 태국 소비자 구매 동기 중 가장 큰 요인이다. 경기 불황으로 가격 대비 상품 구입 경향이 더 커진 편이다. 이에 따라 Tesco Lotus, Carrefour, Big C등의 대형 할인 매장 간 가격 할인 경쟁이 계속되고 있다.

품질 또한 구매 결정에 중요한 역할을 하고 있는 편이다. 현재 태국은 Office of the Consumer Protection Board, Consumer Foundation 2개 기관에서 소비 제품에 관한 소비자 지식 및 정보를 제공하고 있다. 소비자 보호법도 동 기관에서 담당하고 있다.

현재 태국은 디자인이 유망 사업으로 정착해 가고 있는 단계이다. 기본적인 소비자 경향은 사용이 용이한 단순한 디자인을 선호하는 경향이 크다. 아직까지는 외국과 같이 특정 소비자 그룹을 구성, 의견을 적극 반영한 상품 디자인 사업이 진행되고 있지 않으나 개발 단계이다.

태국 NCC Exbihition Organizer Co.,Ltd. 담당자 Ms.Busaya Prakobthong에 따르면, 태국 소비자는 여전히 상품의 브랜드 네임에 크게 영향을 받고 있으며, 계속 지속될 것으로 전망하고 있다. 직장인 연령대 층이 가장 큰 브랜드 네임 파워 상품 구매층이며, 이는 청소년층으로 점차 확대되고 있는 추세이다. 브랜드 네임 파워가 가장 큰 품목은 의류, 잡화 등이다.

나) 한국 상품 인지도

태국 소비자는 원산지에 따른 상품 가치 기대 및 분석하는 경향이 있다. 중국 상품의 경우 가격과 품질 면에서 낮은 기대치를 예상하는 것이 위와 같은 현상이다. 현재 태국 소비자는 미국, 유럽, 일본 원산지 제품을 가장 선호하고 있으며, 2000년대부터 시작된 한류 열풍으로 한국 상품의 선호도가 상승하는 추세이다.

다) 인터넷 및 모바일 쇼핑 증가

태국방송통신위원회(National Broadcasting and Telecommunications Commission: NBTC)에 의하면 2016년 유선 인터넷 가입자(fixed broadband internet subscriber) 수는 654만 명으로 전체 인구의 10.4%이며, 2014년 551만 명에서 약 18.6%의 성장률을 보이며 성장하고 있다.

인터넷 사용 총 인구는 2015년 기준 약 3,802만 명으로 전체 인구의 약 56.1%를 차지하고 있으며, 2015년도 모바일 가입자 수는 8,305만 명(보급률 126%)으로 이미 전체 인구보다 많이 보급되어있다. 이 중 3G & 4G 서비스 가입자 수(2013년 5월 론칭, 2.1㎓ 주파수 사용)는 2014년 말 기준 7,800만 명 이상에 달해 전자상거래 시장의 기반이 확대되고 있다. Paypal에 의하면 2013년 태국 이커머스 시장 규모는 150억 바트(USD 4.4억$ 내외)를 기록한 뒤 성장을 거듭하고 있다.

인터넷 쇼핑자의 60%는 여성으로 상품군은 건강 및 미용 제품, 의류, IT 기기가 주를 이루고 있으며, 태국에서는 현재 Facebook, Instagram 등 소셜 네트워크의 활성화로 인해 모바일 커머스 시장도 급속 성장 중이다. 네이버 라인은 태국 내 가입자 수가 3,300만 명(2016년 1월 기준)이 넘어서 1위 모바일 메신저로서 위상을 높이고 있다. 라인은 주로 Dealfish, Rakuten Tarad.com과 같은 온라인 쇼핑몰이나, 페이스북 개인사업자가 구매자와 채팅하는 모바일 메신저 역할에 머물렀으나, Line Flash Sales 나 Line Hot Deal 등과 친구 맺기를 통해서 직접 판매를 시도하고 있다. Line Flash Sales와 친구를 맺은 가입자 수가 벌써 550만 명(쇼핑을 희망하는 가입자)으로 9차까지 진행한 번개세일이 완판 되었다.

또한 Line은 모바일 쇼핑 애플리케이션 'LINE SHOP'을 런칭(2014년 7월)하였다. Line shop은 늘어나는 태국 소비자의 모바일 쇼핑 수요를 충족시키기 위해 LINE에서 출시한 모바일 쇼핑 앱으로 우리 중소기업 제품을 태국 소비자에게 전파할 수 있는 가장 좋은 채널로서, 2014년 7월 출시 이후 약 200만 건의 다운로드를 기록하며 인기를 끌고 있다.

특히 태국 LINE SHOP 모바일 쇼핑몰 내 한국제품 전용 코너 '안녕샵세요'가 2015년 4월 4일부터 오픈했으며, 현재 국내 중소기업 제품 입점이 이루어지고 있다.

유선 인터넷 가입자 수 (2003-2016(e))

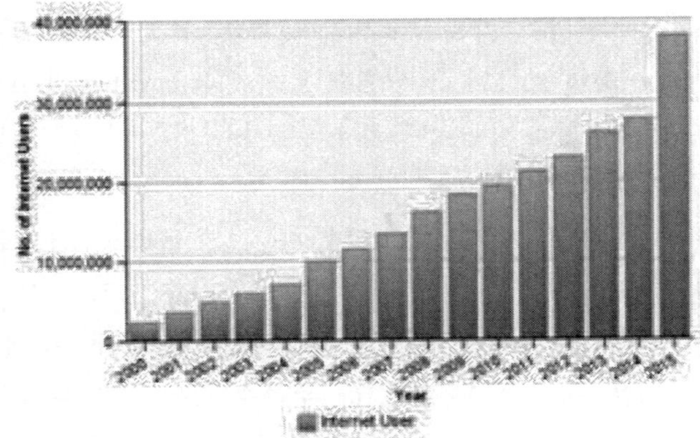

인터넷 사용 인구 수 (2002-2015)

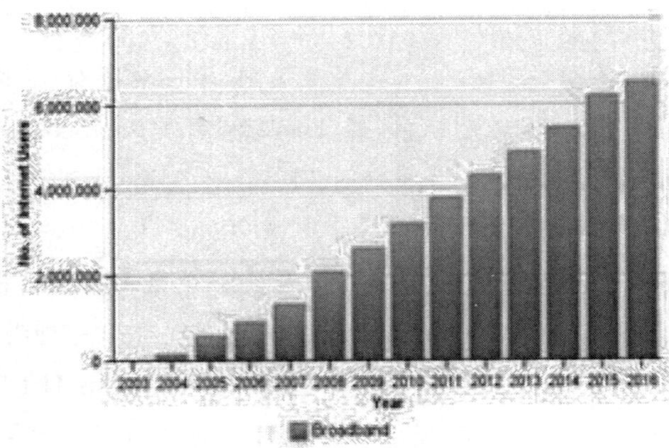

태국 상위 10개 쇼핑웹사이트

433,860 Visitors	dealfish 382,537 Visitors
Rakuten 196,633 Visitors	Pantip Market 176,113 Visitors
113,761 Visitors	90,618 Visitors
lnw 72,850 Visitors	45,575 Visitors
TBC 34,985 Visitors	34,671 Visitors

자료원: *태국 방송통신위원회(National Broadcasting & Telecommunication Committee: NBTC)
*shopping.truehits.net

(2) STP 전략

가) Segmentation(시장세분화)

시장세분화에 앞서 태국의 주요산업을 분류하여 그 중 가장 경쟁력 있는 산업 군을 선정하였다. 태국의 주요 산업은 크게 농업, 전기/전자산업, 자동차 산업, 섬유산업, 관광산업으로 나눌 수 있다.

① 태국의 농업

농업은 태국 GDP의 약 10% 정도를 차지하고 있으며, 인구의 약 40%가 농업에 종사하고 있는 태국에서 가장 중요한 산업 중 하나이다. 태국은 지난 30년 동안 쌀 수출국 1위였으나 최근 인도와 1, 2위 다툼을 하고 있으며 쌀 이외 주요 농산물은 카사바, 고무, 설탕 등이 있으며, 농업 외에 수산물과 축산업도 주요 산업 중 하나이다. 가공식품의 수출도 꾸준히 증가하고 있으며 닭과 대지 등 축산업이 발달하여 관련 식품 산업도 아세안 국가 중 선두를 달리고 있다.

하지만 2014년부터 계속되는 가뭄으로 인하여 농업 생산이 줄어드는 가운데 2015년 20년 최악의 가뭄을 경험하여 농업부문은 전반적으로 어려움을 겪고 있다.

〈태국 산업구조 현황〉

(단위: 백만 달러)

	2007	2008	2009	2010
농업	**26,357**	**31,753**	**30,574**	**39,595**
농업, 수렵, 임업	23,287	28,633	27,082	36,153
어업	3,070	3,120	3,491	3,442
비농업	**219,433**	**241,321**	**233,034**	**279,110**
광산업	8,036	9,447	8,880	10,912
제조업	87,556	98,159	89,982	113,541
전기, 가스, 수자원 공급	7,176	7,838	8,362	9,355

② 태국의 전기/전자 산업

태국의 전자산업은 지난 30년 동안 꾸준히 성장을 해온 산업으로 시장규모는 600억~700억 달러로 추산되고 태국 내에는 800개 이상의 전기전자 제조업체가 있으며 태국 수출의 24%를 차지하는 거대산업이다. 최근 자동차 산업이 성장하기 전까지 태국의 제 1 수출산업이었다. 전 세계 주요 전자제품제조사들이 대부분 소재하고 있어 아세안 지역 내에서 전자산업의 중심지일 뿐 아니라 세계적 전자산업의 중요한 위치를 차지하고 있다.

〈태국의 전기전자 기업 규모 구분〉

구분	small	middle	large	합계
기업	433	183	158	774
종업원	39.107	59.836	248.427	347.370

③ 태국의 자동차 산업

2015년 태국의 자동차 생산량은 191만 대로 전년 181만대 대비 1.71% 상승하여 2014년도와 동일하게 세계 제 12대 자동차 생산국의 자리를 지켰다. 태국은 일본 자동차회사를 비롯하여 글로벌업체들의 동남아 생산거점 역할을 해오고 있으나, 최근 경기침체에 따른 내수 판매 부진으로 생산량이 감소하였지만 재도약을 준비하고 있다. 태국 자동차 산업은 일본 자동차업체의 투자를 통해 발달했으며, 내수시장의 90%를 일본 업체가 차지하고 있다. 태국 정부의 자동차 산업 정책적 육성 및 투자유치 노력과 ASEAN 출범으로 인한 역내 교역 및 교류 확대가 맞물려 태국 자동차 산업은 지속적으로 성장하리라 전망된다.

(단위: 대)

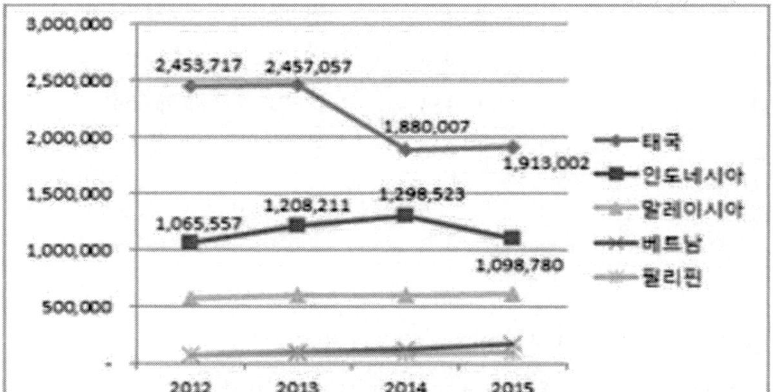

〈아세아 주요국 연도별 자동차 생산 순위〉

④ 태국의 섬유산업

태국의 섬유산업은 대략 연간 300만 톤을 생산하고 있으며, 전체 제조업 고용인원의 5분의 1을 차지하여 100만 명 이상이 의류업에 종사하고 있다. 태국은 업스트림(섬유, 방적), 미들스트림(직조, 니팅, 염색), 다운스트림(봉제)까지 섬유산업 전 분야의 제품을 생산하고 있다. 태국은 동남아 지역의 주요 섬유 수출 국가였으나 최근에는 중국, 인도 등 인근 국가와의 경쟁에서 어려움을 겪고 있다. 섬유수출 시장 역시 수출 감소세를 이어가고 있다. 2015년에는 2014년 대비 7.21% 감소한 42억 7,000만 달러를 수출하였으며, 2016년 1분기에는 전년 동기대비 4.58% 감소한 10억 달러에 다소 못 미치는 금액을 수출하는데 그쳤고 수입의 경우 섬유수입은 꾸준히 감소하는 추세이나 의류수입은 빠르게 증가하는 추세이다. 한국 드라마, K-pop 등 한류 영향으로 한국산 제품에 대해 우호적인 이미지가 형성되어 있고 한국산 섬유가 우수한 품질로 인지도가 있는 편이다.

⑤ 태국의 관광산업

관광산업은 태국의 가장 중요한 산업 중 하나로 1990년 후반 외환위기 이후 경제 성장에 크게 기여하였으며, 외화를 벌어들이는 주요 산업 가운데 하나이다. 2015년 관광객 숫자는 2,988만 명을 기록하여 전년 대비 20.4% 증가를 기록하였다. 태국 관광산업이 GDP에서 차지하는 비중은 대략 10% 내외이며, 직접적인 고용창출은 200만 명이 넘고, 간접적인 고용창출까지 고려하면 480만 명이 넘는 것으로 추산된다.

관광산업은 태국 경제 회복세가 부진한 가운데 경제성장을 이끌고 있는 버팀목이 되고 있으며 태국 관광청의 전망에 따르면 2016년에는 전년 대비 12% 성장을 목표로 3,300만 명의 관광객 유치를 기대하고 있다.

나) Targeting(목표 시장 선정)

① 관광산업

2012년도 관광객 수는 1분기부터 지속적으로 증가하였으며, 4분기에는 전년 동기 대비 39%의 대폭적인 증가로 역대 최고인 2,230만 명을 기록하였다. 2013년도 역시 전년 대비 19%의 성장률을 보이며 꾸준히 상승세를 이어갔으나 2013년도 11월부터 7개월 동안 계속된 반정부 시위의 여파로 2014년 3분기까지 10% 안팎의 감소율을 보이며 2014년도 전체 관광객 감소율 7%를 기록하였고, 2015년 라차프라송 거리에서 생긴 폭탄 테러의 영향으로 단기적으로 관광객이 감소하였지만 역대 최대 관광객 수인 2,988만 명을 기록하였다. 2016년 1분기 태국을 찾은 관광객 수는 전년 동기 대비 15.5% 성장한 904만 명으로 견고한 성장세를 이어가면서 태국의 서비스 산업을 이끌어 나가고 있다.

태국 방문 관광객수

(단위: 만 명, %)

년도	관광객	증감률
2011	1,889	20.7
2012	2,230	16.2
2013	2,655	19.6
2014	2,478	-7.0
2015	2,988	20.4
2016.Q1	904	15.5

*증감율은 전년 동분기를 기준으로 함. *자료원: Department of Tourism, BOT(2016년 4월 기준)

태국관광현황

(단위: 만 명, billion Baht)

Region	Tourist Arrivals			Tourism Revenue		
	2015	2014	%	2015	2014	%
East Asia	1,987	1,460	17.7	759.6	504.2	50.6
Europe	563	616	12.7	408.4	424.4	-3.8
Americas	124	110	16.4	90.2	77.9	15.8
South Asia	140	124	9.9	61.3	50.0	22.5
Oceania	92	94	-0.6	71.0	67.0	5.9
Middle East	66	60	4.2	46.3	39.4	17.7
Africa	16	16	16.3	10.4	10.0	4.1
Total	2,988	2,481	15.4	1,447.1	1,172.8	23.4

자료원: Tourism Department

② 외식산업

태국의 외식산업은 몇 가지 특성을 가지고 있는데 우선 외식 문화가 발달해 있다는 점이다. 비즈니스관련 상황에서 뿐만 아니라 일반적인 생활 내에서도 외식을 자주 하는 편인데, 특히 가족 간의 결속력이 강하여 주로 가족단위로 외식을 즐겨하며 집에서 음식을 하지 않고 음식을 포장해 가거나 혹은 실외에서 음식을 즐기는 문화가 자리 잡고 있으며 포장문화가 상당히 발달해 있다. 태국의 외식분문 매출의 약 70%가 로드 샵에서 발생하나 최근 일반 매장 형태의 음식점의 수도 증가하는 추세이다. 태국 소비자들은 쇼핑과 외식을 한 번에 해결하려는 경향이 커서 유통업체간에 유명 외식 브랜드를 유치하려고 하고 있다.

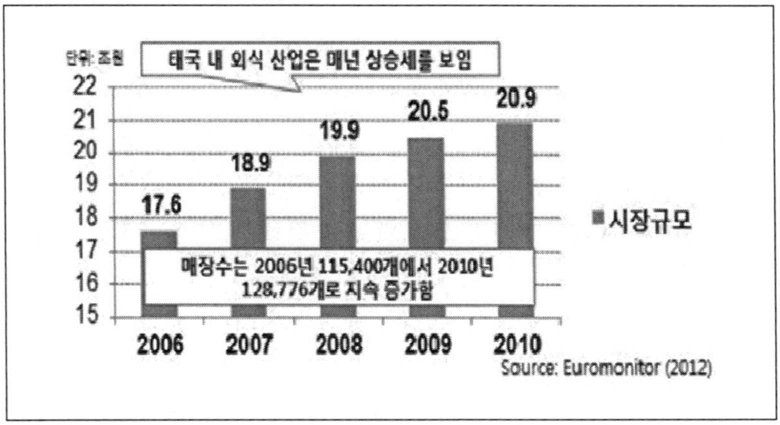

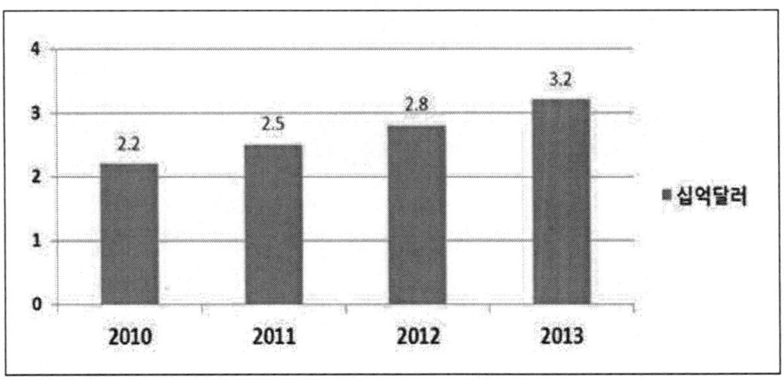

자료원 : Kasilorn Research Center

2010~2013 태국 외식 체인 산업의 시장가치 변화

(3) Positioning

관광산업과 외식업의 종사자 수의 비율이 높고 산업의 규모가 갈수록 성장

해 가고 있다. 이에 맞춰 그 종사자들이 작업을 하는데 있어 탁월한 미끄럼 방지기능을 탑재한 안전화, 장화를 앞세워 물, 세제, 기름에 안전하고 000 세라믹스만의 자체 기술로 마모되어도 성능이 유지되는 아웃솔 특화기술을 내세워 소비자들에게 포지셔닝하여야 한다.

4) 4P전략

(1) Product

주방을 비롯한 작업화로 이용할 수 있는 NEC 제품을 주력제품으로 하여야 할 것 같다. 물이 많이 사용되는 주방에서는 NEC 제품을 주력으로 하되 호텔과 레스토랑 등에서 작업화로 사용할 수 있도록 안전화의 공급도 고려해보면 좋을 것 같다. 천연가죽과 방탄소재를 사용한 캐주얼 타입의 고급형 안전화는 발볼이 넓고 발가락 간의 간섭을 배제하기 때문에 작업하는데 편안함을 줄 수 있을 것이라 보인다. 특히 미끄럼방지 기술에 더해 초경량 기술로 안전화의 무게 감량을 통해 작업능력 상승을 불러 올 수 있을 것이다.

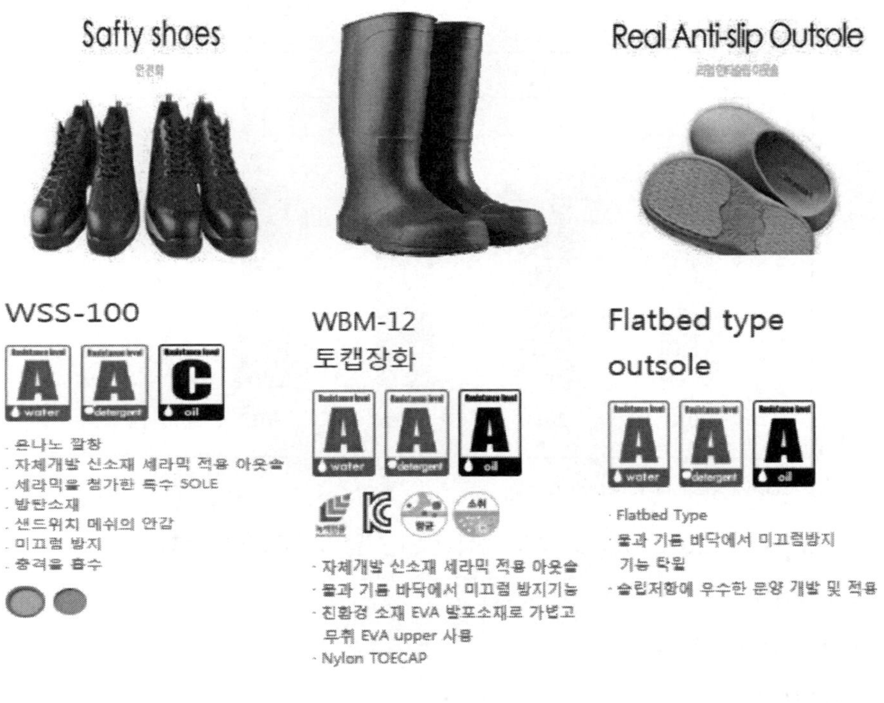

(2) Price

태국에서 생산하는 기능화(조리화)가 현재 파악된 바 없으며, 기능화 쪽으로는 요식업 종사자들이 유명브랜드나, 셰프들이 많이 신는 베스트셀러 혹은 브랜드 콜라보레이션을 통해 구매가 이뤄지고 있다.

셰프들이 많이 신는 제품인 경쟁사 Shoes For Crew와 KEEN, Crocs와 같은 경우는 가격대에서 큰 차이를 보이고 있다. 저가인 $30대와 고가인 $100대인 기능화가 가장 많이 판매되고 있고 여기서 ○○○세라믹스-○○○는 경쟁사 제품가격의 저/중가인 $40~50대로 잡았다.

첫 번째, 차별화 전략 중 기술력부분으로 타 제품은 아웃솔에 단지 패턴만을 이용하고 단순고무로만 생산하여 미끄럼 방지기술을 구현하였지만 000는 아웃솔 자체가 신소재 세라믹으로 생산되었으며 미끄럼 방지 성능이 반영구적인 측면에서 타 제품과 비교했을 때 기술측면에서 월등하다.

두 번째, 시장 점유율을 높이는 것이 우선이다. ○○○는 역사가 오래된 기업이 아니고, 아직 인지도가 낮은 상태이기에 섣불리 고가전략을 구사하기에는 무리가 있기에 저/중가의 가격으로 브랜드 포지셔닝을 구축해 나가야 한다.

(3) Place

이베이와 아마존 등 인터넷을 이용한 판매를 할 수 있다. 개별 소비자들에게도 판매할 수 있음은 물론 현지 대리점이나 가게를 따로 만들지 않아도 판매가 가능하니 비용절감도 가능하다고 볼 수 있다. 태국방송통신위원회(National Broadcating & Telecommunications Commission)에 의하면 2014년 유선 인터넷 가입자 수는 551만 명으로 전체 인구의 8.4%이며 2012년 430만 명에서 10% 대의 성장률을 보이며 완만한 성장을 보이고 있다. 인터넷 사용 총인구는 전체 인구의 40%를 차지하고 있고 모바일 가입자 수는 2014년 기준 보급률 150%를 넘어 전체 인구보다 많이 보급되어 있다. 3G, 4G 서비스의 가입자 수가 늘면서 전자상거래 시장의 기반이 확대되는 추세인데 Paypal에 의하면 2013년 태국 이커머스 시장 규모가 150억 바트(USD 4.4억$ 내외)를 기록한 뒤 성장하고 있다.

(4) Promotion

한류열풍 – 한류스타를 통한 조리화 인식 개선 –

최근 TV 프로그램들은 요리와 음식 관련 방송으로 채널이 가득하다. 그에 따라 먹방, 맛집 등 신조어가 떠오르고 있으며 주방에 갇혀있던 셰프들이 새로운 예능인으로 떠올랐다. 그만큼 우리 삶은 먹는 것에 큰 기쁨을 가지고 있으며 중요한 관심사로 자리 했다. 연예인들의 삶은 옷과 신발부터 마시는 물, 화장품까지도 관심을 받는다. 연예인에 뒤지지 않는 인기를 끄는 유명 셰프들이 신는 조리화 또한 이들의 인기와 함께 관심을 받을 수 있다. 000의 조리화는 조리화 중에서도 명품으로 자리할 수 있도록 할 수 있다. 백종원과 최현석 등 여러 유명 셰프들을 광고모델로 고용함으로써 세계 시장에 나갔을 때 브랜드 인지도의 상승과 조리화의 인식을 높일 수 있는 방안이 될 수 있다. 또한 그들의 피드백을 통해 실제 주방에서의 사용에 따른 제품의 장점과 단점 등을 파악하여 문제점을 인식하고 개선점을 얻을 수 있을 것이다. 그 이외에도 런닝맨과 같은 태국 내 높은 인기를 차지하고 있는 한국 예능 프로에도 협찬을 통해서 패션성을 어필할 수 있다.

2. 유통정보 분석

(1) 유통구조

가) 현지 유통특성

태국 소매 유통채널은 전통적 상점과 현대적 상점으로 구분한다. 전통적 상점은 관리시스템이 갖추어지지 않은 상점으로서 체인이 없이 독립적으로 존재한다. 판매하는 제품은 주로 지역 주민들이 매일 사용하는 제품이며 가격 흥정도 가능하다.

태국의 현대적 상점의 7가지 형태

하이퍼 마켓	Big C, Tesco Lotus, Makro
슈퍼 마켓	Tops Supermarket, Villa market, Foodland, Max Value, Home Fresh Mart
편의점	7-eleven, Family Mart
회원제 현금판매(cash and carry)	Makro
카테고리 킬러(category killer)	Powerbuy, Supersport, HomePro, Index Living Mall
Drugstore	Boots. Watson's
백화점	Central(Robinson, Central Department Store, Zen Department Store), The Mall(Siam Paragon, Emporium), Isetan, Tang Hua Seng

(2) 주요유통경로

가) 현대적 유통망

태국에는 현재 약 17만 개에 이르는 소매점이 있다. 전통적인 시장과 유통망은 현대적인 쇼핑센터나 할인점으로 빠르게 대체되는 추세이다.

현대적 유통체인의 대표적인 태국기업으로는 Central Retail Corporation (CRC)와 Charoe Pokphan Group(CP그룹)이 있다.

하이퍼마켓은 최근 들어 방콕 등 지역에서 연달아서 개점을 하고 있으며 할인된 가격과 깨끗하고 넓은 실내 시설, 다양한 물건, 넓은 주차장 등의 장점을 갖고 있으며 백화점보다 20~30% 슈퍼마켓보다는 15~20% 싼 가격에 물건을 살 수 있다. 백화점이 중류층과 상류층을 대상으로 하는 반면 할인매장은 일반대중을 상대로 하고 있다.

슈퍼마켓은 태국에 현재 약 500여 개가 있으며 대부분 백화점에 입점해 있다.

태국의 양대 백화점 체인은 Central Retail Corporation계열(Central 백화점과 Robinson 백화점)과 The mall계열(Emporium, Paragon, Emquartier 등)이다. 타깃 소비자는 태국 중상류층과 외국인, 관광객 등이다.

편의점의 경우 7-Eleven이 1989년에 처음 시작으로 가장 큰 체인으로 자리잡았으며 2015년 기준 8,832개가 존재하며 태국 편의점 시장의 70%를 차지하고 있다.

나) 재래식 유통망

재래식 유통망으로는 재래시장과 소매상점이 있다. 재래시장에서는 주로 농산물 수산물 등 식품류와 의류 등 생활 용품을 취급하고 있으며, 소매상점 역시 간단한 식품류 및 일상 용품을 취급해 왔다. 1980년대 중반까지 대부분의 유통은 이러한 전통적인 형태가 지배했으나 1980년대 중반 이후 방콕 등 대도시를 중심으로 서구식 현대적인 유통센터가 들어서면서 전통적인 소매 형태는 점차 축소되고 있는 실정이다.

재래시장에선 주로 농·수산물 등 식품류 및 생활 용품 등 다양한 일상 용품을 팔고 있다. 대도시 지역에선 현대적 유통 체인의 등장으로 점차 수가 줄어들고 있지만 대도시를 제외한 지역에선 아직도 대부분의 태국인이 시장을 이용하고 있다.

태국에 있는 소매상점은 약 30만 개로 추정되고 있는데 주로 가족적 형태로 운영되고 있으며 주로 오랜 기간 보관이 가능한 쌀 및 기타 마른 식품을 위주로 팔고 있다. 현대적 유통 체인과 비교해 소매상점은 적은 비용과 이윤으로 운영이 가능하지만 소량 구매이기 때문에 싼 가격으로 공급이 어렵다. 싼 가격으로 물건을 공급하는 현대적 유통 체인의 등장으로 점차 사라져 가고 있는 상황이다.

다) 홈쇼핑을 이용한 유통

방콕과 같이 교통이 혼잡한 지역에선 시간을 절약하려는 소비자들에게 TV를 통한 홈쇼핑이 새로운 판매 수단으로 부상되고 있다. 홈쇼핑 프로그램은 두 가지 방법으로 이용되고 있는데 TV방송국과 판매회사가 협조를 하는 방식과 판매 회사가 TV방송국으로부터 방송시간을 얻어 판매회사가 직접 판매하는 방법이 있으며 일반적으로 두 번째의 방법이 더 많이 활용되고 있다.

태국 주요홈쇼핑 업체 정보

TV Direct co.,Ltd	주소	100/15-16 12A Floor, Vongvanij Bldg, 9 Rd, Huaykwang, Bangkok
	Tel	(662)347-0099
	Fax	N/A
	URL	www.tvdirect2u.com
Netech Marketing	주소	1 Glas Haus Bldg., 9th Fl., Room No. 901/3, Soi Sukhumvit 25, Sukhumvit Road, Klongtoey Nua, Wattana, Bangkok 10110

Co.,Ltd	Tel	(662) 661-7900
	Fax	(662) 661-7887
	URL	www.shoppingathome.net
Mitr Pattana Home Shopping Co.,Ltd	주소	747/140-1 Soi Wat Chan Nai, Sathu Pradit Road, Bang Pong Pang, Yan Nawa, Bangkok 10120
	Tel	(662) 296-9933
	Fax	(662) 683-5924
	URL	www.sahashop.com
CJ O Shopping	주소	46/7 Rungrojthanakul Building (Building A), Floor 8-9 Ratchadaphisek Rd, Huaykwang Bangkok 10310
	Tel	(662) 817-9999
	Fax	(662) 817-9009
	URL	www.gcj.co.th
V.Care Home Shopping	주소	92 Chan Road, Tungwatdon, Sthorn, Bangkok 10120
	Tel	(662) 678-7979
	Fax	(662) 678-5071
	URL	www.varehomeshopping.com

자료원 :코트라 국가정보

(2) 진입장벽

가) 관세

품목번호		6401.99		
품목	국문	기타		
	원문	Other		
	영문	Other		
간이정액환급액		해당사항 없음		
관세		기본세율: 30%		
협정세율		구분기호	관세구분	관세율
		ASEAN-KOREA	한 · 아세안 협정세율	Exempted
		CEILING RATE	상한 세율	100%

나) 태국의 인증제도

① 수입허가 제도

식품 및 의약품 수입은 태국 식품 및 의약청에서 수입허가를 받아야 하나 절차가 복잡하고 시간이 많이 걸리는 경우가 많으며, 경우에 따라서는 지적 정보를 요구하기도 한다. 식품 수입 허가에는 약 500달러 정도의 비용이 소요되며, 매 3년마다 갱신 하여야 한다. 식품 수입 허가를 받기 위해서는 성분 내역을 제출하여야 하며, 제조 과정도 설명해야 한다.

화장품은 1974년 화장품 법령에 따라 수입 허가와 함께 라벨을 포함한 완제품에 대한 성분이 식품의약청에 등록되어야 한다. 수입 허가를 받기 위해서는 샘플, 제품 공식, 태국 화장품 규정을 준수하는 보증서와 대표자가 태국 식품의약청에 등록되어 있어야 한다. 의료 장비 수입을 희망하는 업체는 선적 전 태국 식품의약청에 수입 및 판매허가를 받아야 한다. 수량 제한은 없다.

태국은 외국 수출업체는 수입허가 신청을 할 수 없고, 태국 수입업체가 수입허가 신청을 하도록 되어 있으며, 모든 신청서류가 태국어로 진행되는 등 외국 업체가 진행하기 어려운 점이 많다. 특히 수입허가와 관련하여 별도의 등록서류를 발행하는 것이 아니라 신청서류에 도장을 찍고 등록번호를 적어주고 있으며, 이 수입허가서류를 통관 시에 제출해야 하는 점에 주의해야 한다.

② 강제인증

태국 내에서 판매되는 자동차, 화학, 건축, 전기용품, 플라스틱 등 10개 카테고리 106개 품목에 대해서는 태국 산업표준원(Thailand Industrial Standard Institute)이 정한 표준 공업규격을 준수해야만 하는 의무를 부과하고 있다.

품질인증 관련 규정상 강제기준에 속하는 제품의 수입 시는 반드시 Thai Industrial Standards Institute(TISI)의 승인이 필요하며, 관련 서류 제출과 더불어 샘플 테스트, 공장 검사가 필수적으로 시행된다. 외국에 위치한 공장의 경우 TISI 검사 담당자의 출장비까지 신청업체가 부담해야 하기 때문에 상당한 비용 부담이 발생한다.

대상품목의 자세한 내용은 아래 강제인증 웹사이트에서 다운로드 받을 수 있다.

강제인증품목사이트(http://app.tisi.go.th/standard/comp_eng.html)

한국 전자제품 수출업체의 경우 한국에서 'CB Test'를 이미 획득하였음에도 불구하고 동 인증 사항을 TISI에서 이 결과를 인정하지 않아 샘플 테스트를 다시 받아야 한다. 태국으로 비료 수출 시 일반타입의 비료가 아닐 경우 Agriculture Chemistry Department 에서 테스트 및 등록절차가 필요하다.

③ 라벨링 및 마킹 제도

공산품에 대해서는 우리나라의 KS제도와 같은 표준 규격 제도를 운영하고 있으나, 해당되는 품목이 많지 않다. 동 제도를 운영하는 목적은 소비자 보호라는 일반적 취지 외에 태국 상품의 품질 경쟁력 향상에 초점을 맞추고 있다. 이에 따라, CE, UL 및 ISO 등 국제적으로 공인된 마크를 획득하였을 경우 부착이 면제되는 혜택을 받을 수 있다. 관련제도의 담당기관은 태국 상무부 산하 산업표준원(TISI)에서 담당하고 있으며, 조사 신청 시 소요되는 기간은 특별한 변수가 없는 한 2월 이내에 종료 된다. 마크 획득 에 소요되는 비용은 대체로 30만 원 안에서 가능하다. 마크는 둥근 원안에 마름모와 십자(+)가 표시된 특수 마크를 사용한다.

상표에는 제품 이름, 설명, 순중량 또는 수량과 제조일 및 유효기간을 표시해야 한다. 또한 제조업체 및 디스트리뷰터 명과 주소, 제품 또는 상표 등록 번호도 명기해야 한다. 알코올 성 음료를 제외한 모든 상표는 태국어로 표기되어야 한다. 철강은 상표를 붙이는 방식이 아니고 철강 자체에 마킹을 하도록 하고 있다. 식품류의 상표 등록을 위해서는 신청일로부터 1년 이전에 원산국 정부 또는 인정받은 민간 연구소가 발급한 식품 분석 증명서가 제출되어야 한다. 신청서에 5개의 원산지 라벨과 태국어 라벨을 첨부해 제출해야 한다.

Mandatory Certification Mark	Voluntary Certification Mark

3. 경쟁사 정보 분석

SHOES FOR CREWS	KEEN	STICO	crocs
국가 : 미국	국가 : 폴란드	국가 : 한국	국가 : 미국
설립연도 : 1984	설립연도 : 2003	설립연도 : 2000	설립연도 : 2002
가격 : 39$	가격 : 115$	가격 : 3~50$	가격 : 55~65$
저가 전략	고가 전략	중저가 전략 & 높은 기술	중고가 전략 & 높은 기술

1) SHOES for CREWS

(1) Mighty Grip 마이티 그립

shoes for crew의 대표 아웃 솔

(2) FC V-GripTM

산업 업무를 더 원활히 할 수 있게 하는 새롭게 개발한 구두창 높은 마모 저항과 미끄러짐 저항을 가지고 있음

(3) SFC-5

슬립 저항성이 좋은 독점적인 아웃솔 특히 매우 미끄러운 식품 가공 공장 같은 곳에 특화

① perform : 기술자들은 모든 신발을 물에 저항성이 높은 가죽과 같은 강한 재료로 신발을 만들고, 탄도로 짜여져 있고 고성능의 고무로 이루어져 있다.

② balance : 대부분의 디자인은 힘을 주는 발판과 깊은 쿠션으로 된 안창과 보강된 굽과 추가적으로 발바닥의 오목한 부분을 지지해줌으로서 편안함뿐만 아니라 모든 걸음걸이에 도움을 준다.

③ Glide : 모든 Shoes For Crews의 디자인은 독점적인 마이크로 채널 패턴과 고무 복합체가 축축하고 기름진 표면에서 균형을 잘 잡게 해주는 정지마찰력 기능을 가지고 있다.

④ Grip : 가벼운 기술의 특징은 경량의 유연한 중창과 신발을 매우 가볍게 보이게 하는 내구성이 강한 고성능 고무로 만들어져 있다.

2) KEEN

① 풀 그레인 레더(FULL GRAIN LEATHER)사용: 본래가죽의 느낌을 그대로 살린 가공 방법으로 통기성과 내구성이 우수

② 착용감이 뛰어난 탈착형 멧아토믹컬(MET-ATOMICAL) PU폼 깔창

③ 가볍고 탄성이 뛰어난 압축성형 경량 EVA 중창이 충격을 흡수

④ 내구성과 접지력이 우수한 카본 논마킹(NON-MARKING)특수배합 고무를 사용한 바닥창

3) 크록스(CROCS)

(1) 기술

① 외부 충격을 흡수하는 PU(Polyurethane)소재의 밑창에 크록스 독점 기술인 '크로슬라이트(Croslite)'소재로 가볍고 부드러운 밑창을 더해 이중 쿠션인 듀얼 컴포트(Dual Comfort)를 사용하여 가벼움과 포근함을 준다.

② 360도로 휘어지는 유연한 활성 기술과 우수한 경량성이 특징인 크록스가 자체 개발한 핏투유 기술(Crocs Fit2U Technology TM)을 아웃솔에 적용하여 신축성과 탄력성을 극대화하였다.

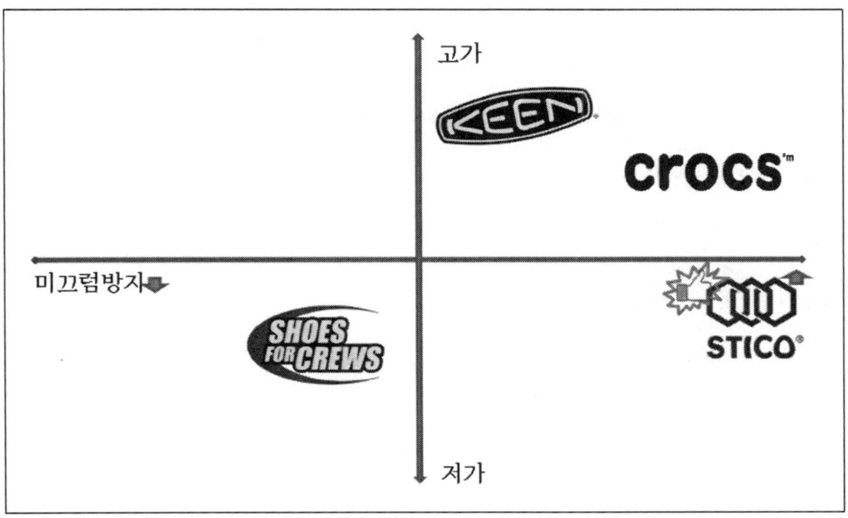

〈경쟁사들과의 포지셔닝 맵〉

(2) 기존의 기능성 신발 업계가 '천연소재'와 '수제화' 같은 구태의연한 패러다임을 고수하는 반면, 크록스는 '가벼움, 부드러움, 미끄러짐 방지' 등을 모토로 신발업계의 고전적 패러다임을 모두 뒤집으며 많은 신발 전문가나 재활의학 관련 발 전문가들 사이에서 논란의 대상이 되고 있으나 의사, 요리사 등 다양한 직종 종사자들에게 인기가 있다.
(3) 같은 디자인에도 최대 20여 개의 다양한 색상을 제공하여 소비자들에게 신선함을 어필한다.
(4) 세계 80여 개국 나라의 생산업자와 제휴하고, 56개국에 크록스 웹페이지를 독립적으로 제작하여 온라인 판매를 늘린다.

4. 바이어 분석

1) 바이어 선정 및 구축

타깃 바이어는 앞서 파악된 유통경로에 따라 유통업체 및 온라인 판매로 선정한다.

선정된 바이어 유형을 대상으로 잠재바이어를 구축, 이를 대상으로 바이어 유효성 검증과 동시에 제품에 대한 마케팅활동을 진행한다.

그 결과, 유통업체와 Buying offer 등 각 업체별로 유효 바이어가 구축되었으며, 추후 바이어와의 접촉이 원활하도록 정확한 Contact Point를 제공한다.

(1) 현지 바이어 특성 및 구매시 고려사항

① 바이어 특성: 기존 구매 경험을 중시하는 경향이 있음
② 현지 바이어 구매상담시 우선 고려사항 : 가격, 품질, A/S

(2) 바이어 컨택 리스트

○○○ FOOD CORPORATION (HK) LIMITED
○○○ OVERSEAS LTD
○○○○○ AL-MALKI FOR TRADING EST.
○○○ GROUP
○○○ ○○○○ PLASTIC IND.SDN.BHD.
○○○ GENERAL TRADING LLC.

○○○ GLOBAL FOOD INDUSTRY.

○○○ GOLD FOOD

○○○ SHELL SERVICE CO.,LTD

○○○ FOOD MANUFACTURING SDN. BHD, 00 BAKERY & cafe

참고 문헌

kotra

Thai Electrical and Electronics Institute

태국경제사회발전위원회(NESDB)

사 례 맞춤형 시장조사보고서

Korea Trade-Investment Promotion Agency 작성일자:

<table>
<tr><td colspan="4">맞춤형시장조사 보고서</td></tr>
<tr><td colspan="2"></td><td colspan="2"></td></tr>
<tr><td>Product</td><td colspan="3"></td></tr>
<tr><td rowspan="5">무역관</td><td colspan="3">【오클랜드 무역관】
Tel: (64-9) 373-5792 / Fax: (64-9) 373-2952
Add: Level 16, BDO Tower, 120 Albert St, Auckland, New Zealand
www.kotra.or.kr/auckland</td></tr>
<tr><td>구분</td><td>조사책임</td><td>조사담당</td></tr>
<tr><td>성명</td><td></td><td></td></tr>
<tr><td>E-mail</td><td></td><td></td></tr>
<tr><td>전화</td><td></td><td></td></tr>
<tr><td rowspan="2">전문위원</td><td>성명</td><td colspan="2"></td></tr>
<tr><td>연락처</td><td colspan="2">전화: 02-3460-7439 / 팩스: 02-3460-7929 /
이메일: 909315@kotra.or.kr
주소: 서울시 서초구 헌릉로 13번지 KOTRA</td></tr>
<tr><td>안내말씀</td><td>자료</td><td colspan="2">동 보고서의 자료는 조사시점과 시간경과에 따라 달라질 수 있음을 양지해주시기 바랍니다.</td></tr>
<tr><td>안내말씀</td><td>지원</td><td colspan="2">해당 무역관은 귀사의 요청에 착안하여 보고서를 작성하였습니다. 기타 문의사항이 있으실 경우 해당 무역관과 수출전문위원에게 연락주시면 적극 지원해드리겠습니다.</td></tr>
<tr><td>안내말씀</td><td>현지시간</td><td colspan="2">오전 9시 ~ 오후 5시 = 한국시간 오전 5시 ~ 오후 1시
* 2015년 12월 현재 일광절약제 실시 중</td></tr>
<tr><td colspan="4">◎ Kotra 맞춤형시장조사 서비스를 이용해 주신 고객님께 감사드립니다!</td></tr>
</table>

무역관노트

뉴질랜드 트랙터시장은 최근 낙농산업의 침체로 인해 위축된 모습을 보이고 있습니다. 특히 2015년 중순 환율 하락으로 인한 수입가격 인상이 가중되며 3분기까지의 트랙터 수입이 전년 동기대비 48%나 감소한 상황입니다.

다만, 10월 들어 국제우유가격이 소폭의 상승반전하고 있어 2016년에는 어느 정도 회복세를 보일 것으로 전망됩니다.

1. 수요동향

1) 트랙터 시장 개요
2) 뉴질랜드 내 트랙터 현황
3) 지역별 트랙터 판매 동향

2. 경쟁동향

1) 국별 트랙터 수입동향
2) 메이커별 트랙터 판매 동향

(끝)

인터넷을 통한 A/S 요령

수출전문위원을 통한 마케팅 및 A/S 요령

1. 보고서 표지에 기재된 담당 수출전문위원
2. 신청요령: 유선 및 E-mail 접촉(별도 양식 없음)
3. 서비스: 발굴 바이어 확인, 교신지원
* 고객 필요 시 고객이 요청한 마케팅 지원

고객님의 성공적인 마케팅을 기원합니다!

사 례 원부자재 공급선 조사

kotra

Korea Trade-Investment Promotion Agency　　Date: 2011. 08. 01

Raw Material Supplier Search Report

통일기업(주)

<table>
<tr><td>Product</td><td colspan="3">Laser Marking Machine</td></tr>
<tr><td rowspan="5">KBC</td><td colspan="3">【 Dubai Korea Business Center 】
Tel: (971-2) 333-3333 / Fax: (971-2) 333-3333
Add: P.O. Box 1234, Sheikh Zaid Road, Dubai, UAE
www.kotra.or.kr/dubai</td></tr>
<tr><td>Section</td><td>Chief Searcher</td><td>Searcher</td></tr>
<tr><td>Name</td><td>김길동 차장</td><td>Mr. Terry John</td></tr>
<tr><td>E-mail</td><td>gildong@kotra.or.kr</td><td>terry@kotra.or.kr</td></tr>
<tr><td>Tel.</td><td>(971-2)333-6666</td><td>(971-2)333-6666</td></tr>
<tr><td rowspan="2">Export Advisor</td><td>Name</td><td colspan="2">O O O(@kotra.or.kr)</td></tr>
<tr><td>Contact points</td><td colspan="2">Tel: (02)3460-OOOO / Fax: (02)3460-7954
Address: 1st Fl. KOTRA, 13 Heoneung-ro, Seoch-gu, Seoul, Korea</td></tr>
<tr><td rowspan="3">Comment</td><td>Inform</td><td colspan="2"><u>The information contained herein is intended merely to provide list of raw material suppliers. However immediate supply through those supplier is not guarantee.</u></td></tr>
<tr><td>Follow up</td><td colspan="2">The KBC in charge has completed this report according to your requirements. If you have any further inquiries, contact the KOTRA's KBC or export advisers for support. They are readily available to support you.</td></tr>
<tr><td>Local Time</td><td colspan="2">9 AM ~ 6 PM = KST OO Ohr ~ OO Ohr</td></tr>
</table>

Kotra 원부자재공급선조사 서비스를 이용해 주신 고객님께 감사드립니다!

kotra
Korea Trade-Investment Promotion Agency

1	Dubal Plastic Company		
President	Mr. Joseph Peter	Title	Managing Director
Contact person	Mr. Tery Jones	Title	Purchasing Manager
Contact Tel	(971-2)333-5555	Contact Fax	(971-2)333-6666
Mobile1	(971-50)555-8888	Mobile2	-
Email1	Peter@yahoo.com	Email2	-
Date of establishment	1995.2.1	Number of employees	200명(사무 50, 생산 150)
Website	www.emiratesglass.com		
Address	P,O.Box 12345, Sheikh zaid Road, Dubai, UAE		
Business Line	제조, 무역		
Products	Glass for Building		
Annual	U$ 100,000천불	Annual Exports	U$ 50,000천불
Main Exporters	이태리, 프랑스, 중국		
Main exports	Laser Marking Machine, Chemical, Plastic Moulding M/C		
Business experience with Korea	있음(없음)	Communication	영어, 아랍어
Supplier reference	▸ 동종 제품 현지 최대 규모 제조업체 ▸ 2년 전까지 한국 내 거래선이 있었으나 가격문제로 거래중단 함. 한국 시장에 관심이 높음 ▸ 홍콩 에이전트를 통해 한국과 간접거래 중. 한국과 직거래를 원함.		

kotra
Korea Trade-Investment Promotion Agency

인터넷을 통한 A/S 요령

① KOTRA 홈페이지 (www.kotra.or.kr) 로그인 한다.

② 홈페이지 상단 "My Kotra"를 클릭하고, "사업참여이력"에서 "기업완료이력"을 선택한다

③ 해당 무역관 AS 신청버튼을 누르고 AS 신청내용을 입력한다

④ 입력된 내용은 바로 해외 무역관으로 접수되어 결과는 1주일 이내에 메일로 송부된다

수출전문위원을 통한 마케팅 및 A/S 요령

1. 보고서 표지에 기재된 담당 수출전문위원
2. 신청요령: 유선 및 E-mail 접촉(별도 양식 없음)
3. 서비스: 현지 반응 확인 및 교신지원

고객님의 성공적인 마케팅을 기원합니다!

참고문헌

김성혁 · 오재경, 『MICE 산업론』, 백산출판사, 2011.
김영래 · 임달호 · 이형택 · 정진섭, 『글로벌비즈니스의 이해』, 도서출판 두남, 2013.
김종칠 외 6인(공저), 『글로벌비즈니스의 이해』, 신라대학교, 2013.
박승락 · 성옥석, 『해외시장개척론』, 도서출판 두남, 2016.
박승락 · 성옥석, 『세계화와 한국무역』, 도서출판 두남, 2016.
박정동 · 함영진, 『국제비즈니스 개론』, 생능출판사, 2013.
배기형 · 이유빈 · 김언군, 『알기쉬운 세계경제』, 도서출판 두남, 2013.
신황호, 『다국적기업과 해외투자』, 도서출판 두남, 2009.
이경균, 『금융상품의 이해와 운용』, 도서출판 두남, 2014.
이순철 · 김정포, 『해외시장조사론』, 도서출판 두남, 2011.
이천우, 『해외투자론』, 도서출판 두남, 2016.
황희곤 · 윤은주, 『MICE 산업, 대한민국의 미래입니다』, 2009.
기획재정부, 보도자료 『3대 분야 17개 신성장 동력산업 발전방안』 , 2009.
중소기업청 정책분석과, 『내 손안의 정책 가이드북』, 정부 3.0, 2016.
『2017년 제11기 GTEP 기본교육』, 한국무역협회 무역아카데미.
문화체육관광부, 보도자료 「마이스산업 발전방안 발표」, 2017.02.02.
AMEX사의 2017년 「글로벌 회의 · 이벤트 산업전망」 분석보고서.

찾아보기

하

기타

저자 소개

❑ 장 성 열(張性烈)

현) 신라대학교 국제통상학부 무역물류학 전공 교수 재직중
신라대학교 GTEP(지역특화 청년무역전문가 양성사업)사업단 지도교수

부산대학교 경영대학원 무역학 전공
부산대학교 대학원 무역경영전공 박사과정
부산여자대학교 무역학과 겸임교수
신한은행 지점장 및 센터장 역임
증권투자상담사
금융자산관리사
공인중개사
신용분석사

〈논문〉
EDI 방식에 의한 무역업무자동화의 문제점과 대응방안

해외시장조사론

초 판 1쇄 발행 ── 2017년 7월 20일
초 판 2쇄 발행 ── 2018년 8월 30일
초 판 3쇄 발행 ── 2020년 1월 25일
지은이 ── 장 성 열
펴낸이 ── 전 두 표
펴낸곳 ── 도서출판 두남
서울시 강동구 성내로6길 34-16 두남빌딩
신 고 : 제25100-1988-9호
TEL : 02) 478-2065~7, 2311
FAX : 02) 478-2068
E-mail : dunam1@unitel.co.kr
http://www.dunam.co.kr

정가 20,000원

ISBN 978-89-6414-746-7 93320